부르주아의 시대
근대의 발명

이지은의 오브제 문화사 2

이지은 지음

부르주아의 시대
근대의 발명

모요사

현대의 창조자,
19세기 사람들을 만나다

세상에는 각양각색의 사람들이 살고 있다. 그러니 그중에 특별히 의고적인 취미를 가지고 현실 생활에는 일체의 도움도 되지 않는 머나먼 과거에 유달리 집착하는 사람이 있다고 해도 이상한 일은 아닐 것이다.

나는 18세기 의자의 다리 모양이나 장을 만드는 데 쓰는 나무의 이름을 외우는 데 기꺼이 5년이 넘는 시간을 바쳤다. 그 덕택에 겉모양만 보고서도 가구들의 내부 구조와 접합점을 그려보고 만들어진 시기와 방법을 짐작할 수 있게 되었다. 언제부터 이런 성향이 생겼는지는 알 수 없다. 어린 시절 할아버지가 묶어두신 1920~1930년대 『동아일보』를 동화책 보듯 들여다볼 때부터였는지 모르겠다. 성격이 별나 이렇다 할 친구가 딱히 없던 나는 귀퉁이가 바스러진 옛날 신문이나 『오싱』 같은 할머니 취향의 소설을 읽으며 유년기를 보냈다. 그런 아이가 자라서 뤼당테rudenté, 마스카롱mascaron 같은 특정 장식을 부르는 용어들을 입에 익히고 18세기에 쓰인 잡다한 기록들을 읽으며 하루를 보낸다는 것은 일견 당연한 일이었다.

다행히도 파리 국립고문서보관소에는 나 같은 사람들이 제법 많다. 루이 14세의 애견들의 이름을 옆집 개 이름만큼이나 친숙하게 부르고, 루이 15세의 편지를 세금 고지서보다 꼼꼼하게 읽는 사람들 말이다. 1750년에 일어난 일을 어제 일어난 주식 폭락 사태처럼 흥분하면서 되새기는 그런 사람들 틈에서 하루를 보내다 저녁이 되어 진짜 세상에 나오면 외톨이가 된 듯한 기분이 들었다.

내가 공부하고 있는 것이 과연 이 세상에 무슨 도움이 될까? 수많은 학자들이 질문했고 질문하고 있는 고민이 나에게도 들이닥쳤다. 나의 머리는 과거를 살고 있으되 내 인생이 머무는 곳은 오늘이었다.

18세기 의자의 다리 모양을 아는 것이 오늘의 토마토 시세를 아는 것보다 유용하다고 누가 말할 수 있을까? 마담 퐁파두르가 '포슬린'을 만드는 세브르 도자기 제조창을 후원했다는 사실이 '올 가을에는 맥시 코트가 유행할 거예요' 같은 잡지 기사만큼이나 흥미로울까? 나로 말하자면 그렇지만 과연 남들에게도 그럴까? 나의 첫 책인 『귀족의 은밀한 사생활』*은 그렇게 출발했다. 남들에게 그들이 모르는 사실을 설명하기 위해서가 아니라 과거를 들여다보는 즐거움을 공감하기 위해서.

장인들의 작업장을 드나들고 고문서실에서 열람 신청을 하며 보낸 시간들은 나에게 두 가지 교훈을 남겨주었다.

첫 번째는 세상의 그 어떤 것이건 인간이 만들어낸 모든 것들은 제 나름의 역사가 있다는 것이다. 우리 주변에 무심하게 자리 잡고 있는 수많은 물건들은 언제나 그 자리에 있었던 것이 아니라 역사의 어느 순간 사람의 손과 머리에서 태어난 것이다. 그리고 태어날 때처럼 급작스럽게 어느 순간 우리 주변에서 말끔하게 사라진다.

가스등을 생각해보자. 1870년대를 살아간 유럽인들에게 가스등은 너무나 당연히 그 자리에 있는 그냥 그렇게 생긴 물건이었다. 그들은 눈을 감고도 가스등

● 2006년 처음 출간된 이 책은 이번 개정판에서 『귀족의 시대 탐미의 발견』으로 제목을 바꾸었다.

의 둥그런 유리관과 밝기를 조정하는 작은 꼭지를 떠올릴 수 있었을 것이다. 어린 아이들은 식탁 위에 매달린 가스등을 그려서 자랑스레 엄마에게 내밀었을 것이다. 그러나 지금은 어떤가? 가스등을 보려면 그 시대의 풍경을 재현해놓은 영화를 보거나 박물관에 가야 한다.

요즘 아이들에게 가스등을 그리라고 하면 아무것도 그리지 못할 것이다. 가스등은 이제 부러 배워야 하는 유물이 되었다. 가스등의 탄생과 소멸처럼 지하철 플랫폼의 꾀죄죄한 의자조차도 제 나름의 삶을 가지고 있다.

대부분의 탄생 비화들이 그러한 것처럼 이 물건들의 탄생에는 여러 가지 복합적이고 복잡한 원인들이 자리한다. 기차역의 철제 의자가 태어나기 위해서는 먼저 기차역이 있어야 하며 기차역이 있기 위해서는 당연히 기차가 있어야 한다. 그렇다면 기차가 있기 위해서는? 태초의 기차는 증기기관에 바퀴가 달린, 현대인의 눈으로 보자면 원시적이기 그지없는 기계였다. 기차라는 강철 덩어리가 이 땅 위를 달리면서 사람과 물건을 실어 나르게 된 데는 도서관 하나를 가득 채울 만큼 복잡한 요인들이 작용한다. 그 요인들은 경제적이고 사회적이고 정치적인 측면에서 각기 다르게 바라볼 수 있다. 태어나기를 그렇게 태어나서인지 기차란 녀석은 탄생 이후 오늘날까지 헤아릴 수 없이 많은 영향력을 발휘하며 사람들의 삶을 흔들어놓았다. 가장 끔찍하고도 비극적인 순간에도 기차는 어김없이 등장한다.

제2차 세계대전 때 독일의 SS 중령으로 유대인 대학살의 실무 책임자였던 아돌프 아이히만은 각 수용소로 유대인들을 실어 나를 기차 노선도를 짜고 배치하며 필요한 화차의 숫자를 계산하는 데 엄청난 시간을 들였다. 덧붙이자면 철판으로 된 의자나 테이블의 역사는 기차의 역사보다 짧다. 1920년대 처음으로 철판이 가구의 재료로 등장했을 때 사람들은 충격을 받았다. 의자는 당연히 나무로 되어 있어야 한다는 고정관념 속에서 평생을 살아간 사람들에게는 당연한 일이었다. 21세기 사람들에게 철제 가구들은 사무실에서도 길에서도 심지어 집에서 봐도 이상하지 않은 물건이다. 처음에는 그렇게 생경하고 이상했던 가구가 한 사람의 일생이라 할 수 있는 단 80년 만에 너무나 평범한 물건이 되었다.

숙련된 은공예 장인이 은제 컵 테두리에 물결 모양의 무늬를 새기는 데 반드시 특정한 종류의 끌을 사용하는 것처럼 인간이 만들어낸 만물들은 그 뒤에 반드시 그래야만 했고 그렇게 되어야만 하는 이유들을 숨기고 있다. 그렇다면 어떻게 해서 철제 가구들은 80년 만에 유구하게 내려온 고정관념을 타파하고 작게나마 세상을 혁신할 수 있었을까? 잠시만 생각해보아도 수많은 이유를 찾아낼 수 있을 것이다. 그 80년 동안 사람들의 삶은 엄청나게 변화했다. 기차역이나 공항, 지하철역처럼 오로지 어디론가 가기 위해 잠시 잠깐 머무르는 장소들이 폭발적으로 증가했다. 사람들은 여행이라는 이름으로 가방을 싸서 집을 떠나는 비일상적인 행위에 재미를 느꼈고 여행은 곧 바캉스라는 딱지를 붙이고 아주 일상적인 일이 되었다.

언젠가 세계적인 가구업체인 이케아IKEA에서 색다른 캠페인을 벌인 적이 있었다. 지하철 플랫폼에 푹신하기 그지없는 대형 소파와 오래된 서재에나 어울릴 법한 조명등을 가져다놓은 것이다. 그것을 본 사람들은 대부분 어안이 벙벙한 표정이었다. 앉아보고 만져보라고 가져다놓은 가구들이었지만 아주 용감한 몇몇 사람이 가까이 다가가 편안하게 자리를 잡을 때까지 멀찌감치 떨어져 바라만 보는 사람들도 많았다. 우리가 아주 당연하게 생각하고 있는 것들이 아주 당연한 것이 아닐 수도 있다는 것을 깨달았을 때 느끼는 작은 충격 때문이었다.

무심코 지나칠 수 있는 생활 속의 작은 물건들에 대해 어떻게 태어났을까, 왜 그렇게 생겼을까 같은 의문을 던지기 시작하면서 나는 아주 큰 위안을 얻었다. 내가 배운 지식과 내가 관심을 가지고 있는 것들은 이미 죽어버린 과거의 사실이 아니라 오늘을 만드는 데 지대한 공헌을 한 것들이었다. 18세기를 공부하면서 내가 숨 쉬고 있는 오늘과의 연관점을 찾아낼 수 있다는 것은 정말 신나는 일이었다. 그리고 그 연관점을 좇아가다가 나는 정녕 이상하게 보이는 색다른 시대를 만나게 되었다. 바로 19세기였다.

하도 오래돼서 모든 것이 보물 상자 속의 보석처럼 신기하기만 했던 17, 18세기에 비해 19세기는 잘 건지면 대박을 터트릴 수 있는 무한한 가능성을 품고 있는 헌옷 가게 같은 시대다. 그 속에는 "오늘이나 다름없잖아"라는 감탄사가 나오는 현대적인 풍경도 있었고, 고작 2백 년 전인데 이렇게 다를 수가 있을까 싶은 판이한 장면이 등장하기도 했다.

19세기를 공부하면서 가장 흥미로웠던 점은 19세기라는 과거에 숨어 있는 오늘을 들여다보는 일이었다. 19세기는 '오늘'을 품고 있는 시대였다. 기차, 전화, 엘리베이터, 전기, 가스…… 우리가 소위 문명이라고 생각하는 대부분의 것들이 19세기에 태어났다.

전기풍로, 재봉틀, 가로등, 타자기 같은 물건만 그런 것이 아니다. 크리스마스에는 선물을 사고, 자애로운 어머니는 집을 지키며, 시간에 맞춰 기차를 타는 우리 생활의 많은 측면들, 소위 관습이라고 부르는 많은 것들이 모조리 19세기의 소산이었다.

19세기를 공부할 때 나는 남들이 보면 제멋대로라고 평할 만한 두서없는 방법을 사용했는데 이것은 내가 얻은 두 번째 교훈 때문이다. 두 번째 교훈은 역사를 말이나 글로 이해하면 아무것도 배울 수 없다는 것이다. 역사책의 문구란 통상 이런 식이다. "1900년도 파리 만국박람회는 1855년, 1867년, 1878년, 1989년에 이어 파리에서 다섯 번째로 열린 만국박람회이다. 당시 프랑스 대통령인 에밀 루베가 4월 14일에 열린 개회식에 참석했고 4월 15일부터 일반에 공개되어 11월 12일에 끝났다. 만국박람회로는 최대의 입장객인 5백만 명에 달하는 입장객 수를 기록했다."

역사를 사실로 배운 사람들은 이 문구를 보자마자 암기 태세에 들어간다. 1855년, 1867년 같은 박람회 연도에 밑줄을 긋는다. 그리하여 이런 사람들에게

1900년도 파리 만국박람회에 대해 물어보면 위키피디아에 실려 있는, 사실이긴 하지만 재미없는 대답을 들을 수 있다. 너무나 사실이어서 흠 하나 잡을 수 없을 듯한 대답들은 다음과 같은 필연적인 의문을 동반한다. 그런데 이게 어쨌다는 거지? 5백만 명에 달하는 입장객이라는 문구 뒤에는 어떤 일이 벌어진 걸까?

파리 센 강 양편을 가득 메운 온갖 종류의 사람들을 상상해보자. 엄마의 치맛자락을 붙들고 우는 아이와 박람회를 구경하기 위해 평생 처음으로 파리를 찾은 프로방스 출신의 농부와 첨단 대포를 선전하기 위해 열을 올리는 르 크뢰조 회사 직원이 한 공간에 있다. 아셰트 출판사에서 출간한 박람회장 안내서를 들고 산책을 나온 파리 시민과 신형 차를 구경하기 위해 산업관으로 발을 옮기는 청년들이 보인다. 센 강의 다리에서는 줄을 서서 '움직이는 보도'(무빙 워크)를 타고 박람회장을 오가는 사람들이 보이고 박람회장을 정기적으로 도는 전기 열차에도 빈자리가 없다. 그들은 무엇을 보고 무엇을 느꼈을까? 그들이 본 그 무엇, 그들이 가슴 벅차게 느낀 그 무엇이 바로 1900년대 파리 만국박람회다.

말에 속지 말고 그 말이 의미하는 바가 무엇인지를 알아내야 한다는 교훈은 나에게 일반적인 역사책에서 설명하는 19세기가 아닌 나만의 19세기를 발견할 수 있는 기회를 주었다. 주요 관심사인 가구와 물건의 역사를 중심으로 나는 19세기의 다양한 풍경들을 들여다보기 시작했다. 19세기의 신문과 잡지, 19세기에 현존했던 작가들의 그림과 소설, 시, 이름 없는 사진가들이 남긴 옛날 사진들, 포스터와 광고지들은 19세기 사람들의 눈앞에 과연 무엇이 펼쳐져 있었는지를 추측하는 데 많은 도움을 주었다.

수북한 자료 사이를 오가며 부지런히 탐구하면서 내가 얻은 것들은 수없이 많았다. 나는 왜 에밀 졸라가 백화점을 무대로 소설을 썼는지를 이해할 수 있게 되었고 그가 무엇을 말하고자 했는지에 동감할 수 있게 되었다. 경이로운 문명의 발전 속도에 당황하며 길을 잃은 듯한 19세기 사람들의 떨리는 목소리를 들으며 나 자신 또한 그러하다는 생각에 무릎을 치기도 했다. 프루스트의 소설 속에서 왜 그토록 대귀족들의 존재가 특별하게 묘사되었는지도 이해할 수 있었다. 이렇게 두서없이 되는 대로 탐구하기 시작한 관심사들을 모으고 엮자 19세기 후반 집 안의 식당에 관한 논문 「1890년과 1914년 사이의 식당 모델Le modèle de salle à manger entre 1890 et 1914」 한 편이 나왔다.

이 책은 19세기 집 안의 식당에 관한 논문을 쓰기 위해 수집한 자료들을 바탕으로 쓴 것이다. 그러니까 이 책은 엄연히 말하면 완결된 역사책이라 할 수 없다. 19세기의 여러 측면을 전체적으로 훑어보는 데 적절한 책은 아니라는 뜻이다. 그러므로 어떤 독자들은 복고 왕정, 제2공화국 같은 기존의 역사책에서 중요하게 다루는 정치적이고도 사회적인 사건들을 당시의 분위기를 이해하기 위한 배경으로 격하시킨 처사에 분개할지도 모르겠다.

이 책은 19세기를 살아간 사람들의 눈앞에서 펼쳐진 19세기는 어떤 것일까? 라는 의문에 초점을 맞추고 있다. 19세기인들의 삶의 바탕이던 근대의 도시를 첫 장으로 19세기 사람들의 취향과 관심사, 가장 19세기적이라 할 만한 이벤트였던 만국박람회와 기차와 같은 기술의 발전을 골고루 다룬다. 즉 이 책은 근대 도시가 탄생하고 백화점에 드나들고 가구점에서 가구를 사는 오늘의 풍경이 태어난 19세기에 관한 이야기이자 동시에 일본이라는 듣도 보도 못한 나라의 문화가 최첨단 유행으로 등장하고 17세기풍 가구가 유행했던, 그야말로 19세기적이라고 표현할 수밖에 없는 19세기에 관한 이야기이다.

도시, 기차, 가구, 레스토랑, 여자, 만국박람회, 유대인 등 19세기의 특정 측면에 초점을 맞춘 이야기들은 다양한 종류의 또 다른 의문으로 뻗어 나가기 위한 플랫폼이다. 예컨대 오스만이 재건한 파리에 관한 이야기는 도시 계획, 공공 디자인, 건축 등 다양한 전문 분야에서 다루는 큰 주제들을 함축하고 있다. 오스만의 파리에 관해 읽은 어떤 독자가 '이런 측면은 꽤 흥미로우니 더 알아봐야겠는걸' 같은 생각을 떠올린다면 그것만으로 이 책을 쓴 나의 목적은 달성되는 셈이다.

19세기는 정치적으로나 사회적으로 많은 연구가 이루어진 세기지만 동시에 19세기의 삶에 대해서는 구체적인 연구를 찾아보기 어려운 시대이기도 하다. 여기에는 여러 가지 이유가 있다. 19세기는 대량 생산이 최초로 보편화된 시대였기 때문에 19세기의 자료들은 오히려 18세기의 자료들보다 구하기 어려운 경우가 많다. 아무도 슈퍼마켓에서 나눠주는 전단지를 중요하게 생각해 귀하게 보관하는 사람이 없듯이 19세기 사람들도 그랬다. 사정이 이러하니 19세기 후반의 백화점 카탈로그 같은 것들은 프랑스 국립도서관에 가도 듬성듬성 이가 빠져 있기 일쑤다. 게다가 제1, 2차 세계대전을 거치면서 수많은 자료들이 사라졌다. 19세기의 하녀, 노동자 같은 특정 사회 계층에 대한 연구가 희귀한 이유는 상당 부분 바탕이 될 만한 사료를 발견할 수 없기 때문이다.

더욱이 19세기는 사회학적으로 다양한 층위를 가진 복잡한 사회 구조가 탄생한 시기이자 단시간 내에 엄청난 정치적, 사회적 변화를 거친 시기이기도 하다. 예컨대 누구나 '부르주아'라는 용어를 알고 있지만 이 용어만큼 정의하기 어려운 것도 없다. 부르주아의 의미에 대해 전반적으로 신뢰할 만하다고 정평이 난『라루스*Larousse*』사전조차도 "손으로 일하지 않고 전반적으로 경제적인 여유가 있는 계층에 속하는 사람들"이라는 하나 마나 한 설명을 하고 있다. 그래서 엄밀함을 중시하는 사회학자나 역사학자들은 제2공화국의 부르주아처럼 아주 특정한 시기에 특정한 사회 계층을 지칭하는 데 이 용어를 사용하고 그 뒤에 아주 긴 설명을 붙여 이 용어를 따로 정의한다.

이 책에서는 이러한 혼돈을 피하고자 되도록 부르주아라는 용어를 쓰지 않으려 했다. 그럼에도 불구하고 몇몇의 장에서 부르주아라는 표현이 등장하는데 이때의 부르주아란 사회의 전반적인 풍속과 유행을 주도하는 중·상류층으로 그 출신 여부가 어떠하든 먹고살 만한 사람들, 생활에 여유가 있는 사람들을 뜻한다.

이 책의 많은 부분은 우리의 일상적인 동반자라 할 수 있는 시시하지만 아주 중요한 생활의 단편을 보여주는 자료들로 채워져 있다. 19세기의 신문, 백화점 카탈로그, 많이 알려져 있지 않은 회화, 고문서실에 보관되어 있는 사진들이 그것이다. 다행히도 나는 파리에 살고 있기 때문에 19세기에 관한 일반적인 자료들, 벼룩시장에서 살 수 있는 『프티 주르날 *Le Petit Journal*』이나 『일뤼스트라시옹 *L'Ilustration*』 같은 신문을 남들보다 쉽게 접할 수 있었다. 물론 개중에는 국립도서관 등을 광맥을 찾는 심정으로 뒤지다가 얻은 노다지들도 있다.

이 분야에 관심 있는 연구자들에게는 익히 검증받은 자료이지만 되도록이면 일반인들은 잘 알지 못하는 그림과 사진, 자료를 싣기 위해 노력했다. 나는 이러한 자료들이 나에게 그랬던 것처럼 다른 누군가에게 단 몇 시간 동안만이라도 19세기 사람들이 숨 쉬던 공기를 함께 호흡할 수 있는 기회가 되기를 바란다.

2011년 겨울

이지은

차례

1장

현대 도시의 발명,
모던 라이프

1897년 12월 피사로는
파리의 루브르 호텔에서 창밖의 풍경을
32점의 화폭에 담았다.

도시의 애환과 정서,
번잡한 삶이 최초로 태어난 시대,
피사로는 창밖을 내려다보며
근대의 탄생에 축배를 들었다.

그리고 백여 년 후
19세기에 발명된 이 도시 파리는
여전히 뜨거운 삶의 무대다.

1 카미유 피사로, 〈햇빛이 난 프랑세즈 극장 광장〉,
1897~1898년, 세르비아 국립미술관.

우리의 눈앞에서 오래된 파리가 사라졌다.

—장-투생 메를, 『마드무아젤 몽탕시에의 살롱과 연극에서』, 1832년

　　1832년 프랑스의 봄은 모락모락 피어나는 불안한 열기로 시작되었다. 2년이 지났음에도 파리 시민들은 거리에 바리케이드를 치고 왕당파의 군인들과 맨주먹으로 맞서 싸웠던 1830년의 이른바 '영광의 3일'을 잊지 못하고 있었다.

　　나폴레옹의 치세 이후 1814년부터 지속된 복고 왕정에 맞서 개혁과 자유, 공화정을 외친 시민들은 결국 복고 왕정을 무너뜨리는 데 성공했지만 '영광'은 오래가지 못했다. 복고 왕정의 뒤를 이어 권좌에 오른 인물이 왕족과 별반 다를 바 없는 대귀족 루이 필리프 오를레앙 공작Louis Philippe, duc d'Orléans이었기 때문이다.[2] 그러니 하루도 조용할 날이 없었다. 경찰국에서는 정치적 음모자들을 색출하려고 혈안이 돼 있었지만 '노트르담 탑 음모'나 '프루베르 가街의 음모'처럼 파리 구석구석에서 오를레앙 공작의 권력에 대항하는 정치적 소요가 연일 터져나왔다. 게다가 영국과의 주요 교역항인 칼레에서 콜레라가 활개 치기 시작했다. 하루가 다르게 남하한 콜레라는 3월 26일 드디어 파리에 상륙했다.

　　첫 희생자는 당시 파리 시내 곳곳에서 판잣집을 짓고 살던 도시 빈민들이었다. 그러나 전염병은 빈부와 지위를 가리지 않았다. 곧 부촌인 생

2 1830년 7월 31일, 왕궁을 떠나 시청으로 향하는 오를레앙 공작. 그는 1830년 '영광의 3일'을 통해 권력을 잡고 7월 왕정을 선포했다.

3 콜레라에 걸린 환자들을 위로하기 위해 자선병원을 방문한 오를레앙 공과 카시미르-프리에르.

제르맹에서도 희생자가 속출하기 시작했다. 불안에 떨며 잠자리에 든 시민들을 기다리는 것은 나날이 신기록을 경신하는 콜레라 환자 수였다.

　　이 지경이 되도록 정부는 무엇을 하고 있느냐는 불평이 터져 나오자 4월 1일 루이 필리프의 큰아들 페르디낭 필리프 오를레앙 공은 부랴부랴 내무부 장관을 대동하고 파리에서 가장 큰 자선병원인 오텔-디외Hôtel-Dieu를 방문했다.[3] 나름대로 민심을 다독여보겠다는 심산이었지만, 뾰족한 대책도 없이 일단 얼굴만 들이밀고 보는 정치인의 행태는 동서고금을 막론하고 비웃음을 사기 마련이다. 그도 그럴 것이 금실로 치장한 모자에 고급스러운 군복을 입고 곧 죽을 환자들 사이에 나타난 오를레앙 공과 관료들의 모습은 올림포스 산에서 노닐다가 잠시 인간계로 마실 나온 신들의 자태와 다를 바 없었기 때문이다. 별 실효를 거두지 못한 이 방문이 화근이 되었던지 내무부 장관 카시미르-프리에르Casimir-Perier는 나흘 뒤 콜

레라에 걸렸고, 수천 명의 여느 파리 시민들과
다름없이 한 달 만에 세상을 떴다.

봄부터 콜레라가 수그러들기 시작한 9월까
지 파리는 기능을 완전히 상실한 죽음의 도시였
다. '빛의 도시'를 장식하던 연극과 오페라 극장
도 죄다 문을 닫았다. 텅 빈 거리를 오가는 것은
시체를 나르기 위해 급히 고용된 인부들과 시체
가 겹겹이 쌓인 수레뿐이었다. 파리는 유럽 최
고의 도시라는 18세기의 명성을 완전히 잃어버
렸다. 19세기의 파리는 그저 더럽고 음습한 콜
레라의 도시였으며 동시에 시대에 뒤떨어진 과
거의 유물로 뒤덮인 죽은 도시였다.[4]

4 19세기 초반 콜레라가 창궐했을 때 파리 뒷골목의 모습.

하지만 그로부터 40년 뒤 파리는 상전벽해
라는 말 그대로 혁신적으로 변모한다. [그림 1]
에서 피사로가 사진처럼 묘사한 1897년 파리 도심의 풍경이 바로 그것이다. 로마
시대에도 존재했던 도시 파리에서 40년이란 눈 한 번 깜빡할 정도의 짧은 시간이
다. 찰나의 순간이나 다름없는 그 40년 동안 서울의 강남처럼 가슴이 뻥 뚫리는
시원한 대로와 군대 열병식처럼 질서 정연하게 들어선 고풍스러운 건물들, 여행객
들에게 유럽임을 느끼게 해주는 거리의 분수들, 그리고 도시의 색채를 더해주는
가로수 등 이 그림 속의 모든 것, 즉 오늘날의 관광객들이 예찬해 마지않는 파리의
모습이 태어났다.

18세기 세계 최악의 도시

지금도 루브르 박물관 맞은편, 프랑세즈 극장 광장을 마주보는 곳에 자리한 루브르 호텔에 머무는 사람들은 창밖으로 피사로가 본 1898년 파리의 모습을 그대로 볼 수 있다. 그림 속의 모든 풍경이 오늘날과 거의 똑같아서 자동차를 마차로 바꾸는 상상력을 조금만 가미하면 19세기 말의 파리로 돌아가기란 어렵지 않다. 이 때문인지 많은 이들이 파리가 예나 지금이나 한결같다고 오해하기도 한다.

하지만 19세기 초반 콜레라가 정복한 시절의 파리는 지금의 파리와는 딴판이었다. 서울의 광화문이나 종로 같은 노른자위인 루브르 성과 시테 섬을 중심으로 구불구불한 골목길이 끝없이 이어진 전형적인 중세 도시였다. 길 양쪽으로 건물들이 겹겹이 들어차 있는데다 제일 큰 길이라고 해봐야 폭이 어른 걸음걸이로 여덟 발자국을 넘기지 못했으니 대낮에도 골목길은 어둑어둑했다. 그나마 파리 중심부의 길만 돌로 포장되어 있을 뿐 나머지는 온통 흙바닥이어서 맑은 날엔 늘 먼지가 자욱했고, 비 오는 날엔 진창이 되었다.

'태양왕' 루이 14세에 의해 프랑스 귀족문화가 정점에 오르면서 18세기부터 파리는 유럽의 중심지로서 명성을 떨치며 관광객들을 유혹했다. 하지만 동시에 관광객들이 진저리를 칠 만큼 더러운 도시로도 악명이 높았다. 상하수도가 정비되지 않은 탓에 파리 시민들은 오물을 창밖으로 던져 버리기 일쑤였고, 이 때문에 길을 걷다가 예상치 못한 오물을 뒤집어쓰는 일이 다반사였다. 어디로도 방출되지 못한 생활 하수는 가뜩이나 퀴퀴한 도시 골목길을 오물 진창으로 만들어놓았다.

자연히 도시 전체에는 말로 형용하기 힘든 악취가 깊숙이 배어 있었다. 선전에 능한 관광 책자들에서는 이런 악취를 '파리의 냄새'로, 길가에 질펀한 오물을 피해서 요령껏 통통 뛰어다니는 시민들의 걸음을 '프랑스식 워킹 스타일'로 포장했지만 파리를 찾은 방문객들의 눈을 속일 수는 없었다.

5 18세기 파리의 모습. 15세기 이래 거의 변하지 않은 전형적인 중세 도시였다.

　그야말로 파트리크 쥐스킨트가 소설『향수』에서 펼쳐놓은 그대로였다. 세상의 수많은 악취가 뒤섞인 어두컴컴한 거리에서 태어난 주인공 장 바티스트 그르누이가 천상의 향기를 찾아 미련 없이 파리를 떠난 것은 당연한 일이었다. 당시 파리는 향기와는 거리가 먼 시궁창의 도시였다.[5]

　일찍이 고대 로마인들조차도 상하수도가 완비된 깔끔한 도시에서 살았건만 18세기 문화 수도라는 파리는 왜 이렇게 더러웠던 것일까? 근본적으로는 파리가 무분별한 '분양'으로 확장된 '난개발'의 도시였기 때문이다.[6·7] 파리 시는 중세부터 모자라는 재정을 충당하기 위해 적극적으로 시유지를 민간에 분양했다. 분양은 파리 시와 왕가의 재정을 채워주는 동시에 나랏돈을 들이지 않고 파리 구석구석을 개발하는 방편이기도 했다. 분위기 있는 카페와 가게들로 유명한 마레, 양편으로 센 강이 흐르고 작은 공원이 있어 산책하기 좋은 곳으로 정평이 난 생루이

▲6 현존하는 가장 오래된 파리 지도 중 하나인 호갠베르크의 1530년 파리 지도.

▼7 튀르고의 지도. 시테 섬을 중심으로 구불구불 이어진 골목길이 전형적인 중세 도시의 구조를 보여준다.

8 파리 꽃시장 거리. **9** 생크리스토프 거리.

길 끝을 가늠할 수 없을 정도로 좁고 휘어진 골목에 건물들이 제멋대로 들어선 19세기 초반 파리의 모습.

섬, 감탄사가 절로 나올 만큼 화려한 오페라 좌가 자리 잡고 있는 오페라 지구 등 오늘날 관광객들의 발길을 잡아끄는 파리 중심가 대부분은 이런 분양으로 개발된 동네들이다. 파리에 주택이나 건물을 지으려는 사람들은 누구나 시에서 분양하는 땅을 사서 거기에 제멋대로 건물을 짓고 제 편의에 따라 길을 냈다.[8·9]

이런 식의 토지 분양이 몇백 년간 계속되다보니 도시 계획이나 도시 정비라는 개념은 항상 '땅은 주인 마음'이라는 논리에 밀렸다. 상하수도 공사나 주요 도로 확장 공사를 해보려 해도 어마어마한 토지보상비며 땅주인들의 이권 다툼을 감당할 뾰족한 수가 없었다. 그나마 유일한 방법이 있다면 대지진이나 대화재가 도시를 덮쳐서 깡그리 쓸어버리고 다시 도시를 건설하는 것뿐이었다. 원래 파리

10 19세기 초중반 파리의 인구가 급증하면서 곳곳에 빈민촌이 생겨났다.

보다 더 낙후된 도시였던 런던은 1666년 9월 2일 새벽부터 5일간 계속된 대화재로 만 3천2백 채의 가옥이 불타고 도시민 대부분이 이재민이 된 사태가 벌어졌었다. 하지만 그 때문에 런던은 하수도와 대로, 공원이 신설된 계획도시로 새롭게 태어날 수 있었다. 비록 울며 겨자 먹기로 도시를 재정비해야 했지만 지속적인 도시계획하에 19세기 초 유럽 제일의 근대 도시로 거듭났던 것이다. 그러나 불행인지다행인지 파리에서는 중세 시대부터 19세기 중반까지 런던만 한 대화재도 발생하지 않았다.

　게다가 19세기 초부터 파리 인구가 폭발적으로 증가한 것도 난개발을 부추겼다.[10] 산업혁명의 시대가 도래하자 수도인 파리는 프랑스 제일의 상업과 산업의중심지로 급속히 몸집을 불렸다. 단적인 예로 1830년에 131개였던 증기기관이

1849년에는 1,207개로 늘어났고, 이에 발맞춰 노동력이 파리로 유입되면서 50만 명의 인구가 늘어났다. 당시 파리의 인구는 이미 백만 명을 헤아렸으나 이 중에서 제 집을 가진 사람은 고작 6분의 1 정도밖에 되지 않았다. 일자리를 찾아 시골에서 무작정 올라온 사람들은 파리 외곽뿐만 아니라 도심으로도 밀집해서 바늘 하나 꽂을 자리만 보이면 무허가 판잣집을 마구잡이로 짓고 살았다. 그럼에도 갈 곳 없는 도시 빈민이 시내 도처에 넘쳐났다. 그야말로 콜레라가 유행하지 않은 것이 되레 이상할 만큼 불결한 도시가 19세기 초반 파리의 실상이었다.

근대 도시의 '계획적' 탄생

이렇듯 도저히 손쓸 수 없을 것 같은 만신창이의 도시 파리를 구원한 토건계의 기린아가 있었으니, 바로 1853년 파리 시 지사로 임명된 조르주-외젠 오스만Georges-Eugène Haussmann이다.[11] 지금은 라파예트 백화점과 프랭탕 백화점이 들어선 대로의 명칭으로 더 유명하지만 그는 구제불능의 도시를 피사로의 그림 같은 멋진 근대적 모습의 도시로 재탄생시킨 장본인이다. 오스만은 1852년부터 1870년까지 파리의 도시 계획을 진두지휘했고, 그 이후로도 이어진 파리 발전 계획의 초석을 세운 것으로 잘 알려져 있다. 그런데 과연 그는 어떻게 파리를 일신할 수 있었던 것일까?

우선 오스만이 이끈 파리 시청 지도과에

11 인접 구역 병합령을 오스만 남작에게 넘겨주는 나폴레옹 3세. 오스만의 파리 도시 계획이 열매를 맺을 수 있었던 것은 파리를 유럽의 중심지로 만들려고 한 나폴레옹 3세의 강력한 의지 덕분이었다.

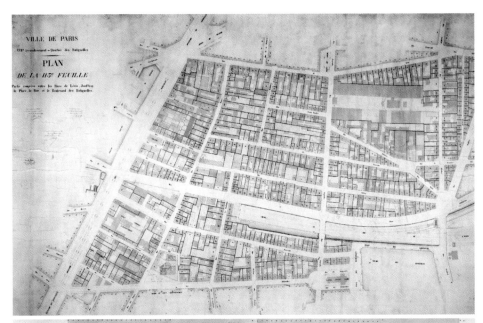

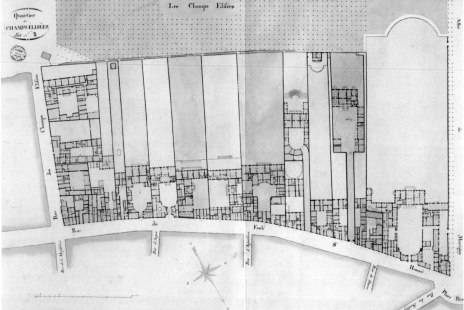

▲ **12** 1900년의 토지대장.

▼ **13** 바스로와 벨랑제의 토지대장.

1856년 오스만의 주도하에 문을 연 파리 시청 지도과에서는 파리 전 지역을 500분의 1로 축소한 142장의 세부 지도를 만들었고 해마다 이를 갱신했다. 건물의 내부 구조까지 상세히 표기된 이러한 지도가 체계적인 도시 계획의 바탕이 되었다.

14 1853년 나폴레옹 3세에게 보고하기 위해 제작된 지도로, 오스만의 도시 계획의 초기 상태를 보여주는 귀중한 자료다. 파란색으로 표시된 것이 미래에 건설될 직선 대로들로, 파리의 남북과 동서를 잇는 중추 도로를 건설하려는 의지를 한눈에 알아볼 수 있다. 군데군데 빨간색으로 표시된 지역은 기차역이다. 지도를 자세히 들여다보면 파란색으로 표시된 대로는 언제나 역에서 시작해 역에서 끝나는 것을 알 수 있다.

서는 500분의 1로 축소한 세세한 파리 지도부터 만들었다. 이 지도에 각 건물의 소유자는 물론이고 건물의 구조, 세입자의 수와 이름, 자잘한 골목길의 위치 등 해당 지역에 관한 모든 정보를 한데 모았다. 이 지도를 중심으로 어디로 길을 내고 어디에 새 건물을 지을 것인지, 도로 공사와 병행되는 상하수도의 방향과 위치는 어떻게 할 것인지 등 기술적이고 행정적인 문제를 확정 지었다. 그리고 이런 종합계획을 관보에 공시하는 것으로 공식적인 도시 재개발 절차에 들어갔다.[12·13]

도심 재정비 사업의 핵심은 난개발 지역을 반듯하게 구획하고 이에 걸맞은 신작로를 내는 데서 시작한다.[14] 그런데 예나 지금이나 이 과정에서 가장 뜨거운 감자는 건물과 토지의 보상 문제다. 워낙 좁은 길을 사이에 두고 건물이 빽빽하게 들어서 있는 탓에 직선 대로를 뚫으려면 도로에 인접해 있는 많은 건물들을 통째로 허물어야 했다. 그러자면 해당 건물과 대지를 시에서 전부 사들일 수밖에 없었고, 이 과정에서 늘 토지 소유자 및 건물주와 적정 보상액을 놓고 실랑이가 벌어지기 일쑤였다.

재미난 사실은 비록 복고 왕정 치하였어도 민주사회라는 우리나라에서처럼 법적 강제 수용 절차를 밟거나 이에 불응하면 용역 철거반원을 동원하는 일 따위는 없었다는 점이다. 미리 기한을 정하고 불도저식으로 밀어붙이는 대신 시 당국은 토지 소유자 및 건물주와 장기간 협상을 벌였다. 그러다보니 7백 미터 길이의 길 하나를 뚫기 위해 보상 문제를 매듭짓는 데만 몇 년씩 걸리는 것이 보통이었다.

우여곡절 끝에 보상 절차가 마무리되면 곧바로 건물을 헐고 지반을 닦는 본격적인 재개발 공사에 돌입했다.[15~18] 행정 절차와 보상을 마무리 짓는 데 적게는 5년, 길게는 10년까지 걸렸지만 정작 도로 및 상하수도 기반시설 공사는 2~3년도 걸리지 않았다. 파리 도처에 '무작정 상경한' 값싼 노동력이 남아돈 덕분에 밤낮을 가리지 않고 공사를 강행할 수 있었기 때문이다.

이렇게 새 길을 닦은 뒤엔 그 위를 마카담macadam이라는 재료로 포장했다. 자잘한 반암 덩이를 분쇄기로 다져서 만든 마카담은 피사로의 그림에서 보듯이 부

▲ **15** 라페 la Paix 거리 철거.

■ **16** 앙리 4세 대로 굴착.

▼ **17·18** 오페라 좌로 이어지는 거리와 앙리 4세 대로를 건설하기 위해 길 주변의 건물들을 허물고 있다.

19세기 중반의 파리는 이처럼 언제나 공사 중인 도시였다.

19 오노레 도미에의 만평.
발이 푹푹 빠지는 마카담으로 포장한 도로는 당시
언론으로부터 노골적인 조롱을 받았다.

20 장 베로, 〈샹젤리제 거리〉.
마카담은 지금의 자동차나 다름없는 대중 운송수단인 마차를 위한 최적의 도로
포장재였다.

드러운 모래 빛깔을 띤다. 먼지가 날리기 쉬운데다 비가 오면 질퍽거리는 재료를 굳이 사용한 것은 말이 달리기에 가장 편안한 포장재였기 때문이다. 오늘날 자동차를 위한 아스팔트 도로와 마찬가지였던 셈이다. 그 대신 도로와 인도 사이에는 화강암을, 인도에는 회색빛 시멘트를 돌 모양으로 만든 타일을 깔았다.[19·20]

21 오페라 거리 굴착.

황금알을 낳는 거위, 부동산

문제는 돈이었다. 천문학적인 보상비용과 공사비를 파리 시 재정으로 전부 감당하는 것은 애당초 불가능한 일이었다. 공식적인 추산 자료를 보면, 그럼에도 불구하고 오스만은 17년의 재임 기간 동안 110억 프랑의 예산으로 그 두 배가 넘는 250억 프랑에 달하는 공사를 해냈다.[21·22] 돈을 찍어내는 기계가 있었던 것도 아닌데 대체 어떻게 이런 일이 가능했을까? 해답은 공사비를 충당하기 위해 여러 가지 다른 재원 조달 방식을 동원한 데 있었다.

가장 대표적인 방식이 프랑세즈 극장 광장과 주변 도로 건설에 적용된 '양도'라는 방법이었다. 당시 도시 계획 사업에 참여한 업체들은 모두 파리 시 공공사업과에 회사명을 등록하고 회사 명의의 계좌를 개설해야 했다. 일정 금액의 사업보

22 장기간의 공사를 마친 뒤 시원하고 깨끗하게 정돈된 리볼리 가의 모습은 파리 시민들 사이에서 화제가 되었다.

증금을 해당 계좌에 납부해야 개발 사업에 참여할 자격이 주어졌기 때문이다. 해당 개발 프로젝트를 양도받은 업체들은 이미 파리 시와 협의가 끝난 토지보상금을 토지 소유주에게 지불하는 것은 물론이고 도로 및 공공설비를 완성하고 도로 주변에 신축 건물을 세우는 등 일체의 공사를 우선 회사 돈으로 정해진 기간 내에 끝내야 했다. 결국 도로를 닦고 상하수도 공사를 도맡은 주체는 시 당국이 아니라 이런 건설업체들이었던 것이다.

그렇다면 왜 토지보상금에 공사비, 보증금까지 짊어지면서 이들 업체들은 도시개발 사업에 참여한 것일까? 우선 파리 시로부터 공사비 중 일정액을 보조받을 수 있었다. 프랑세즈 극장 광장과 거기에 이어진 리볼리 가를 양도받은 페레르 형제Frères Péreire는 도시개발 사업에 참여해 19세기판 부동산 신화를 만든 인물이다. 그들의 회사 크레디 모빌리에Crédit mobilier는 시 당국과 수차례 협상을 벌여 공사

23 1861년 뇌브-데-마튀랭 거리 사이에 세워지고 있는 대호텔.

비를 제곱미터당 380프랑으로 합의했다. 즉 제곱미터당 380프랑의 공사비는 크레디 모빌리에 측에서 부담하고 초과분에 대해서는 파리 시로부터 보조금을 받았던 것이다. 당시 리볼리 가에 바로 이어진 콩코르드 광장의 실제 공사비가 제곱미터당 960프랑인 것에 비하면 말도 안 되는 금액이었다. 자금이 부족했던 파리 시는 공사 기간을 최대한으로 늘려주는 등 편의를 봐주고 완공 후 공사보조금을 후하게 지급하는 방식으로 개인 회사의 참여를 독려했던 것이다.

　이들 회사 입장에서도 결코 밑지는 장사가 아니었다. 사실 시에서 받는 보조금은 공사가 끝난 후 새 건물을 분양하거나 통째로 팔아서 얻는 개발 이익에 비할 바가 아니었다. 파리 시 대신 토지보상금을 지불하고 공사를 시행하는 대가로 시에서 양도받은 개발지 내에 자기네가 신축한 건물에 대한 권리를 행사할 수 있었던 것이다. 그러니까 파리 시에서 부과한 각종 법률에 맞춰 새로 도로가 만들어지고 건물이 지어진다는 것일 뿐 실상은 중세 시대 이래 내려온 관습대로 파리 시유

24 프랑세즈 극장 맞은편에 들어선 루브르 호텔.

지를 민간에 분양하는 것이나 마찬가지였다.

　파리 시 입장에서는 도시 재개발 사업에 참여하는 회사들이 시에 맡겨둔 보증금을 이용해 사업자가 나서지 않는 공공사업을 시행할 수 있었고, 사업자들은 부동산 개발 이익을 챙길 수 있었으니 누이 좋고 매부 좋은 거래였다. 페레르 형제가 프랑세즈 극장 광장을 시작으로 잇따라 파리 시의 도시 계획 사업에 참여한 것은 바로 이 때문이었다.[23·24] 오페라 광장, 샹젤리제 광장, 몽소 지구 개발 등 파리 도시 계획 사업에 적극 참여한 페레르 형제는 택지 개발, 건물 임대 및 분양 사업으로 '대박'을 터트렸다.

　특히 1860년대부터 개발을 시작한 몽소 공원 일대가 19세기 말엽 파리 최고의 부촌으로 떠오르면서 페레르 형제는 단박에 부동산 신화를 일군 거부가 되었다. 이로 인해 당시 프랑스 신흥 자본가들 사이에서는 가장 빨리 돈을 벌려면 파리 시의 공공사업이나 기차 사업에 투자하는 것이 최고라는 입소문이 공공연하게 퍼졌다. 그렇다고 아무나 이 사업에 참여할 수 있는 것은 아니었다. 쉽게 나설 엄두를 내지 못했다는 표현이 더 정확하겠다. 천문학적인 투자비와 높은 위험 부담을 감수할 수 있는 것은 자본가들 중에서도 대자본가가 운영하는 몇몇 회사뿐이었다. 게다가 도시 계획 사업이 대자본가들을 더 부자로 만들어주는 특혜라는 비난을 피하기 위해서라도 양도는 은밀한 내부자 거래로 이루어졌다.[25]

25 조르주 투샤르-라포스의 만평. 오스만의 내부자 거래를 비판하고 있다.

영민한 사업가인 페레르 형제는 부동산의 가치를 올리는 노하우도 꿰고 있었다. 그들은 파리 만국박람회가 열린 1855년에 맞춰 프랑세즈 극장 맞은편에 루브르 호텔을 열었다.[26] 루브르 궁과 리볼리 가를 낀, 노른자 중에서도 노른자위 땅이었다. 만국박람회에 내세울 만한 호사스러운 호텔이 하나쯤 있었으면 싶었던 나폴레옹 3세의 바람과 호텔 개장과 동시에 이 지역을 파리에서 제일가는 상업지구로 개발하고 싶었던 페레르 형제의 의도가 딱 들어맞았던 것이다.

하지만 그때나 지금이나 재개발 사업은 기존에 살고 있던 가난한 원주민을 쫓아내야 하는 태생적 문제를 안고 있었다. 오스만이 야심 차게 추진한 파리 재개발 역시 결국 가난한 자들을 도시 밖으로 쫓아내려는 계획이 아니냐는 비난을 피할 수 없었다. 실상이 그러했다. 개발이 끝난 지역의 부동산 가격은 하늘 높은 줄 모르고 치솟았고 월세를 감당하지 못한 서민들은 파리 외곽으로 밀려났다.

1870년 나폴레옹 3세가 실각하고 프랑

26 당시 루브르 호텔은 19세기 파리에서 가장 호화로운 호텔로 손꼽히는 명소였다. 피사로가 파리에 머물며 그림을 그린 곳이 바로 이 호텔이다.

27·28 오페라 극장 테라스에서 바라본 오페라 대로.
개발 전후의 달라진 모습을 확연히 알 수 있다.

스 제3공화국이 들어선 이후에도 오스만이 세워놓은 도시 계획 사업은 그대로 진행되었다. 피사로의 그림 전면에 시원하게 뚫린 오페라 대로 공사가 시작된 것이 1876년이었다. 생라자르 기차역과 파리의 중심부라 할 수 있는 루브르 지역을 잇는 오페라 대로는 완공되기만 하면 곧 파리 최고의 상업 중심지로 떠오를 수 있는 '대박' 개발 계획이었다. 7백 미터밖에 되지 않는 길을 내는 데 무려 36개 건설사가 달려든 것은 이런 막대한 개발 이익 때문이었다.[27·28]

파리 시는 신작로를 내기 위해 강제로 수용한 땅들을 파이 자르듯이 잘라서 36개 회사에 골고루 나눠주었다. 재미있는 사실은 이렇게 사업자 수가 많았음에도 1877년 오페라 대로 공사가 끝난 뒤 길 양편에 새로 들어선 건물들의 모양새가 [그림 1]에서 보듯이 한 사람이 지은 것처럼 똑같았다는 점이다. 여기에도 오스만의 그림자가 어른거린다.

모던 도시의 미학

오스만은 도시 미학이 무엇인지 이해한 인물이었다. 도시의 아름다움은 인공적인 질서에서 나온다는 것을 본능적으로 알았다. 그래서 그가 그린 날 선 듯 눈부신 근대 도시의 풍경 속에는 곧게 뻗은 도로와 한 공장에서 찍어낸 듯 비슷한 얼굴을 한 건물들이 자리 잡았다. 오스만은 강력한 건축규제법을 통해 가만두면 우후죽순 멋대로 자라날 건물들에게 '오스만 스타일'이라는 새로운 질서를 부여했다. 신축 건물의 높이는 건축규제법에 의거해 도로의 폭에 따라 정해졌다. 폭이 7.8미터, 9.74미터인 골목길을 사이에 둔 건물의 경우 최고 높이는 각각 11.7미터, 14.6미터였다. 폭이 10미터가 넘는 도로에는 최고 17.55미터 높이의 건물을 세울 수 있었다. 마천루가 높이 솟은 여타의 도시와는 달리 파리 시내의 건물이 앙증맞을 정도로 낮은 이유는 오스만의 법령 때문이다.[29]

29 똑같은 모양새의 오스만식 건물들이 줄지어 늘어선 리볼리 가의 모습은 19세기인들에게 도시의 미학이 무엇인지를 보여주었다.

파리 중심부에 들어선 건물들은 높이 외에도 더욱 까다로운 규제를 받았다. 오페라 대로의 경우 모든 건물의 1층 벽면은 유빌Euville 지방에서 가져온 돌을 붙여야 했고, 2층부터는 샤토–가이야르Château-Gaillard 지방의 돌로 외벽을 마감해야 했다. 옅은 회색빛이 감도는 건물의 외벽은 도시에 세련된 색채를 더했다. 회색의 거리는 분홍빛 화강암, 여성스러운 꽃문양이 새겨진 돌 장식과 조각품을 뽐내는 18세기 건물들에서는 느낄 수 없는 새로운 정서를 도시에 불어넣었다.

19세기 중후반부터 파리의 신작로 풍경은 일신을 거듭했다. 지붕은 회색 아연판이나 슬레이트로 덮고 외벽은 돌로 마감한 똑같이 생긴 건물들이 하나둘씩 도로 양편에 자리 잡았다. 네모반듯한 새 건물들은 심지어 외부 장식까지 비슷했다. 엘리베이터가 없던 당시에 로열층으로 꼽힌 2층 테라스에는 약속이나 한 듯이 쇠시리 장식을 붙였다.

이 같은 질서 정연한 혹은 천편일률인 '오스만 스타일'이 탄생한 데는 당시 건설 붐을 맞아 쏟아져 나온 건축 잡지들도 한 몫했다. 도시 재정비 사업으로 새로 조성된 택지에 건물을 지으려는 건축주들은 건축 잡지에 소개된 몇몇 모델을 참고해 설계를 의뢰했고, 심지어 잡지에 실린 설계도를 그대로 가져다 쓰는 경우도 많았다. 19세기 건축 관련 자료들 중 유독 설계도를 그대로 실은 건축물 모음집이 지금까지 아주 많이 남아 있는 것은 이 때문이다. 19세기의 유명 건축가이자 건축평론가이기도 한 세자르 달리 César Daly 같은 이가 편찬한 몇몇 건축물 모

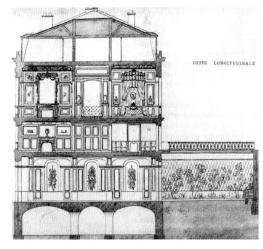

COUPE LONGITUDINALE

30 당시의 건축 잡지에 실린 연극배우 라셸 펠릭스의 저택.

음집을 보면 당장 그대로 건물을 지을 수 있을 정도로 화장실 위치부터 변기 크기까지 세세한 설계도를 싣고 있어서 지금도 당시 생활사를 연구하는 학자들에게는 귀중한 자료로 쓰인다.[30]

'도시의 꽃' 공공 디자인에 눈뜨다

도로와 건축물이 도회적 서정의 주역이라 한다면, 가로수와 가로등, 분수, 벤치 같은 공공시설의 디자인은 여기에 멋을 더하는 조역이다. 주인공이 아무리 열연을 해도 조연이 허술한 영화는 재미가 덜한 법. 오스만은 이 점에서도 선구적이었다. 도시라는 드라마에 감칠맛 나는 조역들을 캐스팅하기 위해 그는 시청 내에 도시환경미화과에 해당하는 '주행과 가로수 정비 서비스 부서Service des Promenades et Plantations'를 신설했다. 요샛말로 '걷기 좋은 도시'를 만들자는 캠페인이 연상되는 이름을 가진 이 부서는 말 그대로 시민들이 파리를 즐겁게 산책할 수

있도록 만드는 데 필요한 가로등, 가로수, 분수, 벤치 등 모든 환경미화를 전담했다. 공공 디자인에 대한 인식이 전무했던 당시로서는 가히 획기적인 발상이라 할 수 있다.

　1858년에 탄생했다고 해서 지금도 '58가로등'[31]이라 불리는 파리의 명물 가로등을 디자인한 것도 바로 이 부서였다. 동네에 따라서 모양새와 장식이 약간씩 다르긴 하지만 58가로등의 기본 모양은 똑같다. 네모나거나 동그란 받침대 위로 그리스 신전을 본뜬 날씬한 기둥이 뻗어 올라가고, 기둥 끝에는 유리판이 붙은 등이 달려 있다. 지금은 모두 전기등으로 바뀌었지만 오스만 시절에는 가스등이었다. 가스는 지하에 매설된 관을 통해 자동으로 공급됐지만 직접 등불을 켜고 끄는 일은 사람의 몫이었다.[32] 이 때문에 19세기 가로등의 높이는 2미터 70센티미터를 넘지 않았다. 아침저녁으로 가스등에 불을 붙이고 끄는 인부들을 보면서 시간을 가늠할 만큼 가로등은 빠르게 도시적인 일상 풍경의 하나로 자리 잡았다.

　오스만은 1856년에 여섯 곳의 민간 가로등 관리업체를 강제 통합해 하나의

◀**31**　샹드마르 보도의 58가로등.
▶**32**　58가로등에 불을 켜고 끄는 인부.
파리의 상징이나 다름없는 고풍스러운 '58가로등'은 처음에 오스만의 도시 계획의 일환으로 등장한 것이다.

회사로 출범시킨 뒤 20~25미터마다 하나씩 가로등을 세우고 관리하는 일을 맡겼다. 이런 효율적인 사업 방식 덕택에 1870년 파리의 가스 가로등 수는 2만 개를 넘었다.[33·34]

150년이 지난 지금도 파리의 가로등은 원형에서 크게 바뀌지 않았다. 19세기에 만들어진 오리지널 가로등은 사라졌지만 고풍스러운 모습은 여전하다. 일정한 간격을 두고 세워진 가로등 덕분에 19세기 사람들은 최초로 밤에 도시를 거니는 산책의 즐거움을 맛보았다. 그리고 가로등 불빛 아래에서 연인을 만나고 헤어지고 그리워하는 도시의 서정이 이렇게 탄생했다.

'주행과 가로수 정비 서비스 부서'는 이름 그대로 가로수 관리 업무도 관장했다. 애당초 가로수는 도시라는 특수한 공간에서만 가능한 존재다. 제멋대로 자란 나무들이 자연스레 숲을 이루는 시골과는 달리 한 가지 수종의 나무들이 일정한

33·34 줄지어 선 가로등이 돋보이는 장 베로의 그림. 에투알 광장(왼쪽)과 루아얄 거리(오른쪽).

간격을 두고 점점이 심어진 가로수는 풀 한 포기마저도 인공으로 재단한 도시 계획의 정점이다.[35]

다 자란 나무를 그대로 살려서 도시 도로변으로 옮겨 심는 것은 생각만큼 녹록한 일이 아니다. 가정집 정원 외에는 나무라곤 찾아볼 수 없던 파리 전역에 가로수를 심기 위해 이 부서에서는 당시로는 매우 독특한 가로수 조성법을 생각해냈다. 우선 도로를 새로 만들 때 가스관뿐만 아니라 상하수도관을 같이 깔아서 가로수에 자동으로 물이 공급되도록 했다.[36,37] 그리고 도로가 만들어지면 가로수를 심을 자리를 따라 우선 면적이 3제곱미터에 깊이가 1미터가 되는 구덩이를 판 뒤, 숲에서 가져온 나무를 심고 부엽토로 구멍을 메웠다. 또한 가로수 밑동 쪽에는 코르셋처럼 생긴 철제 보호구를 둘렀다. 이 관행은 지금도 변하지 않아서 21세기의 파리에서도 나무들은 나란히 철제 코르셋을 입고 있다. 거리를 거닐다보면

35 라스파유 대로. 나란히 심은 가로수는 모든 것이 인공적인 도시의 성격을 확연히 보여준다.

36 파리의 거리 단면도. 상하수도와 가스관 등 도시의 지하에도 지상처럼 복잡한 길들이 자리 잡기 시작했다.

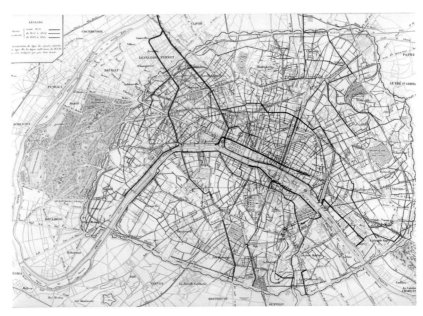

37 1857~1885년까지 건설된 파리 시내의 주요 하수도관이 표시된 1885년의 지도.

철제 보호구에 자전거를 묶어두고 총총히 사라지는 파리 시민들의 모습을 쉽게 볼 수 있다.

새로 조성된 파리의 가로수들은 대부분 마로니에와 플라타너스였다. 이 수종들이 파리의 기후에 가장 적합하다는 논리적인 설명이 붙어야 지당하겠지만 실상은 그렇지 않다. 재미나게도 이 수종들을 선택한 사람은 오스만이었다. 오스만은 회고록에서 순전히 자기가 좋아한다는 이유만으로 마로니에와 플라타너스를 심도록 지시했다고 적었다. 그러니 오늘날의 파리 거리에서도 오스만의 취향은 엄연히 살아 있는 셈이다. 이렇게 부지런히 도시 조경까지 신경 쓴 덕택에 1873년 파리는 가로수만 10만 그루를 헤아리는 녹색 도시가 되었다.

가로등과 가로수가 들어선 거리에 또 무엇이 필요할까? 바로 분수대다.[38] 19세기 초까지만 해도 분수는 관상용이 아니라 필수적인 공공 수도 시설이라는 의미

가 컸다. 상수도가 제대로 갖춰지지 않고 지하수
까지 드문 탓에 물장수에게 물을 사서 써야 했던
파리 시민들에게 분수는 공짜로 쓸 수 있는 우물
이었던 것이다. 파리 개발과 동시에 진행된 상하
수도 공사 덕분에 6백 킬로미터가 넘는 상수도와
5백 킬로미터가 넘는 하수도가 새로 만들어졌지
만 여전히 분수는 우리네 빨래터처럼 동네의 중
심지 역할을 했다. 물 사정이 나아졌다 해도 분수
대 앞에서 약속을 정해 만나는 사람들의 습관은
바뀌지 않은 것이다.

38 팔레 루아얄 광장의 분수대. 동네의 중심지였던 분수대를
재정비하는 것은 도시 계획의 중요한 과제 중 하나였다.

　‘주행과 가로수 정비 서비스 부서’는 오래된
파리 시민들의 이런 습관을 역으로 이용했다. 새
로 건설된 동네의 중심지가 될 자리에 분수를 심은 것이다. 대표적으로 1854년 지
금의 오페라 대로가 서서히 윤곽을 드러내면서 프랑세즈 극장 광장에는 현재처럼
극장을 마주보는 작은 로터리가 생겼고, 이때 분수대도 함께 만들어졌다.[39]

　분수 주변에는 다리쉼을 할 수 있는 벤치를 놓았다. 양쪽의 철제 다리 사이
에 초록색 페인트를 칠한 떡갈나무 판 두 개로 등받이와 엉덩이 받침을 만든 아주
단출한 벤치였지만, 이런 의자를 다루는 데에도 ‘주행과 가로수 정비 서비스 부서’
의 자세는 실로 진지했다. 벤치의 페인트칠이 벗겨져 보기 싫게 되는 것을 막고자
2년마다 새로 도색한다는 법령까지 만든 것이다.

　1884년 『르 피가로 *Le Figaro*』지에 실린 ‘주행과 가로수 정비 서비스 부서의 작
은 혁명’이라는 제하의 기사는 진지하다 못해 코믹하기까지 하다. 기사 내용인즉,
원래 초록색인 나무 벤치 색깔을 짙은 핑크색으로 바꾸고, 그에 맞춰 철제 다리의
색깔을 은색을 가미한 회색으로 바꾸는 것이 그해의 핵심 과제라는 것이다. 코웃
음이 피식 나올 법한 내용이지만 작은 벤치 하나가 도시 이미지에 얼마나 큰 영향

39 가로등과 벤치, 분수대가 들어선 19세기 프랑세즈 극장 광장의 모습. 지금도 당시 그대로다.

을 끼치는지 고민한 담당 공무원들의 자세만큼은 박수를 보낼 만하다.

도시를 만든 시민들

공무원뿐만 아니라 시민들도 다양한 방식으로 새로운 근대 도시 파리에 힘을 보탰다. 영국 태생이지만 평생을 파리에서 산 사업가이자 방대한 오브제 아트 컬렉션인 '월리스 컬렉션'을 남긴 수집가인 리처드 월리스Richard Wallace 경은 새롭게 태어난 파리에 그 나름의 방식으로 족적을 남기고자 했다. 막대한 유산을 물려받은 월리스 경이 파리 시민을 위해 헌납하겠다고 결심한 것이 왜 하필이면 '분수'였던 것일까?

상하수도 시설이 정비되었다고는 해도 파리의 가정에 수도꼭지가 등장한 것은 20세기 초반의 일이다. 피사로가 파리 도심의 풍경을 그렸던 19세기 후반까지도 일반 시민들에게 물은 여전히 귀했다.[40] 정확하게 추산하기는 어렵지만 19세기 초반 파리 시민들이 하루에 쓴 물은 일인당 평균 4리터 정도였다고 한다. 하루에 150리터를 쓰는 오늘날에 비해 35배나 적다. 당시 파리의 주요 수원은 센 강과 센 강의 지류 중 하나인 우르크Ourcq 운하였다. 그나마도 지대가 높아 당시 파리 동남쪽 경계선인 오스테를리츠Austerlitz 지역에

40 오노레 도미에의 만평. 파리 시민들이 물동이를 들고 다니는 일은 일상이었다.

설치된 펌프를 이용해 물을 길어 올려야 했으니 양질의 물을 풍부하게 사용한다는 것은 상상하기 힘든 일이었다. 오죽했으면 물이 술보다 비싸서 알코올 중독자가 만연했다는 이야기가 떠돌았을까.

오스만의 수도 사업이 궤도에 오르면서 1854년 하루에 15만 세제곱미터였던 물 공급량이 19세기 말엽에는 64만 세제곱미터로 네 배 이상 증가했지만 여전히 물은 비싼 소비재였다. 월리스가 사비를 털어 시내 곳곳에 오십여 개의 분수를 만든 것은 이 때문이었다. 공공시설물에 대해 나름의 안목과 식견을 가진 월리스는 자신의 이름을 딴 '월리스 분수'가 서민들의 식수 공급이라는 기능뿐 아니라 아름다움까지 갖추기를 원했다. 그래서 조각가인 샤를-오귀스트 르부르Charles-Auguste Lebourg에게 분수 모델을 의뢰했고, 색깔도 여타 공공시설과 조화를 이루도록 초록색으로 정했다. 청동으로 만들어진 세 명의 여신이 지붕을 떠받들고 있는 모양새의 '월리스 분수'[41]는 곧 파리 시민들의 열광적인 지지를 받아 사람들은

41 월리스 분수. 19세기 파리 시민들에게 인기 있었던 이 분수는 모양새 역시 아름다웠다.

너 나 할 것 없이 물병과 대야를 들고 분수대로 몰려들었다. '월리스 분수'는 미학적인 아름다움까지 더해 근대 파리의 새로운 상징물로 지금까지 이어져오고 있다.

월리스처럼 남다른 부를 소유한 독지가만 파리에 흔적을 남긴 것은 아니었다. 연극이나 오페라의 상연 포스터와 각종 광고물 제작자인 가브리엘 모리스Gabriel Morris 같은 이는 기발한 아이디어로 파리 풍경에 발자취를 남겼다. 당시 모리스는 광고물 부착 문제로 골머리를 앓고 있었다. 파리 시민들은 연일 새로운 소식을 알려주는 대자보와 벽보, 공연과 연극 포스터 등을 사랑했다. 자연히 광고물 일감은 늘 넘쳐났고 사업은 호황이라 행복한 비명을 질러도 시원찮을 판이었다. 그런데 문제는 애써 만든 광고물을 부착할 장소가 별로 없었다는 것이다. 오스만의 법령이 도시 미관에 중요한 광고 홍보물 부착 문제를 허투루 넘어갈 리 만무했다. 모든 종류의 종이 광고물을 반드시 지정된 벽보 판에만 붙이도록 법으로 정해놓은 것이다.

그런데 이런 법적 강제는 하루 평균 144개의 새로운 광고물이 제작된 당시 파리의 실정과는 전혀 맞지 않았다. 이미 붙어진 벽보 위에 새로운 광고물을 붙이고 또 붙이는 바람에 무엇이 광고 포스터이고 무엇이 대자보인지도 구분이 안 될 지경이었다. 게다가 자기 광고물이 더욱 잘 보이게 하려는 욕심에 벽보 위아래 전체에 광고물을 덕지덕지 붙이기도 해 보기 싫기는 매한가지였다.

도시 미관을 해치는 광고물 사태를 보다 못한 파리 시청은 급기야 1863년 벽보 문제를 해결하기 위한 특별위원회를 조직해 벽보 부착 방법에 대한 아이디어를 공모하기로 했다. 이 공모전의 당선작이 바로 모리스가 고안한 신형 광고판이

42 장 베로, 〈그랑 블루바르, 바리에테 극장〉. 도로변에 자리 잡은 탑이 모리스의 광고판이다.

었다. 일명 '모리스 광고판'이라 불린 이 광고판은 3미터 높이의 둥근 원통이 천천히 돌아가면서 겉면에 부착된 광고를 두루두루 보여주는 방식이었다.[42]

　'주행과 가로수 정비 서비스 부서'의 손길을 거쳐 각 모서리마다 작은 사자상이 붙은 육각형 녹색 지붕이 달린 기둥 모양으로 거듭난 모리스의 광고판은 1868년에만 150개가 세워졌고 그 뒤로도 점점 늘어나 150년 가까이 지난 오늘날까지 파리 시내에 224개가 남아 있다. 지금도 파리 시민들은 매일 아침 새로운 공연 포스터를 보기 위해 모리스의 광고판으로 달려갔던 마르셀 프루스트의 소설 『잃어버린 시간을 찾아서』의 주인공처럼 모리스의 광고판을 보고 새 공연 정보를 얻는다.

현대 도시적 일상의 탄생

19세기 후반의 모든 파리 시민들이 이십여 년이 넘는 기간 동안 파리 전역에서 펼쳐진 대대적인 도시 리노베이션 공사에 박수를 친 것은 아니었다. 파리 토박이들의 대부분은 평생 친근하게 살아온 동네와 건물이 하루가 다르게 헐리고 그 자리에 새로운 길이 나고 새 건물이 들어서는 모습을 불안하게 지켜보았다.

길을 걷다가 문득 나는 이 도시가 붕괴 중이라는 사실을 깨달았다. 앞에도 뒤에도 왼쪽으로도 오른쪽으로도, 사방에 천둥 같은 소리와 함께 부서진 벽체들이 뒹굴고 하늘은 먼지 구름으로 뒤덮여 있었다.**43·44**

소설가 에드몽 아부Edmond About의 글처럼 당시 신문을 보면 주위가 온통 공사판인 도시 한가운데서 살아가는 당황스러움을 적나라하게 토로한 투고가 넘쳐난다. 그중에는 역사학자이자 작가로 이름을 떨친 프로스페르 메리메Prosper Mérimée처럼 파리의 변신이 갖는 의미를 직관적으로 이해한 이들도 없지 않았다.

◀**43** 시테 섬의 시립병영 기초 공사.

▶**44** 앙리 4세 대로 굴착.

곳곳이 파헤쳐진 길이나 공사판은 19세기 파리 시민들에게 가장 익숙한 풍경 중 하나였다.

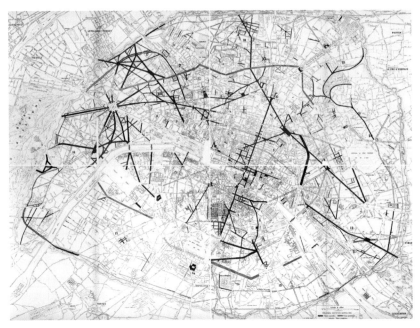

45 앙드리보-구종의 파리 공사 지도.
1868년 파리 시내 도로 공사 현황을 보여준다. 빨간색으로 칠해진 부분이 한 해 동안 공사가 진행된 신작로를 표시한
것이다. 그야말로 눈길을 돌리는 곳마다 공사판이라는 파리 시민들의 한탄이 과장이 아니었던 것이다.

"4년 전의 파리를 본 사람들은 그들이 지금 같은 도시에 와 있는지 또 그들 자신이
4년 전과 같은 사람인지를 의심할 것이다."[45]

19세기 후반의 파리 시민들은 살아생전 처음으로 폭이 20미터가 넘는 말끔
히 포장된 도로를 보았다.[46~48] 개선문을 통과하는 로마 장군처럼 합승마차들은
줄지어 달리며 도로를 메웠다. 지평선을 가로지르는 가로수와 가로등, 그 사이사
이에 리듬을 불어넣어주는 벤치와 분수는 사람들에게 최초로 도시를 자유롭게
걸어 다니는 즐거움을 선사했다. 그저 길을 어슬렁대며 걷는 것만으로도 흥미로
웠다. 모든 것이 조화를 이룬 멋진 풍경과 사방에 널린 가게는 풍성한 볼거리를 선
사했다. 그렇게 근대 도시는 사람들의 삶을 바꿔놓았다.

▲46 카퓌신 거리.

■47 생드니 거리.

▼48 토르토니 카페 앞 거리.

수십 년의 도시 계획을 통해 현대적인 도시로
변신한 파리의 활기찬 모습.
당시의 거리 풍경을 많이 남긴 장 베로의 그림을
보면, 현재 파리의 모습과 크게 다르지 않다.

시민들은 이제 거리에 설치된 시계를 보며 제시간에 맞춰 회사에 나가고, 합승마차 정거장에서 줄을 서서 마차를 탔다. 퇴근길에는 신문 가게에서 그날의 신문과 잡지를 사 들고 귀가했다. 친구와 만날 때는 분수대 앞에서 약속 장소를 잡았고, 친구를 만나서는 환한 가로등이 켜진 밤거리를 걸었다. 원형 광고판에서 백화점 세일을 알리는 벽보나 공연 포스터를 보고 주말 데이트 계획을 세웠다. 신축 건물들이 밀집한 상가를 거닐며 눈요기를 하고, 광장의 벤치에서 다리쉼을 하기도 했다. 낙엽이 떨어지는 가로수를 보면서 문득 계절이 바뀌는 것을 느꼈다. 그리고 이 모든 것을 가능하게 한 과학과 기술의 발전에 찬사를 보냈다. 근대는 이렇게 오늘과 내일은 다를 것이라는 희망, 과학과 기술이 삶을 보다 편리하고 윤택하게 만들 것이라는 낙관, 그리고 이 모든 것을 이루어낸 지성에 대한 찬사로 시작했다.

생전 처음 근대 도시에서 살게 된 파리 시민들의 일상은 우리의 삶과 다를 바 없었다. 우리가 살아가고 있는 21세기 도시의 삶은 바로 이 근대에 건설된 새로운 도시에서 출발한 것이다. 19세기 도시인의 정서와 애환은 결국 21세기 도시인인 우리들의 정서와 애환인 것이다. 오스만 시대의 파리 시민들에게 현대적 모습으로 탈바꿈한 도시는 바로 새로운 근대의 삶을 알리는 나팔 소리였다. 한 번이라도 파리를 다녀온 적이 있는 사람들에게 피사로의 그림이 친숙한 것은 이 때문이다. 그리고 이 때문에 사람들은 쉽게 이 도시가 어느 순간 만들어진 인공의 산물임을 잊는다. 백 년이 하루 같은 도시에서는 시간도 길을 잃기 때문일까?

쇠시리 장식

18세기인들에게 쇠란 그저 대포 같은 무기를 만드는 특수한 재료였다. 하지만 도시의 공공 시설물이 하나둘씩 탄생한 19세기에 쇠는 생활에 가장 친숙한 재료로 거듭났다. 충격에 강하고 바람과 비에도 모양이 변형되지 않는 쇠는 공공 시설물을 위한 최고의 재료였다. 비록 1856년 헨리 베서머 Henry Bessemer가 강철을 주조하는 혁신적인 방법을 개발하면서 강철을 값싸게 대량 공급할 수 있는 길이 열리긴 했지만 당시 쇠는 고급 재료에 속했다.

쇠를 건물의 외관 장식으로 쓰기 시작한 것은 19세기 중반부터다. 고급스러운 건물이라면 으레 18세기식으로 돌 조각품을 붙인 장대한 외관을 떠올리는 사람들에게 쇠시리 장식은 새로운 시대의 상징이었다.

오스만 시대에 새로 들어선 신축 건물들은 까다로운 외관 규제 법령 때문에 외부로 튀어나오는 덩치 큰 돌 조각품 장식을 붙일 수 없었다. 그 자리를 대신하기 위해 건축가들은 층마다 발코니를 내고 쇠시리 장식을 달았다. 아라베스크 문양이나 고대 그리스의 기둥 모양으로 주조된 발코니 장식은 19세기판 럭셔리 아이콘으로 떠올랐다.

주물을 따로따로 떠서 이어 붙여야 할 만큼 복잡한 문양으로 가득한 19세기 중반의 쇠시리 장식물은 철물 제조인들이 만든 작품이기도 하다. 이 때문에 장식 전문가들은 19세기를 '철물 제조인들의 르네상스'라고 부른다. 오늘날 이런 쇠시리 장식물들은 갤러리와 경매장에서 거래되는 하나의 작품으로 대우받고 있다.

19세기 후반에 접어들면 대량 생산된 공장제 쇠시리 장식들이 출현하기 시작한다. 틀의 모양에 따라 어떤 형태로든 자유로이 장식을 제작할 수 있다는 이점 때문에 쇠시리 장식은 19세기 말과 20세기 초 아르누보 계열의 건축가들이 가장 사랑한 건축 장식 재료이기도 했다.

▲ 연극배우 라셸의 저택.

▼ 라셸 저택의 쇠시리 장식.

공공 디자인의 개척자: 가브리엘 다비우

오늘날까지도 파리 시민의 사랑을 받고 있는 샤틀레 극장, 관광객들의 경탄을 자아내는 샤틀레 광장과 생미셸 분수, 샹젤리제와 콩코르드를 잇는 기다란 정원, 몽소 공원의 위풍당당한 쇠시리 장식, 불로뉴 숲의 얼굴인 입구 건물, 파리 19구 구청 등 가브리엘 다비우Gabriel Davioud가 설계한 건물과 정원, 각종 도시 시설은 파리 곳곳에서 여전히 생생하게 살아 숨 쉬고 있다. 1824년에 태어나 1850~1860년대 오스만의 파리 재건축 시대를 온몸으로 살아간 건축가 가브리엘 다비우는 여느 건축가들처럼 개인 설계 사무소를 내고 독립적으로 일한 것이 아니라 파리 시청에 소속된 건축가였다. 말하자면 토목 계통의 공무원이라 할 수 있다.

스물다섯 살에 에콜 데 보자르 건축학교를 졸업하자마자 안정된 직장을 찾아 파리 시청에 취직한 다비우는 1849년 유망한 젊은 건축가들에게 주는 상인 로마상Grand Prix de Rome 이등상에 당선되면서 실력을 인정받았다.

이후 다비우는 도시 계획으로 인해 사라질 위기에 처한 건물들 중 문화재를 분류해 보존하는 계획을 세우고 당시 재건축 중이던 파리에서 가장 큰 시장인 레알Les Halles의 공사를 감독하는 등 다양한 실전 경험을 쌓았다. 그는 이례적인 속도로 승진을 거듭해 1855년에는 '주행과 가로수 정비 서비스 부서'의 책임자로 임명되었다. 도시 계획이 한창인 만큼 시청 건물과 공원 설계부터 분수, 벤치 같은 공공 시설물까지 그가 책임을 맡은 업무는 다채롭기 그지없었다.

그러나 18세기의 파리를 오늘날의 파리로 재탄생시킨 주역임에도 불구하고 다비우에 관한 연구서는 거의 찾아보기 어렵다. 수많은 공공 디자인에 둘러싸여 살아가는 우리들이 그 일을 담당한 건축가나 디자이너의 이름을 잘 알지 못하

▲ 샤틀레 극장의 두 건물
■ 생미셸 분수.
▼ 몽소 공원의 쇠시리 장식.

듯이 다비우 역시 19세기의 신문지상에 이름이 오르내리는 유명한 건축가가 아니었기 때문이다.

또한 도시 계획이나 공공 디자인 자체가 여러 사람의 협업으로 이루어지는 대규모 프로젝트이기 때문에 거기에 참여한 한 명 한 명의 건축가가 모두 스포트라이트를 받기도 어렵거니와 학자들이 공공 디자인에 대해 본격적으로 관심을 기울이기 시작한 것도 지금으로부터 그리 오래되지 않았기 때문이다. 하지만 가브리엘 다비우의 숨결을 여전히 파리 곳곳에서 느낄 수 있다.

▲ 장 베로, <보드빌 극장 앞>.
■ 장 베로, <생필리프뒤룰 교회의 일요일>.
▼ 장 베로, <파리지엔의 애비뉴>.

19세기 파리의 모습을 생생하게 남긴 장 베로의 그림 속에는 '주행과 가로수 정비 서비스 부서'의 책임자였던 다비우의 그림자가 빠짐없이 등장한다. 장 베로의 그림 속 파리가 오늘날과 거의 다를 바 없듯이 다비우의 공공 디자인 역시 여전히 21세기 파리를 장식하고 있다.

2장

부자의 취향,
럭셔리란 무엇인가?

타인이 어떻게 살고 있는지를
들여다보고 싶은 욕망은
결국 그 사람에 대해 알고 싶다는
강렬한 호기심이다.

헝가리 출신의 화가 미하이 문카치 역시
마찬가지였다.

소파나 책상, 의자와 침대가 알려주는
말보다 더 은밀한 신호.

들여다보고 싶은 욕망, 드러내 보이고 싶은 욕구
그 두 지점이 만나는 곳에 그 시대의 풍경이
고스란히 들어 있다.

1 미하이 문카치,
〈파리지엔의 집 안 풍경〉,
1877년, 부다페스트
국립미술관, 부다페스트.

가구는 생활의 옷이다.
—오귀스트 뤼세, 『1867년 만국박람회 산업예술관에 대한 보고서』에서

미술품 감정사를 준비하는 수업에서 예비 감정사들을 가장 괴롭히는 것은 일명 '눈썰미 퀴즈' 시간이다. 이 퀴즈는 일체의 정보 없이 그림 속에 그려진 풍경과 화풍만으로 작품의 제작 연도와 작가의 이름을 맞히는 것이다. '눈썰미 퀴즈'는 그 사람이 갖고 있는 각 시대에 대한 지식과 그림을 보는 안목을 단번에 파악할 수 있는 편리한 척도다.

딱히 미술품 감정사 지망생이 아니더라도 '눈썰미 퀴즈'는 놀이 삼아 해보기에 좋을 정도로 재미나다. 하등의 선입견이나 배경지식 없이 그림과 마주하면 한결 순수한 눈으로 그림을 바라볼 수 있을 뿐 아니라 무엇 하나라도 더 알아내기 위해 자연히 그림을 더욱 자세히 보게 되기 때문이다. 게다가 시험관 앞에서 쩔쩔매며 왜 그렇게 판단했는지 설명할 필요만 없다면 이 상황은 상당히 즐거운 경험일 수 있다. 자, 느긋하게 미하이 문카치의 그림([그림1])을 한번 들여다보자. 은은하게 햇볕이 들어오는 방 안에서 한 여인이 책을 읽고 있다. 그녀는 어느 시대 사람일까? 그림 속에 그려진 집 안 풍경을 통해 해답을 유추해볼 수 있을까?

유럽의 고전 영화 팬들에게는 너무 쉬운 질문일지도 모르겠다. 이 그림 속에는 그림의 주인공이 19세기 사람이라는 작은 단서들이 곳곳에 보인다. 먼저 눈에 띄는 것은 문가에 달려 있는, 둥근 유리통 두 개를 연

2 1845년경의 가스등 디자인.

결한 가스등이다.[2] 〈오만과 편견〉, 〈제인 에어〉처럼 19세기를 배경으로 한 영화 속에서 종종 발견할 수 있는 모양새의 등이다. 그림의 주인공이 입고 있는 버슬 스타일의 드레스나 장식처럼 어깨에 두른 긴 숄 역시 비슷한 시기를 다룬 영화 속에서 종종 보던 눈에 익은 스타일이다. 바닥에 깔린 카펫 위에 누워서 인형을 가지고 놀고 있는 소녀는 영화 속에 등장하는 19세기 소녀들을 그대로 옮겨놓은 듯하다.

하지만 이것만으로 이 그림 속 풍경을 19세기라고 단정하기에는 석연치 않은 구석이 있다. 이 그림에서 가스등과 등장인물의 복장을 제외한 나머지 단서들은 일제히 17세기를 가리키고 있기 때문이다. 우선 탁자 왼쪽에 또 다른 주인공인 양 떡하니 놓여 있는 의자가 그렇다. 살짝 뒤로 기운 널찍한 등받이에 팔걸이 끝 쪽이 도르르 말려 있다. 의자의 네 다리는 H자 모양으로 연결되어 있는데 17세기 사람들은 이 접합 부위의 생김새가 양의 뼈를 닮았다고 해서 이 장식을 양의 뼈라는 뜻인 '오스 아 무통os à mouton'이라고 불렀다.[3]

이 의자의 전성기는 루이 13세 시대(1601~1643년)였다. 어린이 서넛이 너끈히 들어갈 정도로 풍성하고 빳빳한 드레스와 널찍이 펼쳐지는 가운이 유행한 시대에 의상에 구애받지 않고 편안하게 앉을 수 있는 이런 의자는 인기가 많을 수밖에 없었다. 의자를 장식할 요량으로 씌워놓은 태피스트리를 작은 압정처럼 생긴 클루clou라는 장식 못으로 고정시킨 것까지, 그림 속 의자는 박물관에 전시되어 있는 17세기 의자를 그대로 가져다놓은 것 같다. 19세기 집 안 풍경에는 어울리지 않는 케케묵은 옛 유물인 셈이다.

벽에 기대어놓은 장 역시 17세기를 연상시키기는 마찬가지다. 크기가 다른 상자 두 개를 포개어놓은 것처럼 생긴 이 장은 코프르coffre라고 부르는 상자 두 개를 잇대어 만든 것이다. 우리네 '궤櫃'와 비슷한 코프르는 귀한 문서나 자자손손 내려오는 귀중품 등을 보관하기 위해 중세 시대부터 널리 사용한 나무 상자

▲3 오스 아 무통 형태의 다리가 달린 의자.

형태의 가구다.[4]

이 나무 상자를 두 개 잇대어 장의 형태로 업그
레이드한 것이 17세기 초반에 유행한 뷔페buffet(찬
장)다.[5] 이렇다 할 생활 가구가 드물던 당시에 뷔페
는 그 자체로 귀중한 재산이었다. 통상 뷔페의 윗부
분에는 장엄한 효과를 더하기 위해 르네상스 시대
건축물의 문머리 모양을 딴 장식인 프롱통fronton
이 붙어 있다. 또한 17세기의 뷔페 겉면에는 장엄함과
거대함이 절로 풍겨 나오도록 나무 조각이 많이 달려
있는데 그림 속의 뷔페 역시 자세히 들여다보면 빛에
반사된 조각 장식들이 눈에 띈다.

그림 속 시대에 대한 의혹은 여자 주인공이 앉아
있는 의자와 오른쪽 벽에 놓인 의자에 이르러 절정에
달한다. 이 두 의자는 심지어 14세기에 제작된 것이다.
빨간 벨벳으로 마감한 두 의자는 가구 제작 기술이
조악했던 14세기에 어떻게 의자를 만들었는지를 보
여주는 표본이나 다름없다. 앉는 사람의 무게 때문에
다리가 휘어지는 것을 방지하기 위해 다리와 다리 사
이를 긴 막대로 연결해놓은 이 의자는 인체공학을 전
혀 고려하지 않은 설계 탓에 실제로 앉아보면 참으로
불편하다.

▲4 우리의 궤를 닮은 가구인 코프르.
▼5 화려한 조각으로 장식되어 있는 육중한 뷔페.
17세기를 대표하는 가구 중 하나다.

대체 왜 그림의 주인공은 이런 불편함을 무릅쓰
고 17세기 초반의 가구들로 집 안을 꾸민 것일까? 게다가 벽에는 벽면을 가득 채
우고도 남을 만한 크기의 태피스트리가 걸려 있다. 중세 시대의 기사라고 하면 검
이 떠오르듯이 이런 거대한 태피스트리는 17세기의 어두컴컴한 돌성을 연상케 한

6 1868년경의 플라망 성 식당. 17세기라고 착각할 정도로 소품 하나까지도 르네상스풍으로 치장한 19세기의 식당이다.

다. 17세기 초반의 성들은 중세 시대의 성들처럼 외적을 방비할 용도로 지어졌기 때문에 바깥으로 난 창문을 찾아보기 어려웠다. 게다가 돌로 된 성에 난방시설이라고는 벽난로뿐이었으니 여간 추운 게 아니었다. 태피스트리는 돌로 된 벽에서 뿜어 나오는 냉기를 막고 어두운 성안에 빛을 더해주는 기특한 물건이었다. 가스등까지 설치된 집에서 사는 이 그림의 주인공이 17세기 사람들처럼 냉장고 같은 돌성에서 살지 않았음은 자명한 사실이다. 그렇다면 그녀는 대체 왜 19세기와는 2백 년이나 차이가 나는 골동품들로 집 안을 가득 채워놓고 17세기 귀족 행세를 하려든 것일까? 차림새로 미루어 보아 유행에 무심하거나 형편이 궁색한 것도 아닌 듯한데 말이다.[6]

복고풍이 19세기를 강타하다

19세기 초 프랑스의 문화계 인사와 지식인들의 화두는 '문화재 복원'이었다. 그 흥미로운 과정을 따라가보자.

1793년 현재의 루브르 박물관이 국가예술중앙박물관Muséum central des arts de la République이라는 이름으로 문을 연 이후 과거의 왕정 시대 유물에 대한 사람들의 시각은 서서히 바뀌어갔다. 루브르 성은 이제 만인의 위에서 군림하며 신보다 더한 지위를 누리고자 한 왕들의 거처이자 치욕스러운 역사의 증언자가 아니라

7 루브르의 아폴론 갤러리.
당시 미술 애호가들의 발길은 박물관으로 변신한 루브르 궁으로 향했다. 그림 속 아폴론 갤러리의 모습은 지금도 별반
다르지 않다.

누구나 자유로이 드나들며 예술품을 감상할 수 있는 예술의 전당이었다.[7]

박물관으로 변신한 베르사유 성 역시 마찬가지였다. 왕정 시대의 유물은 새로이 태어난 프랑스의 영광을 한층 빛내줄 과거의 유산이었다. 이에 지식인들이 문화재에 대한 새로운 시각을 글로 남겼다. 정치가이자 고고학자인 알렉상드르 드 라보르드Alexandre de Laborde 같은 이는 문화재와 유적을 낱낱이 조사해 정리한 『프랑스의 문화재와 유적Les monuments de la France』이라는 걸출한 저서를 남겼고, 줄기차게 문화재 보호를 주창한 소설가 빅토르 위고는 『노트르담 드 파리Notre-Dame de Paris』나 「밤의 산책Promenade nocturne」 같은 소설과 시를 통해 문화재의 아름다움과 가치를 널리 전파했다.

게다가 정치가들 역시 문화재 예찬에 여념이 없었다. 1804년부터 1814년까

8 루이 18세 당시의 튀일리 궁은 17세기의 성처럼 르네상스풍으로 치장되어 있었다.

지 황제로 군림하며 유럽을 쥐락펴락한 나폴레옹이 스러진 후 그 자리에 들어선 것은 오로지 루이 14세의 적통이라는 이유만으로 권력을 잡은 부르봉 왕조였다. 루이 16세의 형제인 프로방스 백작^{comte de Provence}이 루이 18세로 즉위한 것을 시작으로, 그의 동생이자 절대 왕정의 공공연한 옹호자인 샤를 10세가 뒤를 이었다. 복고 왕정이라는 말 그대로 이들은 태생적으로 과거의 유물에 호의적일 수밖에 없었다. 게다가 복고 왕정이 사라진 자리에 들어선 것은 부르봉 왕가의 방계 중에서 그나마 자유주의적인 인물이라는 이유로 얼떨결에 왕이 된 루이 필리프가 이끄는 '7월 왕정'이었다.

　귀족들은 왕의 거처인 루브르 성으로 몰려들었고 혁명 이후 사라진 궁정 문화가 되살아났다.[8] 혁명 이전 루이 16세와 함께 베르사유 궁에서 살았던 루이 18세는 루이 16세 시대에 유행한 네오클래식 스타일의 예찬자였다. 루이 18세의 지지 아래 내무부 장관 몽탈리베 백작comte de Montalivet은 유적지를 보호하고 복원하기 위해 최초로 정부 예산을 할당하는 결단력을 발휘했다. 샤를 10세의 며느리로 유행을 주도한 베리 공작부인 duchesse de Berry은 자신의 성인 로니-쉬르-센 성Château de Rosny-sur-Seine을 17세기, 18세기 가구와 특별히 주문한 크리스털 화장대로 화려하게 꾸몄다.[9] 루이 필리프는 치세의 위엄을 높이기 위해 나폴레옹이 구상한 개선문을 완성시키고 그리스 시대의 양식을 고스란히 본떠 마들렌 성당[10]을 지었다. 1830년부터 정부의 지휘 아래 혁명 이후 허물어진 프랑스 전역의 성과 문화재들을 복원하는 것은 물론이고 그 실내장식까지 온전히 되살리는 것을 골자로 한 수많은 문화재 복원 계획이 속속 발표되었다.

9 니콜라 앙리 자코브가 제작한 베리 공작부인의 크리스털 화장대.
그리스 신화에서 영감을 받은 청동 장식이 특징적이다.
서랍을 열면 음악이 나오도록 설계되었다.

그런데 복원 사업의 걸림돌은 앞선 혁명정부 시절에 많은 문화재가 외국으로 팔려 나가거나 파괴되었다는 사실이었다. 사라진 유물들의 자리를 빈자리로 남겨둘 것인가 아니면 똑같이 만든 복제품으로 감쪽같이 채워 넣을 것인가, 이 문제는 요즘도 문화재 복원 사업의 쟁점 중 하나다. 19세기 프랑스인들은 후자를 선택해 모조품이라도 만들어 빈자리를 채우려고 했다. 퐁텐블로 성의 프랑수아 1세 갤러리나 생클루 성의 마리 앙투아네트 거처, 베르사유 궁 등의 내부를 하나하나 복제품으로 복원해 나갔다.

10 펠릭스 뒤방이 그린 마들렌 성당.

당시 복원 사업에 참여한 주역들은 전문적으로 훈련받은 복원 전문가들이 아니라 19세기 초반에 활동한 가구제작자들이었다. 만국박람회에서 몇 차례 상을 받기도 한 가구제작자 앙리-오귀스트 푸르디누아Henri-Auguste Fourdinois는 루

11 1882년 공예 박람회에 출품된 푸르디누아의 가구.　　**12** 옆 사진에 보이는 푸르디누아의 코프레 테이블.

이 15세 시대의 기록을 바탕으로 팔레 루아얄 궁 내부에 있던 루이 15세의 가구를 복제했다.[11·12] 19세기를 대표하는 가구 장인으로 지금도 오르세 미술관에 대표작이 전시되어 있는 그로에 형제Frères Grohé는 생클루 성을 복원하기 위해 루이 16세의 왕실 가구를 복제했고, 15세기에 세워진 퐁텐블로 성을 복원하는 데에도 참여해 프랑수아 1세 시절의 실내장식과 가구 일체를 새로 만들어냈다.

　　이들의 손에 의해 꼼꼼하게 재현된 복제품들로 가득 찬 궁전을 둘러본 이들은 감탄을 금치 못했다. 사라진 과거의 영광이 눈앞에 생생히 되살아났기 때문이다. 카이사르나 마릴린 먼로 같은 유명인들을 직접 만날 수 있다고 광고하는 오늘날의 밀랍 인형 전시관처럼 비록 복제품으로 채워진 성이긴 했으나 눈앞에 부활한 화려한 왕가의 모습은 왕정 문화에 대한 향수를 불러일으키기에 부족함이 없었다. 게다가 19세기 초반 유럽 내에서 가장 명망이 높은 중세 전문가이자 건축가

인 비올레-르-뒤크Eugène Emmanuel Viollet-le-Duc가 중
세 시대 이래로 거의 폐허가 되다시피 한 피에르퐁 성
을 재건한다는 소식은 사라진 시대에 대한 당시의 열
광을 한층 더 부추겼다.[13]

19세기를 다룬 미술사 책에서 종종 '히스토리시
즘historicisme', 즉 역사주의라는 용어를 맞닥뜨리게
되는데 역사주의는 결국 이처럼 역사라는 이름으로
남은, 사라져간 과거에 대한 열망이라 할 수 있다. 현
대인들이 복고풍이라는 이름으로 옛날에 대한 향수
를 간직하고 있듯이 19세기 사람들은 눈부신 발전의
시대를 살면서도 동시에 가짜이건 진짜이건 과거를
완벽히 되살려내 그 속에서 과거의 인물들이 보고
느낀 사상과 정신을 이해하고자 했다.

1848년 마침내 왕정이 무너지고 나폴레옹의 조
카 루이 나폴레옹 보나파르트가 주축이 된 제2공화
국이 탄생했지만 제후 출신의 대통령에다 공공연히
왕정복고를 외친 왕당파가 정부와 의회를 지배하는
우스꽝스러운 공화국은 오래가지 못했다. 정신적으
로는 왕정 시대의 인물이나 다름없던 루이 나폴레옹
은 쿠데타를 통해 1852년에 황제로 등극하고 제2제
정 시대를 선포했다. 황제의 측근답게 제2제정의 거
물들은 역사주의를 속세의 유행으로 이끄는 데 앞장
섰다.[14]

▲13 외젠 비올레-르-뒤크가 그린 피에르퐁 성, 1857년.
▼14 루브르 궁의 개축 공사장을 방문한 나폴레옹 3세.

루이 나폴레옹, 즉 나폴레옹 3세의 부인인 외제니 드 몽티조Eugénie de Montijo
는 마치 자신이 마리 앙투아네트나 된 듯 자신의 거처인 생클루 성을 온통 마리

15·16 생클루 성의 외제니 황후 서재(위)와 그랑 살롱(아래). 리즈네의 책상(위)처럼 왕가 컬렉션의
가구들을 확인할 수 있다.

앙투아네트 스타일로 장식했다.**15·16** 루이 15세의 왕실 장인이던 장-프랑수아 외
벤Jean-François Oeben과 장-앙리 리즈네Jean-Henri Riesener가 만든 루이 15세의 탁
자를 비롯해 동시대의 장인이었던 마르탱 카를랭Martin Carlin의 자개 테이블 등 문
화재로 등재된 수많은 가구들로 거실과 침실을 단장했다. 그러고도 모자라는 가

17·18 페리에르 성의 알퐁스 드 로스차일드 남작의 침실과 루이 16세 스타일로 장식한 화이트 홀.
로스차일드 가문이 소유한 페리에르 성은 스타일 대사전이라 할 만큼 다양한 '과거' 스타일로 단장되어 있었다.

구들은 문화재 복원에 참여했던 푸르디누아, 그로에, 바스무 형제Frères Wassmus 같
은 장인들이 만든 복제품으로 채워 넣었다.

하지만 17~18세기 왕실에서 사용된 왕가의 가구들은 19세기 초반을 거치면
서 이미 문화재로 지정되어 사고파는 것이 여의치 않은데다 가격 또한 만만치 않
았던 터라 자연히 진품 고가구 대신 복제품이 유행하기 시작했다. 오를레앙 공작
인 루이 필프의 다섯째 아들인 오말 공작duc d'Aumale 역시 가족에게 물려받은
샹티이 성을 개축 및 재건하면서 성 내부를 온통 18세기 진품과 복제품으로 꾸몄
다. 은행과 금융 사업으로 대자본가의 지위에 올라선 상류층 인사들도 복고풍 유
행에 동참했다. 19세기 내내 유럽의 최고 부자 소리를 들었던 로스차일드 가문만
해도 파리 근교에 새로 사들인 페리에르 성Château de Ferrières 내부를 루이 13세부
터 루이 16세에 이르는 광범위한 시대의 스타일을 모두 동원해 장식했다.**17·18** 진
품 사이에 복제품을 골고루 끼워 넣어 각 시대 특유의 분위기를 연출하는 데 몰두

한 당시 유명 인사들의 저택에서 복제품과 진품을 가려내는 것은 허망한 일이었다. '그 모습 그대로' 과거를 재현하기 위해 얼마나 전심전력을 다했던지 복제품과 진품이 뒤섞여 어느 것이 복제품이고 어느 것이 진품인지를 감히 구분해볼 엄두도 낼 수 없었기 때문이다.

모조품을 쓰고 싶지만……

19세기에 접어들면서 정치는 물론이고 경제, 사회, 문화 등 각 분야에서 주역으로 등장한 신흥 부르주아, 즉 당시의 중산층에게 역사주의 논쟁을 거쳐 눈앞에 나타난 과거 왕정 시대의 성과 그 내부의 화려한 장식은 바로 명예와 부, 사회적 지위의 상징이었다. 지난 영화榮華를 되살리고자 복원한 수많은 문화재들과 상류층에서 내려온 복고 유행은 중산층에게 무엇이 '부티' 나는지, 무엇이 럭셔리한 스타일인지 가르쳐준 선생님인 셈이었다.

게다가 과거의 문화로 집 안을 치장하고 이를 화제로 사람들과 대화하는 것은 녹록지 않았다. 각 시대별로 유명한 작품이나 예술적 경향에 대한 지식 없이는 무엇이 루이 13세의 장식장인지, 무엇이 루이 15세의 의자인지를 판별할 수 없었을 테니 말이다. 즉 왕정 시대의 스타일로 집 안을 장식한 뒤 사람들을 초대해 이게 무엇인지 자랑하려면 그만한 교양과 지식이 필요했던 것이다. 이런 교양과 지식이야말로 경제적 여유 말고도 품위와 문화적 안목까지 골고루 겸비한 교양 넘치는 중산층임을 은연중에 드러내는 표식이었다.

그러나 뱁새가 황새를 따라가다 가랑이가 찢어진다는 말처럼 복고풍 유행을 그대로 집 안에 받아들이는 것은 쉽지 않았다. 누구나 당시의 상류층처럼 18세기부터 내려온 성이나 오늘날의 단독주택에 해당하는 호텔을 짓고 살 수 있는 것은 아니었기 때문이다. 당시 중산층이 가장 선호한 집은 오스만의 도시 계획으로 탄생한 신축 건물이었다.[19] 널찍한 대로를 끼고 깨끗하게 단장한 새 동네에 들어선 새 건물들은 17세기나 18세기에 지어진 기존 건물들과는 내부 구조가 판이하게 달랐다. 보통 건물의 한 층을 통째로 쓰는 이런 새 집들의 실내는 공간의 용도에 따라 크게 손님을 맞이하는 공간과 가족의 생활공간, 부엌이나 세탁실 같은 생활에 필수적인 작업공간으로 나뉘어 있었다. 이런 공간 구성을 건축학자들은 '삼분할 tripartition 원칙'이라고 부른다.[20]

우선 거실, 식당, 현관 등 손님을 맞이하는 역할을 하는 공간들은 햇볕이 가장 잘 드는 대로변의 창가에 위치했다. 여러 층을 한꺼번에 집으로 쓰는 경우 이런 공간들은 '로열층'인 2층에 나란히 자리 잡았다. 그 집안이 얼마나 부유한지, 얼마나 사회적으로 명망이 있는지는 이런 방들의 개수를 세어보면 대번에 알 수 있었다. 샹젤리제 근처나 몽소 지역처럼 한가락 하는 인사들이 거주하는 동네에서는 거실역할을 하는 살롱을 집 크기에 따라 적게는 두 개에서 많게는 네 개까지 두었다. 그 밖에 집의 크기와 경제적인 형편, 사회적인 지위에 따라 당구대를 둔 당구실, 끽연실, 대연회를 열 수 있는 긴 복도 모양의 파티 장소인 갤러리, 유리 지붕이 덮인 식물원 등 다양한 손님맞이 공간을 만들었다. 레스토랑이나 커피숍처럼 집 밖에서 사람을 만나는 게 일상화된 우리로서는 다소 낯선 풍경이지만 서로 집으로 초대하고 방문하는 것이 인맥 관리의 기본이던 19세기에는 사업을 하는 등 공사다망한 이들일수록 손님을 맞이하기 위한 공간이 용도별로 필요했다.[21~26]

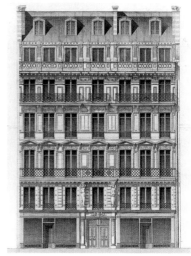

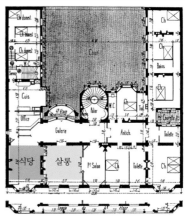

19 오스만 스타일의 신축 건물은 부르주아들의 대표적인 보금자리였다.

20 삼분할 원칙이 적용된 19세기 아파트의 단면도. 손님맞이 공간인 살롱과 식당은 전면에, 생활공간인 방과 계단 등은 양쪽 날개에 배치되어 있다.

◀▲21 전실.　　　　　　　　　　　▶▲22 식당.

◀■23 살롱.　　　　　　　　　　　▶■24 음악실.

◀▼25 부인들의 거실.　　　　　　　▶▼26 서재.

부르주아들의 생활공간을 묘사한 19세기 판화.
당시 집의 내부가 거실, 서재, 식당 등 용도별로 나뉘어 있었음을 보여준다. 거실에는 루이 15세풍의 가구가 놓여 있고,
식당에는 르네상스풍의 뷔페가 있는 등 집 안 공간마다 서로 다른 스타일로 치장되었다는 점이 흥미롭다.

▲27 제임스 티소, 〈겨울 정원〉.

■28 귀스타브 카유보트, 〈점심 식사〉.

▼29 장 베로, 〈리셉션〉.

식당은 가족들의 생활공간인 동시에 손님을
맞이하는 공적인 공간이었다. 통상 식당은 쉽게
여닫을 수 있는 큰 문으로 거실과 연결되어 있었다.

식탁 가득 음식을 차려놓고 촛불을 밝힌 우아한 연회 장면이 19세기 상류층을 다룬 영화에서 자주 등장하는 것은 이 때문이다. 식당은 19세기 실내 건축의 특성이라 할 만큼 접대에서 없어서는 안 되는 공간이었다.[27~29] 18세기까지만 해도 식당은 살롱의 일부를 차지할 뿐 독립된 공간이 아니었지만, 19세기에 들어서면서 살롱보다 중요한 집 안의 중심 공간으로 승격되었다. 살롱에서 담소를 나누던 신사 숙녀들은 식사 시간이 되면 살롱 옆에 붙어 있는 식당으로 자리를 옮겼다. 신사들이 숙녀들의 손을 잡아 식당으로 인도하는 것이 당시의 매너였기 때문에 자연히 식당 입구에는 두 사람이 한꺼번에 드나들 수 있게 널찍한 아치형 문을 냈다.

반면 가족이 거처하는 방들은 한데 묶어 손님을 맞이하는 공간 뒤편에 은밀하게 배치했다. 개인적인 생활과 사회적인 생활, 집 안에서의 모습과 외부인에게 보여주는 모습을 철저하게 구분한 19세기다운 집 안 배치였다.

일례로 그 집에 숟가락이 몇 개 있는지 알 정도로 친밀한 관계라 할지라도 생활에 필수적인 공간이자 동시에 하녀들의 공간인 세탁실이나 부엌이 어디에 있는지는 도통 알 수가 없었다. 19세기를 다룬 소설이나 영화에서 하녀를 빼면 당최

30 빅토르 가브리엘 질베르, 〈설거지하는 식모〉. **31** 윌리엄 로텐스타인, 〈인형의 집〉.
하녀들의 작업공간과 생활공간은 거의 눈에 띄지 않는 구석에 자리 잡고 있었다.

얘기가 되지 않는 것처럼, 어지간히 사는 집이라면 하녀 두서넛은 기본이었고 형편이 넉넉한 집이면 집사까지 두는 게 다반사였음에도 말이다. 하녀들의 거처는 통상 지붕 밑 다락방처럼 눈에 띄지 않는 조용한 곳에 자리 잡고 있었다. 이 시절의 유산인지 아직도 유럽에서는 지붕 밑 다락방을 '하녀방chambre de bonne'이라고 부른다. 하녀들이 오가는 복도와 계단, 현관을 따로 두었을 만큼 주인의 생활과 하녀들의 생활은 한 지붕 밑에 살면서도 서로 다른 세상 사람인 양 철저하게 분리되어 있었다.[30·31]

이렇게 용도별로 세분화된 공간에서 살아가는 부르주아 중산층에게 1~2백 년이 지난 가구들은 사실 실용적인 면에서는 별반 쓸모가 없었다. 가구는 생활에 가장 밀접한 필수품이다보니 언제나 쓰임새를 생각하고 만들기 마련이다. 그런데 식당이라는 말 자체가 존재하지 않던 18세기에 만든 가구들 중에서 19세기 신식 식당에 맞춤한 가구를 찾아낸다는 것부터가 터무니없는 일이었다. 사무실용 의자를 응접실에 놓는 게 어색한 것처럼 끽연실의 의자, 식당의 의자, 살롱의 의자는 용도가 다른 만큼 당연히 모양새나 스타일도 달라야 했다. 끽연실과 식당, 살롱이 분리되지 않았던 16세기나 17세기의 복제품 가구를 그대로 들여놓고 쓰기에는 생활이 달라도 너무나 달랐다.

게다가 도시 재개발로 부동산 가격이 천정부지로 치솟는 바람에 중산층이라 할지라도 자기 집을 마련하기가 쉽지 않았다. 경제적으로 넉넉해도 월세를 내고 세들어 사는 게 점차 일반화되는 분위기였다. 자연히 17~18세기처럼 집 안 벽면 전체를 덮은 조각 장식이나 그림이 달린 나무 패널인 랑브리lambris의 인기는 점차 사그라졌다. 자기 소유의 집이 아닌 터라 대규모 인테리어 공사를 벌일 엄두도 내지 못했을뿐더러 설사 그랬다고 해도 이사 갈 때 뜯어 갈 수도 없는 노릇이었다. 랑브리나 조각 장식을 대신해 벽에 거는 태피스트리가 중세 시대 이후 거의 사라졌다가 다시 인기를 끈 것이나 종이 벽지가 등장해 인기를 모은 이유는 바로 이런 주거 환경의 변화 때문이었다.[32]

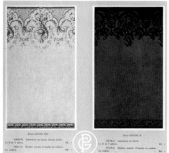

32 벽지 카탈로그.

살아가는 모습이 변하면 당연히 생활에 필요한 것들도 변화하기 마련이다. 19세기의 인테리어 잡지들이 일제히 입을 모아 '모던modern'이라는 단어를 외친 것은 당연한 일이었다. 그러나 19세기 사람들이 모던하다고 예찬한 스타일은 우리가 아는 '모던'과는 사뭇 달랐다.

19세기판 '모던' 스타일

지금도 명품 식기 등 은제품으로 유명한 크리스토플Christofle 사에서는 1860년대부터 중산층을 겨냥한 일명 '럭셔리 모던 가구' 시리즈를 만들기 시작했다. 그 중 1867년 파리 만국박람회 수상작으로 요란한 갈채를 받았던 테이블은 어디를 봐서 이게 모던하냐고 되묻고 싶을 만한 스타일이다. 그도 그럴 것이 이 테이블의 원본은 루이 16세 시절의 왕실 장인이던 아담 바이스바일러Adam Weisweiler가 1784년 마리 앙투아네트의 주문을 받아 만든 테이블이다.[33·34] 나폴레옹 3세의 부인인 외제니 황후는 이 자개 테이블을 루브르 궁내 자신의 거처인 살롱 블루에 자랑스레 모셔두고 '왕실의 상징'이라는 별칭을 붙였다. 그러니 '럭셔리 모던 가구'를 기치로 내걸고 고객들을 유혹하려 한 크리스토플 사에서 앙투아네트의 테이블을 모델로 삼은 것은 당연한 일이기도 했다.

몰래 숨어서 베낀 것이 아니라 대놓고 본떠 만들었다고 공식적으로 발표하지 않아도 두 테이블은 첫눈에도 상당히 비슷해 보인다. 전체적인 크기며 몸체 비율은 똑같다고 할 정도다. 여신의 흉상 모양을 한 테이블 다리와 각 다리를 잇는 장식은 거의 판박이고, 서랍이 달린 사각 몸체와 상판 모양도 똑같다.

33 크리스토플 사에서 만든 테이블.
19세기판 럭셔리 가구의 극치를 보여준다.

34 아담 바이스바일러가 제작한 마리 앙투아네트의 테이블.
가장 럭셔리한 18세기 가구 중 하나였다.

이런 세부적인 유사성에도 불구하고 두 테이블이 주는 느낌 자체는 상당히 다르다. 원작인 마리 앙투아네트의 테이블이 격조 있고 여성스러운 느낌이라면 크리스토플 사의 리메이크 테이블은 화려하면서 좀 더 위압적인 분위기를 풍긴 다. 이런 느낌의 차이는 어디에서 나오는 것일까?

백 년 전 바이스바일러는 왕실 가구에 걸맞게 앙투아네트 테이블을 만들면 서 당시 최고 사치품인 일본 자개를 상판에 붙였고 여신의 흉상 모양으로 만든 금 박을 입힌 청동 다리를 달았다. 그러나 이와 동시에 여타의 장식들을 적절히 배제 함으로써 지나친 화려함을 경계했다. 부피가 커 보이지 않도록 청동 다리 아랫부 분은 세로 홈을 판 팽이형 다리인 투피toupie cannelée로 마무리했다. 깔끔해 보이도 록 기하학적인 모양의 막대로 다리 사이를 이었고 가운데에는 다른 장식들에 비 해 검박하다 싶을 정도의 바구니 장식 하나로 마무리했다.

반면 크리스토플 사의 테이블은 이런 왕실 가구를 본뜨면서 화려함을 더해 19세기판 '럭셔리'의 절정을 보여준다. 망망대해에 몰아치는 파도처럼 군청색 바탕에 하얀 물결무늬가 굽이치는 페르시아산 라피스라줄리(청금석)를 상판에 깔았다. 또한 앙투아네트 테이블의 두 배에 달하는 거한 장식을 달았다. 다리와 다리 사이를 잇는 막대에는 금칠한 청동 꽃줄을 둘렀다. 가운데에는 마호가니로 만든 구체에 올라앉은 활을 든 아기 천사 조각과 카르쿠아carquois라는 화살통에서 모티프를 딴 장식까지 붙여 공을 들였다. 열쇠 구멍이 자리한 서랍 중앙에는 금칠한 청동으로 만든 두 천사 장식으로 마감했다. 루이 16세 시대의 오리지널 가구에서는 거의 볼 수 없는 천사나 카르쿠아 같은 장식까지 동원한 것은 좀 더 '부티' 나는 스타일을 연출하기 위해서였다.

호사의 극한을 달렸지만 실용성도 놓치지 않았다. 마리 앙투아네트 테이블은 방 한가운데에 놓을 요량으로 만든 것이어서 다리 네 개의 모양이 모두 똑같다. 반면 크리스토플 사의 리메이크 버전은 벽에 기대어놓는 테이블로 제작했기 때문에 벽에 닿는 쪽 다리에는 그다지 장식이 필요 없었다. 그래서 앞면에 보이는 두 개의 다리에만 청동 흉상 장식을 붙였고, 뒤쪽 다리에는 루이 16세 시대에 종종 쓰인 뤼당테rudenté(나선형 장식이 있는) 다리 모양을 가져다 썼다. 또 벽에 붙여놓았을 때 돋보이도록 벽에 닿는 쪽의 상판 가장자리에 월계수관 모양의 청동 장식을 달았다.

이렇듯 세부적인 차이가 크기 때문에 두 테이블이 주는 느낌은 다를 수밖에 없다. 옛 왕실 가구와 비슷해 보이도록 전체적인 크기와 비율, 다리 모양 등 눈에 띄는 몇몇 특징을 복제했지만, 애초 크리스토플 사는 앙투아네트 테이블을 복제할 의도는 없었던 것이다. 리메이크의 목적은 '짝퉁 아닌 짝퉁'을 만드는 데 있었다. 짝퉁을 제대로 만들려면 우선 진품의 특징이 무엇인지 낱낱이 꿰고 있어야 한다. 그래야 사람들 눈에 진품처럼 보이는 특성을 적절히 배합해 순도 높은 짝퉁을 탄생시킬 수 있다.

이런 수요 때문에 화려한 왕실 가구의 특징을 상세하게 담은 책들이 유행하기도 했다. 19세기 초부터 출간된『여러 종류의 장식 모음집』Nouveau recueil en divers genres d'ornements』(1803년)이나 『인테리어 장식 모음집Recueil de décoration intérieure』(1828년), 『가구와 취향의 오브제Meubles et objets de goût』(1835년)와 같은 책들은 앙리 4세부터 루이 16세에 이르는 16~18세기의 가구를 시대별로 구분해 개별 특징을 낱낱이 밝혀놓았다.[35] 드라마틱한 곡선은 루이 15세, 섬세한 여성스러움은 루이 16세, 육중한 검은 나무판은 루이 13세 스타일이라는 식으로 핵심 스타일을 쉽게 정리해놓았을 뿐 아니라 상세한 가구 설계도까지 실었다. 당시 가구제작자들은 이런 '패턴 북'에서 정리해놓은 몇몇 특징을 바탕으로 루이 14세 스타일의 가구를 만든 뒤 그 위에 현재 고객들에게 인기 있는 19세기 스타일의 장식들을 붙여 전혀 새로운 느낌의 가구를 만들었다. 옛날 가구에서 뼈를 빌려오고 현대적 감각의 살을 붙인 것이다.

35 앙리 아바르, 『집의 예술 L'Art dans la maison』(1884년). 각 시대의 다양한 스타일을 자세히 설명한 뒤 그림을 덧붙인 19세기판 인테리어 무크북. 쇄를 거듭 찍어내며 엄청난 인기를 누렸다.

　　장식미술사에서 말하는 '절충주의éclectisme'란 이처럼 과거 작품에서 눈에 띄는 몇몇 특징을 카피한 뒤 당대 취향에 맞는 장식성을 가미한 '짝퉁 아닌 짝퉁' 스타일을 가리킨다.[36] 이런 상술은 유명 패션 브랜드의 무늬나 장식 등 특정 디자인 요소를 대충 카피해서 진짜 명품 스타일인 것처럼 이미지를 포장해 파는 오늘날의 행태와 큰 차이가 없다. 그래서 절충주의가 유행한 19세기를 '디자인의 무덤'이라고 부르는 학자들도 적지 않다. 새로운 창의성이라고는 거의 찾아볼 수 없는, 한마디로 베끼기만 난무한 시대라는 것이다.

　　하지만 당시 신흥 부르주아들에게 절충주의는 저급한 '짝퉁 명품'과는 의미가 전혀 달랐다. 그들은 이런 스타일을 '모던'한 스타일이라고 불렀다. 사실 루이 14세 스타일을 베낀 뒤 19세기풍의 장식을 몇 가지 더한 의자를 두고 '모던하다'고 여기는 당시 부르주아의 안목을 지금의 눈으로는 선뜻 이해하기 어렵다. 우리가 아는 '모던'이라면 아무래도 르코르뷔지에의 의자 같은, 20세기 초중반에 탄생한 단순하

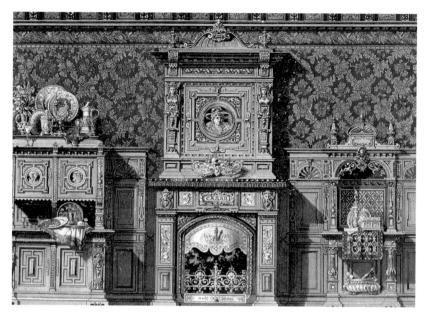

36 19세기 가구제작자들이 만든 루이 15세풍의 벽난로와 가구 디자인.

고 조형적인 스타일이 먼저 떠오르기 때문이다. 하지만 19세기 사람들에게 '모던'
은 과거의 스타일을 베끼되 당시 생활상에 맞게 적당히 고쳐서 새롭게 태어난 '짝
퉁 아닌 짝퉁'을 뜻했다.

'모던' 가구의 대량 생산

따지고 보면 진품과 똑같은 복제품보다 짝퉁 아닌 짝퉁을 만드는 게 훨씬 어
렵다. 복제품을 만들려면 원본을 그대로 베끼기만 하면 되지만 짝퉁 아닌 짝퉁을
만들기 위해서는 머리까지 써야 하기 때문이다. 가구 사업으로 일가를 이룬 푸르
디누아가 만든 스크레테르secrétaire는 왜 당시의 중산층이 이 짝퉁 아닌 짝퉁에

오리지널 가구와 19세기의 복제품 가구를 비교해보자.

▲37 푸르디누아가 만든 19세기 후반의 스크레테르.

▼38 기욤 벤느망이 제작한 루이 16세 시대의 스크레테르.

푸르디누아가 만든 스크레테르는 책상으로 쓸 수 있을 뿐만 아니라 작은 보관함이 달린 상단과 서랍이 달린 하단으로 구성된 실용적인 가구였다.

박수를 보냈는지를 단적으로 보여준다. 스크레테르는 서랍장 모양이면서도 서랍장 상판을 앞으로 당겨 열어 책상처럼 사용할 수 있는 루이 16세 시대의 대표적인 가구를 말한다.[37·38]

푸르디누아가 리메이크한 스크레테르는 전체적으로 루이 16세 시대의 오리지널 스타일을 충실히 따랐다. 당시 스타일 그대로 떡갈나무 바탕에 대리석 상판을 달았고 다리는 투피 장식으로 마무리했다. 사각 모서리를 다듬어 평평하게 만든 팡 쿠페pan coupé라는 형식으로 모서리를 처리하고, 모서리 윗부분에 이오니아식 청동 기둥 장식을 단 것도 그대로였다. 상단의 서랍장을 앞으로 열면 책상 모양이 되는 것도 다를 바 없었다.

그러나 푸르디누아는 여기에 몇 가지 아이디어를 덧붙였다. 우선 상단의 서랍장을 크게 둘로 나누어 두 단으로 열리도록 했다. 위쪽 서랍 속에는 금고를 만들고 아래쪽에는 소소한 물품을 정리하기 쉽게 작은 서랍을 달았다. 루이 16세 때 만들어진 스크레테르의 하단 서랍은 모양은 그럴싸해도 사실 열리지 않는 눈속임 장식이었지만, 푸르디누아가 만든 신형 짝퉁은 모두 실제 서랍이다. 전체적인 모양은 비슷하지만 더 많은 물건을 보관할 수 있도록 요모조모 아이디어를 담은 실용적인 가구인 것이다.

푸르디누아를 위시해서 앙투안 크리거와 니콜라 크리거 두 형제가 차린 메종 크리거Masion Krieger 같은 가구업체들은 이렇게 만들어낸 '모던'한 가구를 팔아 명성을 날렸다. 이들은 역사상 최초로 기성품 가구를 자기 숍에서 팔기 시작한 가구제작자이자 사업가였다.[39] 요즘이야 가구점에 가서 이미 만들어놓은 가구를 사는 걸 당연하게 여기지만 처음부터 그랬던 것은 아니다. 19세기 초엽까지만 해도 가구 하나를 장만하려면 장인을 찾아가 필요한 가구를 주문하고 완성될 때까지 족히 서너 달은 기다려야 했다. 그러니 언제라도 방문해서 값만 치르면 바로 의자나 테이블 등을 집 안에 들여놓을 수 있는 가구점의 등장은 당시 사람들에게는 놀라운 소식이었다.

39 메종 크리거 사의 카탈로그.

메종 크리거 사는 19세기에 모던한 복제 가구들을 팔아 성공 신화를 이루었다.

자체 공장은 물론 쇼룸까지 갖춘 19세기 유럽 최대의 가구업체 중 하나였다.

고객 맞춤식으로 하나하나 만드는 것이 아니라 몇백 개의 가구를 대량 생산하기 위해서는 기계의 힘을 빌려야 한다.[40] 19세기 초 빠르게 보편화된 증기기관 덕분에 가구 제작에도 속속 새로운 기계들이 등장했다. 원목을 자르는 기계톱, 가구의 겉에 붙이는 얇은 나무판 같은 판재 등을 켤 수 있는 제재용 기계, 드릴 및 각종 절삭용 공작기계 등이 장인의 손을 대신하기 시작했다. 1828년에 기록된 푸르디누아 가구 공방의 시설 목록을 보면 이미 6마력의 기계톱을 비롯해 증기로 나무를 쪄서 의자 틀을 만드는 기계, 나무 겉면을 부드럽게 갈아내는 기계 등 다양한 기계가 등재되어 있다.

40 메종 푸르디누아의 작업장 풍경. 다양한 기계가 도입되었음을 알 수 있다.

기계의 도입은 가구의 스타일과 유행에도 큰 영향을 미쳤다. 몇 밀리미터 두께로 얇게 나무판을 켤 수 있는 기계가 등장하지 않았다면 튼튼하고 값싼 유럽산 자재로 틀을 만들고 외면에 얇게 자른 수입목을 붙인 플라카주placage 기법이 특징인 루이 15세나 루이 16세 스타일의 가구들이 그토록 시장에 많이 풀리지는 못했을 것이다. 절삭용 공작기계가 없었다면 조각 장식이 많은 앙리 4세 스타일의 가구들 역시 대량 제작이 불가능했을 것이다.

기계의 등장은 가구 작업장의 모습도 완전히 바꿔놓았다. 18세기 장인들은 작은 가구 하나도 처음부터 끝까지 전 공정에 직접 손을 대고 감독하는 '나 홀로' 프리랜서였다. 하지만 19세기의 가구제작자들은 디자인만 전담하는 데시나퇴르dessinateur, 아래 다리만 만드는 직공, 몸체만 만드는 직공 등으로 업무를 분업화한 후 각 직공들을 모아 팀을 만들어서 일했다. 가구 작업장에 금기시된 여성 인력이 등장한 것도 이때부터였다. 동업조합의 위세가 대단했던 18세기에는 감히 상상하지도 못할 일이었다. 여성 노동자들은 이곳에서 가구에 니스 칠을 하거나 의자에 천과 스프링을 대는 등 마무리 작업을 주로 담당했다.

당시 가구업체들의 고용 기록을 보면 19세기 전반에 걸쳐 진행된 산업화의 여파를 한눈에 살펴볼 수 있다. 실용적인 가구를 주로 만들어 팔던 '갈레 에 시몽 Gallet et Simon'이라는 업체의 1840년 고용 기록을 보면 정직원 노동자가 126명인데 비정규직 노동자가 100명으로 그에 못지않다. 가구 제작이 다리만 만들거나 팔걸이만 만드는 식으로 아주 단순한 반복 노동으로 세분화되다보니 굳이 매달 월급을 줘야 하는 정규직을 채용할 필요가 없어진 것이다. 아이러니하게도 열 명의 여직원은 모두 정직원인데, 여성의 임금이 남성의 절반 이하였기 때문이다.

대량 생산으로 큰돈을 벌 수 있다는 사실을 재빨리 깨친 어제의 장인들은 가구 장인의 공방이 모여 있는 포부르 생앙투안 Faubourg St. Antoine 지역을 빠져나와 새로 생긴 도심 대로 주변에 큰 가구점을 열었다. 메종 슈미트 Maison Schmit, C. 발니 C. Balny, 뒤파엘 Dufayel 같은 주인장의 이름을 딴 이런 가구점은 실상 가구 백화점이나 다름없었다. 여기서는 직접 만든 가구도 팔았지만 외부에서 위탁 제작한 여러 종류의 가구들도 한꺼번에 내놓고 팔았다.[41·42]

대량 생산은 가구 판매 방법에도 변화를

▲**41** W. 레비탕 가구회사의 카탈로그.

▼**42** 뒤파엘 백화점.
19세기의 가구 매장들은 앞다투어 카탈로그를 제작하고 공격적인 광고 영업에 나섰다. 당시 뒤파엘은 '백화점 Grand magasin'이라는 별칭에 걸맞게 거대한 규모로 고객들을 유혹했다.

가져왔다. 신흥 가구점들에서는 신문 광고는 물론이고 포스터, 카탈로그, 팸플릿, 엽서 등 다양한 인쇄물로 이루어진 시리즈 광고물을 만들어서 홍보에 활용했다. 보통 컬러 인쇄된 포스터에는 그 시즌에 내세울 만한 대표 상품 하나만 싣고 가게 상호만 간단히 표시했다. 신문 광고에는 몇 줄의 매혹적인 광고 카피를 추가해서 가게의 이미지를 널리 알리고자 했다. 매장을 찾은 모든 고객에게는 가게 주소와 이름, 특징적인 문안을 한 줄로 적은 지갑 크기만 한 엽서를 증정했고, 가구를 장만하겠다 싶은 잠재 고객들에게는 판매 중인 가구들의 대략적인 사양과 간단한 소개를 담은 팸플릿을 집으로 우송해주기도 했다.

시즌마다 제작한 카탈로그야말로 19세기식 가구 마케팅의 꽃이나 다름없었다.[43] 카탈로그에는 가구에 대한 세세한 설명부터 가격까지 모든 것을 실었는데, 카탈로그만 보고 바로 주문할 수 있도록 우표가 붙은 주문장까지 첨부했다. 1880년대에 접어들면서부터는 비싼 가구 가격을 부담스러워하는 사람들을 위한 할부 판매가 최초로 등장했다. 장인의 아틀리에에서 가내수공업으로 만들던 가구가 바야흐로 신세기 소비의 시대를 주도하는 산업으로 재탄생한 것이다.

부르주아들은 이렇게 탄생한 '모던' 가구들을 사들여 각 방의 용도와 스타일에 따라 색다르게 꾸미는 것을 선호했다. 남성적인 공간인 살롱, 서재, 식당, 끽연실 등은 장중하고 무게감 있는 루이 13세 스타일이나 왕실의 대표적인 스타일이

43 19세기 가구업체의 카탈로그.
여성들이 손님을 초대해 환담을 나누는 공간인 알코브(왼쪽)는 부드러운 곡선과 여성스러운 장식이 특징인 루이 15세나 루이 16세 스타일로, 손님맞이 공간인 거실(오른쪽)은 주로 장중하고 화려한 루이 14세 스타일로 꾸몄다.

44 앙리 2세 스타일의 식당 가구가 그려진 카탈로그.

45 루이 15세 스타일의 침실 세트와 거실 세트가 그려진 카탈로그.

라 할 수 있는 루이 14세 스타일로 꾸몄다.

　가령 식당에 가장 잘 어울리기로는 앙리 2세 스타일이나 루이 13세 스타일이 통용되었다.[44] 루이 13세 시대의 대표적인 가구인 뷔페는 럭셔리한 스타일 연출에 빠질 수 없는 아이템이지만 실제로 음식을 진열하는 용도로 쓰기에는 불편했다. 19세기 중반이 되자 이를 개량해 아랫단과 윗단 사이에 진열창을 둔 신식 뷔페가 인기를 끌었다. 자잘한 식기를 보관할 수 있는 서랍과 도자기 같은 공예품을 전시할 수 있는 유리장까지 갖춘 새로운 디자인도 나왔다.

　가족들의 방에는 여성적인 스타일의 대명사가 되다시피 한 루이 15세, 루이 16세 스타일의 가구들을 주로 들여놓았다. 우아한 꽃 장식이 돋보이고 목가적인 분위기의 이 스타일은 편안한 분위기로 방을 꾸미기에 안성맞춤이었다.[45]

'모던'과 더불어 19세기 인테리어의 또 다른 화두는 '조화'였다. 방 안의 모든 것이 적절하게 하모니를 이루어 실제로 그 시대로 돌아간 듯한 분위기를 연출해야 했다. 유행에 따라 식당을 루이 13세 스타일로 연출하기로 결정했다면 짝퉁이든 진품이든 가리지 않고 루이 13세 스타일로 통일해 연출하려고 노력했다. 뷔페와 루이 13세 스타일에 영감을 받아 만든 가구에 맞춰 루이 13세 스타일의 태피스트리를 벽에 걸었으며 그릇과 촛대 등속도 루이 13세 스타일로 맞췄다.

이런 트렌드에 기민하게 대처한 당시의 가구제작자들은 모든 가구를 '세트'로 팔았다. 당시의 가구 카탈로그에는 '루이 14세식 거실 세트'라든가 '루이 16세식 침실 세트' 같은 이름 아래 집 안을 장식할 수 있는 가구와 장식품 일체를 세트로 묶어 패키지로 파는 상품이 자주 등장한다.[46] '루이 16세식 침실 세트'에는 통상 루이 16세풍 꽃 장식을 단 침대와 같은 장식을 단 등받이 의자 두 개, 화장대와 옷장이 기본으로 들어 있다. 촛대와 여신상 같은 조각품, 침실용 작은 크리스털 샹들리에는 옵션이다. 이것저것 고르고 맞추느라 머리 아플 것 없이 이런 '세트' 하나면 집 안을 완벽히 꾸밀 수 있다는 당시의 광고 문구가 틀린 말은 아니었던 셈이다.

모든 방을 새 가구로만 채운 것은 아니었다. 요즘의 수집가들처럼 오리지널 고가구를 구하려고 경매장이나 갤러리에 드나드는 이들도 많았다. 재미난 것은 루이 13세나 루이 14세 시대의 가구들처럼 남성적인 스타일로 알려진 가구들이

46 루이 16세 스타일의 침실 세트와 거실 세트가 그려진 카탈로그.
가구 판매상들은 의자, 테이블, 장을 비롯해 커튼 같은 직물까지 방 전체를 통일된 스타일로 조화롭게 꾸미기를 원하는 고객들을 위해 이 모든 것을 패키지로 파는 세트 상품을 만들어냈다.

여성적인 스타일로 알려진 루이 15세나 루이 16세 시대의 가구들보다 항상 비쌌다는 점이다. 남성적인 스타일의 가구들은 주로 집 안의 얼굴 격인 손님맞이 접대용 공간에서 사용했기 때문에 침실 같은 개인 공간을 장식한 여성적인 가구들에 비해 수요가 더 많을뿐더러 인기도 높았기 때문이다. 마찬가지 이유로 여성적인 스타일의 가구라 해도 거실에 놓는 가구들은 그렇지 못한 가구들보다 훨씬 비쌌다. 크기도 적당하고 쓰임새도 알맞아서 살롱에 종종 놓아두던 루이 15세 시대 테이블의 경우는 루이 16세 시대 테이블 가격의 두 배 정도는 줘야 살 수 있었다.

원조 부자의 취향

19세기는 스타일보다 취향을 중시한 시대였다. 스타일이란 그 시대의 문화적, 경제적, 사회적 측면이 한데 맞물리면서 자연스럽게 만들어진 특정한 형태를 가리킨다. 루이 15세 시대의 사람들이 나름의 자의식을 가지고 부러 루이 15세 스타일을 만들기 위해 노력하지 않은 것처럼 스타일은 인공적으로 만들어지는 것이 아니다. 루이 15세 스타일은 18세기라는 긴 시간 동안 사람들의 생활 속에서 자연스럽게 태어난 것이다.

반면 취향은 무엇이 좋고 싫은지를 선택하는 직접적인 행위이자 감각이다. 백과사전을 들춰보듯 카탈로그를 넘겨보면서 눈앞에 놓인 여러 시대의 스타일 중에 무엇이 거실에 어울리는지, 어떤 스타일로 식당을 꾸밀지를 결정하도록 하는 동력이 바로 취향이다. 때문에 취향이란 한 개인이 살아가면서 듣고 보고 배운 것, 즉 지식이나 경험을 결코 넘어설 수 없다.

19세기의 부르주아들이 남들 앞에 보여주고자 한 것은 바로 이러한 취향이었다. 역사적 지식을 바탕으로 각 시대의 스타일을 구분하고 한 시대를 온전히 집 안에 되살리기 위해 어울리는 장식품을 선택할 수 있는 교양과, 정교하게 만들어진 복제품과 실용성을 고려한 '모던'한 가구들을 적절히 안배해 조화롭게 집 안을 꾸밀 수 있는 경제적인 능력은 19세기판 '부자의 취향'을 만들어냈다. 그리고 이런 고급스러운 취향이야말로 우아하고 넉넉한 중산층을 상징하는 표식이었다.

하지만 신흥 부르주아들은 겉멋만 든 것이 아니라 영리한 소비자이기도 했다. 아무리 우아하고 부티 나는 스타일이라 해도 굳이 불편을 감수하면서까지 향유할 생각은 없었던 것이다. 럭셔리한 것을 원하면서도 실속까지 함께 찾는 새로운 부자의 취향은 다소 우스꽝스러워 보이기도 한다. 작은 살롱은 루이 13세 스타일, 큰 살롱은 루이 15세 스타일, 식당은 앙리 4세 스타일이라니…… 그들의 집은 옛 고성을 감쪽같이 본떠 만든 성 옆에 우주여행을 가상 체험해볼 수 있는 우주비행선이 있고, 한편에서는 진짜 해적선을 똑 닮은 배 위에서 사람인 척하는 로봇들이 대포를 쏘며 나타나는 디즈니월드와 다를 바 없지 않은가.

그러나 과연 우리는 이런 19세기 부자들의 속물적인 취향을 비웃을 수 있을까? 드라마 속에 등장하는 부잣집들, 일명 '럭셔리'하다고 일컬어지는 호텔이나 레스토랑, 예식장의 인테리어를 떠올려보자. '노블 하우스' 같은 이름을 내건 최고급 빌라의 입구에는 그리스·로마 시대의 조각상들을 본뜬 대리석 조각상들이 놓여 있다. 물론 바닥은 베르사유 성처럼 대리석이다. 그곳에서 결혼식을 올리는 것이 모든 예비 신부들의 꿈이라는 결혼식장에는 루이 15세 스타일인지 루이 16세 스타일인지 정확히 분별할 수 없지만 여하튼 두 시대 어디쯤에선가 영향 받았을 듯한 클래식한 가구들과 더불어 조각 장식을 곁들인 나무 패널로 장식한 새하얀 벽, 18세기 스타일을 본뜬 촛대와 크리스털이 달린 거대한 샹들리에가 빛을 발한다. 최고급이라는 레스토랑에는 이탈리아 베네치아의 벽화를 본떠 프레스코화처럼 연출한 벽화가 그려져 있으며 구석에는 으리으리한 고전 스타일의 금빛 시계와 청동 조각품이 놓여 있다. 드라마 속의 부잣집 안방에는 으레 앤티크 가구를 본떠 만든 21세기판 복제품인 침대와 의자, 화장대가 세트로 놓여 있다.

19세기 부자들의 취향은 21세기인 오늘날에도 엄연히 살아 숨 쉬고 있다. 이쯤 되면 오히려 19세기 부자들에게 박수를 보내야 할지도 모르겠다. 휴대폰도 컴퓨터도 없는 시대에 살았으면서도 아직까지 빛이 바래지 않는 '럭셔리한 스타일'에 대한 모범을 만들어냈으니 말이다.

그 누구보다 19세기를 향유한 에밀 졸라는 소설 『목로주점L'assommoir』[47]에서 이러한 심리를 정확하게 묘파하고 있다. 소설 속에는 가구를 사기 위해 돈을 아끼고 아껴 350프랑을 모은 소시민이 등장한다. 무려 일곱 달하고도 반을 허리띠를 졸라매 마침내 목돈을 손에 쥔 주인공은 기쁨에 들떠 가구를 사러 나선다. 식당도 없는 허름한 집에 살면서 손님을 초대할 일도 초대받을 일도 없는 처지인데도 그는 마호가니 침대, 침대 곁에 놓을 작은 탁자, 옷장, 식탁, 의자 여섯 개를 산다. 그러고 나서 성스러운 의례라도 치르듯 매일매일 가구들을

47 에밀 졸라의 『목로주점』 초판 표지.

닦고, 행여 작은 흠이라도 날까봐 애지중지한다. 이 작품을 읽은 졸라의 동시대인들은 이렇듯 가구를 아끼는 주인공의 심정을 이해하고도 남았을 것이다. 그들은 가구만 사들인 것이 아니라 언젠가 자신도 중산층 부르주아가 될 수 있다는 희망을 산 것이고, 더불어 부자들의 취향까지 산 것이니 말이다.

'절충주의' 가구 판별법

아래에 소개한 두 개의 장은 각각 16세기와 19세기에 만들어진 것이다. 과연 둘 중 어느 것이 오리지널 르네상스 시대의 작품인지 맞춰보자. 어느 것이 19세기에 만들어진 것인지 감이 오는가? 사실 직접 눈으로 보고, 만지고, 서랍을 열어보지 않고서 사진만으로 가구의 제작 시기를 가늠하는 것은 무모한 일이다. 두 개의 가구는 세부적인 장식만 다를 뿐 호두나무를 주재료로 쓴 것이며 청색의 라피스라줄리를 네모지게 잘라 가구 표면을 장식하고 풍부한 조각 장식으로 장엄한 느낌을 연출한 것 등 비슷한 점이 많다.

이럴 경우 사진에 눈을 바싹 갖다대고 세부적인 차이점을 눈여겨보면 의외로 쉽게 답을 찾아낼 수 있다. 힌트는 아래쪽 장의 하단에 앉아 있는 날개 달린 두 여신상이다. '쉬메르(키메라)'라고 하는 이 여신상은 반은 사람이고 반은 동물인 상상 속의 괴수를 형상화한 것으로 르네상스 시대 가구에서는 거의 볼 수 없는 장식이다. 쉬메르가 가구의 전면을 장식하는 주요 모티프로 등장한 것은 장엄하면서도 이국적인 느낌을 불러일으키는 장식이 대거 등장한 나폴레옹 시대부터다. 즉 이 쉬메르가 장의 전면에 붙어 있다는 사실만으로도 오른쪽의 장이 19세기에 생산된 것이라는 정답을 유추해낼 수 있는 것이다.

19세기에 만든 많은 복제 가구들이 종종 18세기나 17세기의 가구로 버젓이 둔갑해 시장에서 유통되고 있다. 19세기가 이른바 '짝퉁'의 전성시대였던 만큼 이 가구들의 진위를 판별하기는 꽤 어렵다. 그러나 대부분의 경우 초보자라도 몇 가지 간단한 방법으로 쉽게 판별이 가능하다.

일단 서랍이 있는 가구라면 서랍 안쪽의 가구 몸체를 손으로 더듬어보자. 19세기 가구들의 내부에는 규칙적인 굴곡이 있다. 기계로 나무를 잘랐기 때문에 생기는 굴곡이다. 반면 증기기관이 아닌 말이나 소의 힘으로 또는 사람의 힘으로 톱을 움직여 나무를 자른 17세기나 18세기 가구들은 울퉁불퉁하고 불규칙적인 굴곡을 가지고 있다.

다음으로는 가구의 각 몸체를 어떤 방식으로 연결했는지 살펴보자. 규격화된 철못을 사용했다면 당연히 19세기 이후에 생산된 가구라 할 수 있다. 17, 18세기의 가구들은 대부분 나무못이나 가구의 각 부분을 퍼즐처럼 끼워 맞추는 방법으로 조합되어 있다.

또한 앞서 설명한 방법처럼 장식을 눈여겨보는 것도 좋다. 어떤 특정한 장식이 어느 시대에 유행했다는 사실을 알면 가구의 시대를 판별하는 데 많은 도움을 얻을 수 있다.

16세기 말의 장식장.

앙리-오귀스트 푸르디누아의 장식장, 1867년.

97

오를레앙 공작의 앨범

문화재 복원 운동이 한창 뜨겁게 달아오른 1837년 당시 프랑스의 왕 루이 필리프의 장남인 오를레앙 공작의 결혼식이 퐁텐블로 성에서 거행되었다. 이 결혼에 중매를 선 사람은 후에 프리드리히 빌헬름 4세가 되는 프로이센의 황태자였다. 중매 선 사람에게 감사의 인사로 옷을 한 벌 해주는 우리네 풍습처럼 이 앨범은 결혼을 성사시키는 데 지대한 역할을 한 프로이센의 황태자를 위한 기념 선물로 제작되었다.

펠릭스 뒤방, 앨범 표지.

모두 13개의 커다란 일러스트로 구성된 이 앨범의 원래 이름은 '루이 필리프 시대에 완성된 파리의 몇 가지 문화재의 전경Vues de quelques monuments de Paris achevés sous le règne de Louis-Philippe Ier'이다.

루브르 성의 복원 및 재건 작업에 참여했고 샹티이 성이나 블루아 성의 복원 작업을 지휘한 19세기 프랑스의 대표적인 건축가 펠릭스 뒤방Félix Duban이 처음부터 끝까지 붓을 잡고 그려낸 섬세한 일러스트가 일품이다. 13개의 일러스트에는 개선문, 콩코르드 광장과 오벨리스크, 노트르담 드 로레트 성당, 프랑스를 대표하는 미술 학교인 에콜 루아얄 데 보자르 건물 등 루이 필리프 시대에 완공되거나 복원된 13개의 문화재들이 섬세하게 묘사되어 있다. 재미난 사실은 비록 루이 필리프 시대에 지은 건물들이라 할지라도 중세 시대나 그리스 시대, 부르봉 왕가 시대를 모델로 지은 것이라 도저히 19세기에 지은 건물이라고는 상상하기 어려운 문화재들이 다수 포함되어 있다는 점이다.

당시의 파리 풍경을 생생하게 재현하고 있어서 눈길을 끄는 이 앨범은 현재는 베를린 주립미술관의 동판화 전시실에서 소장하고 있는데, 1999년에 들어서야 일반에게 알려진 귀중한 자료다. 애당초 특별 주문품으로 제작되었기 때문에 세상에 단 한 권뿐인 이 앨범은 파리의 문화재와 유적에 관한 권력층의 관심과 더불어 당시 문화재 복원과 보호 정책의 수준을 한눈에 살펴볼 수 있어서 흥미롭다.

개선문.

노트르담 드 로레트.

노트르담 드 로레트의 내부.

콩코르드 광장과 오벨리스크.

7월 혁명 기념비.

에콜 루아얄 데 보자르.

파리의 명소.

3장

근대의 예배당,
기차

"인간의 정신으로는 그 정체를 설명하지
못하는 갈망"을 호소했던 보들레르는
여기가 아닌 어딘가로 떠나기 위해 기차를 탔다.

발견과 흥분, 일탈과 갈망.
떠날 수 있었기에 19세기인들은
천 년을 내려온 시간과 거리를
삶의 지평으로 바꿀 수 있었다.

증기기관차
p. 108

기차 노선
p. 111

마르키즈
p. 134

철골 건축물
p. 136

1 클로드 모네, 〈생라자르 역〉,
캔버스에 유채, 1877년,
오르세 미술관, 파리.

1877 Claude Monet

거대하게 열려 있는 아치와 엄청난 지붕,
견고한 부벽들이 이 거대한 근대 산업의 궁전에
특수한 성질을 부여하고 있었다…….
—테오필 고티에, 「릴 노선의 낙성식에서」, 『라 프레스*La Presse*』, 1846년 6월 16일

늘 그렇듯 그날 오후도 그로장 씨는 점심 식사 후 담배를 피우며 창밖을 내다
보고 있었다. 청명한 가을 햇살 아래 보기 좋게 낙엽이 떨어지는 가로수와 활기찬
거리의 모습이 오늘은 전혀 눈에 들어오지 않았다. 몇 시간 후면 파리 시내의 스트
라스부르 역에서 오리엔탈 익스프레스를 타고 콘스탄티노플로 떠날 그였다.

그로장 씨는 앞으로 눈앞에 펼쳐질 이국적인 풍경과 색다른 모험을 미리 더듬
어보느라 파리 풍경 따위에 눈길을 줄 마음의 여유가 없었다. 매일같이 난롯가에
서 존 머레이John Murray의 『터키 여행 핸드북』, 이삼베
르Emile Isambert의 『오리엔탈 여정』, 우비시니Abdolonym
Ubicini의 『터키에서 온 편지』 같은 여행서들을 펼쳐보면
서 얼마나 달떴던가.

오리엔탈 익스프레스가 종착역인 콘스탄티노플에
도착하는 모습을 떠올리자 중년의 그도 소년처럼 가슴
이 뛰었다.[2] 콘스탄티노플은 기차로 갈 수 있는 가장 먼
곳이자 동방 제국의 중심이며 꿈의 도시이기도 했다. 유
럽의 어떤 호텔보다 호사스럽다는 소문이 자자한 페라
팰리스 호텔, 원통형의 모자를 쓴 터키인들이 가득한 이
국적인 도심 거리 풍경, 술탄의 모스크, 너무 뜨거워서
수영할 엄두를 내지 못한다는 흑해가 파노라마처럼 눈

2 유럽에서 콘스탄티노플까지의 노선이 간략히 표기된
오리엔탈 익스프레스 광고.

앞에 펼쳐졌다.

아니 그보다 먼저 빈부터 보게 될 것이다. 파리에서 출발한 오리엔탈 익스프레스는 뮌헨을 거쳐 빈, 부다페스트, 베오그라드, 소피아를 지난 다음에야 터키의 최대 도시인 흑해 어귀의 콘스탄티노플에 도착한다. 동유럽을 종주해 총 67시간 46분 동안 무려 3,186킬로미터를 달려가는 것이다. 빽빽한 숲을 지나 넓디넓은 동유럽 벌판을 내달리는 기차의 모습은 과연 어떠할 것인가.[3·4]

유럽을 가로질러 동양으로 향하는 특급 기차인 만큼 오리엔탈 익스프레스는 다채롭고 흥미로운 승객 명단

▲3 콘스탄티노플에서 가장 번화한 거리인 페라 대로의 모습.
▼4 콘스탄티노플을 향해 질주하는 오리엔탈 익스프레스, 1910년경.

으로도 유명했다. 오리엔탈 익스프레스의 단골인 오스만 제국의 영주, 패딩 코트를 날렵하게 차려입은 영국 신사, 오늘날 세르비아의 수도인 베오그라드와 런던을 오가는 곡물 거래인, 배 나온 유대인 은행가……. 그들 중 누구와 같은 객실을 쓰게 될지에 생각이 미치자 그로장 씨는 당장이라도 역으로 달려 나가고 싶어 엉덩이가 들썩였다.

역사상 가장 호사스러운 열차로 알려진 만큼 오리엔탈 익스프레스에는 이등칸이 없었다. 마호가니와 크리스털로 장식한 각 객실의 정원은 총 두 명이었다. 증기로 데우는 난방 장치와 가스등이 완비되어 있고 도기로 된 집기들이 반짝반짝 빛나는 화장실이 딸려 있었다.[5~7] 오리엔탈 익스프레스의 또 하나의 즐거움으로 알려진 레스토랑도 빼놓을 수 없었다. 식당칸에서 제공하는 굴이며 크림을 곁들인 초

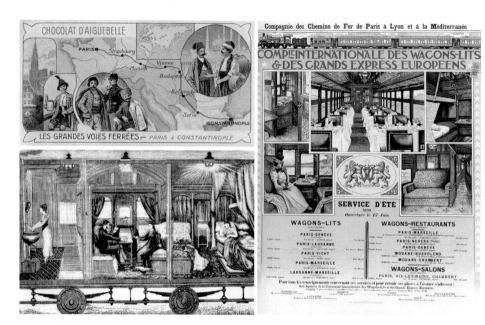

▲5 오리엔탈 익스프레스 엽서, 1900년경.
▼6 오리엔탈 익스프레스 객실 내부, 1883년경.
오리엔탈 익스프레스를 타면 유럽에서 오스만 제국까지
다채로운 문화를 즐길 수 있었다.

7 오리엔탈 익스프레스의 시설을 소개하는 포스터.
화장실, 침대, 레스토랑, 바 등 안락한 여행을 위한 시설이
어느 호텔 못지않아 유럽 사교계에서 화제를 모았다.

콜릿 같은 호사스러운 식사를 누구와 함께 먹게 될까? 운이 좋으면 대화가 통하는
길동무를 만나게 될 게다.[8]

　　오리엔탈 익스프레스를 출범시킨 철도회
사 '콩파니 데 바공-리Compagnie des wagons-lits'
의 마크인 'W.L'이 압인된 가죽 의자며 고블
랭 사에서 만든 명품 태피스트리가 걸려 있다
는 기차 내부를 상상하자 그로장 씨는 머리
가 어지러울 만큼 흥분되었다.

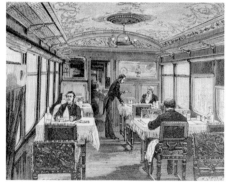

8 오리엔탈 익스프레스 식당칸 내부.

유럽을 달리는 철마

그로장 씨는 그의 아버지처럼 기차광이었다. 국립토목학교를 나온 엔지니어 출신의 엘리트인 부친은 같은 세대의 동료들처럼 기차라는 신문물에 열광했다. 어린 그로장 씨의 손을 이끌고 1837년 8월 26일 프랑스 역사에 길이 남을 최초의 열차인 파리와 생제르맹앙레Saint Germain en Laye 간 열차 시승식에 참석한 것도 아버지였다.[9]

사실 사람을 실어 나를 목적으로 건설한 기차 노선이 처음으로 등장한 나라는 영국이었다. 산업 분야에서 둘째가라면 서러워서 참을 수 없었던 영국인들은 1812년 8월 12일 요크셔에서 증기기관차라는 놀라운 발명품을 처음으로 공개한 이래 이윽고 1825년에는 중소도시 달링턴과 스톡턴 사이에 철도 노선을 놓았다. 이후 산업화의 바람을 타고 기차는 눈부신 속도로 대륙을 점령했다. 벨기에의 브뤼셀에서 시작된 대륙 기차 노선은 곧 라인 강을 따라 촘촘히 퍼진 공업도시들을 잇는 라인 기차 노선Rhin de fer으로 발전했다.

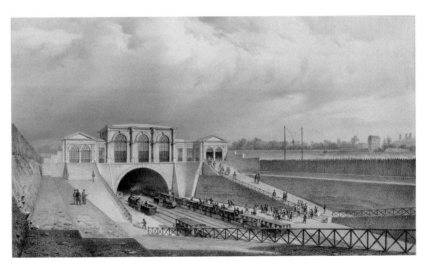

9 파리 최초의 기차역인 생제르맹 역. 처음에는 작은 건물에 플랫폼을 연결한 탑승 시설에 불과했던 초기 기차역의 모습을 볼 수 있어 흥미롭다.

10 기차 노선 개통식 장면, 1843년.
정치, 경제, 사회계의 거물들을 한자리에서 볼 수 있는 요란한 행사로 자리 잡았다.

    프랑스 최초의 기차 노선 개통식은 당시 파리 시민들 사이에서 최고의 화젯거리였다. 그날 2만 명이 넘는 시민들이 모인 파리의 광장은 전례 없는 열기와 흥분으로 들끓었다.[10] 당시 증기기관 열차의 속도는 대략 시속 16킬로미터로, 최고 시속이 3백 킬로미터가 넘는 요즘의 고속열차에 비하면 코웃음이 나올 정도지만 당시 사람들에게는 지상에서 가장 빠른 기계였다.

    이렇게 '미친 듯한 속도'로 달린다는 기계 덩어리가 영 미덥지 못했던지 당시 프랑스 왕좌에 있던 루이 필리프 왕과 왕자들 대신 아멜리 여왕Amélie d'Orléans과 마리 공주Marie d'Orléans 등 여성들만이 개통식에 참석해 처음으로 기차를 시승했다. 신문물을 믿지 못한 정부에서 철도 사업에 투자할지를 망설이는 사이에 재빨리 회사를 차려 프랑스 최초로 열차 노선을 만든 명민한 투자가이자 그 이름만 대면 누구나 고개를 끄덕일 정도로 대자본가였던 페레르 형제는 시민들의 환호성을 받으며 개통식 행사장에 등장했다.

11 클로드 모네, 〈유럽 다리〉.
육중한 기차와 흰 연기가 가득한 생라자르 역을 그림으로 그린 모네는 기차가 보여주는 경이로움과 두려움을 화폭에 담고자 했다.

마침내 기차가 지옥에서 뿜어내는 듯한 하얀 연기를 공중으로 쏘아 올리면서 움직이기 시작했을 때, 현장에 있던 사람들은 모두 자기 눈을 믿을 수가 없었다.[11] 거대한 쇳덩어리는 살아 있는 짐승처럼 으르렁대더니 엄청난 속도로 눈앞에서 사라져갔다. 그 자리에 있던 모든 이들이 충격에 고함을 지르고, 발을 구르고, 펄쩍펄쩍 뛰기까지 했다. 너무 놀라 실신한 사람들까지 속출하면서 경관들은 이들을 역 바깥으로 실어 나르기에 바빴다.[12]

12 『르 몽드』에 실린 기차 삽화, 1864년.

그 후로 그로장 씨는 아버지 손에 이끌려 매주 일요일이면 기차역으로 나갔다. 당시에는 마치

13 생라자르 역의 철책에 붙어 서서 기차를 구경하는 19세기 사람들.

박람회나 동물원에 가듯 기차를 구경하기 위해 일부러 기차역을 찾는 사람들이 많았다. 기차표가 없으면 플랫폼까지는 들어갈 수가 없었기 때문에 멀찍이서 신기한 기계를 요모조모 뜯어보았다. 저렇게 육중한 철마가 대체 어떻게 살아서 움직이는지 도통 모를 일이었다. 몸체에 손을 대고 가만히 있으면 살아 있는 동물처럼 숨을 쉴 것 같은 대단한 기계를 누가 만들었는지 신기할 따름이었다.[13~15]

그 시절 어린 그로장 씨에게 기차는 경이로움 그 자체였지만, 역에는 기차 말고도 볼거리가 많았다. 짐과 가방을 이고 가는 짐꾼, 난생처음 타보는 기차를 행여나 놓칠까봐 경주하듯 뜀박질하는 여행객, 멋진 제복을 차려입은 차장과 기관사, 이런 모습을 지켜보는 구경꾼 등 온갖 인간 군상이 한자리에 모여 있는

14 당시 대중이 즐겨 보던 판화인 '이마주리Imagerie'에는 기차를 향한 19세기인들의 시선이 잘 담겨 있다. 신나고 역동적이며 신기하고 놀라운 세계가 기차를 통해 펼쳐졌다.

15 귀스타브 카유보트, 〈유럽 다리〉. 생라자르 역이 한눈에 보이는 유럽 다리에서 기차역을 내려다보는 신사.

역전의 모습은 어디에서도 볼 수 없는 진풍경이었다.

1837년 프랑스에 최초의 상업 열차가 등장한 이후로 1890년까지 열차 노선은 해마다 만 킬로미터씩 늘어나면서 확장에 확장을 거듭했다.[16] 여타의 사회간접자본이 그러하듯이 기차 노선을 증설하는 데에도 엄청난 비용이 들었다. 장기간의 전쟁과 도시 재개발 사업 등으로 살림이 거덜 난 프랑스 정부는 직접 철도 증설에 나서지 않고, 최대 90년에 달하는 사업독점권을 주는 조건으로 개인사업가들로 하여금 기차 사업에 뛰어들도록 독려했다. 은행가이기도 한 페레르 형제가 가장 먼저 콩파니 드 웨스트Compagnie de l'Ouest라는 회사를 세워 프랑스 서부 노선의 독점권을 따냈다. 파리와 프랑스 서부를 잇게 될 이 노선은 파리와 가장 가까운 항구이자 영국과의 주요 교역항인 루앙Rouen과 르아브르Le Havre를 끼고 있어서 탁송 화물만 싣고 날라도 금세 투자비를 건지고도 남을 알짜 노른자위 노선이었다.[17]

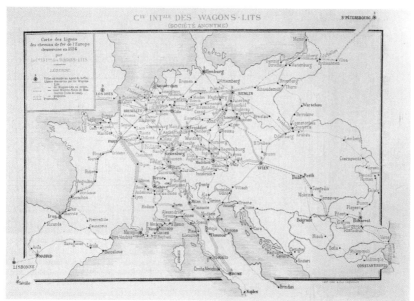

▲ **16** 1884년 유럽의 대도시를 연결하는 주요 장거리 기차 노선이 담긴 지도.
파리-리옹-마르세유를 잇는 남부 노선과 파리-스트라스부르-빈을 잇는 북부 노선이 표기되어 있다.
이처럼 기차 노선은 유럽을 하나로 연결하는 혈관과 같았다.

▼◀ **17** 서부 철도 노선 광고, 1894년.　　　　　　▼▶ **18** 북부 철도 노선 광고, 1900년.

19 리옹 역 개통식, 1847년.

　유럽 최고의 부호로 꼽히는 로스차일드 가문에서도 노다지 철도 사업을 그냥 구경만 하지는 않았다. 프랑스 국경을 넘어 벨기에의 브뤼셀까지 이어지는 북부 노선 독점권을 따낸 뒤 콩파니 뒤 노르Compagnie du Nord라는 철도회사를 세웠다.[18] 파리에서 릴을 거쳐 영국과의 주 교역항인 칼레까지 잇는 노선이 포함되어 있는 터라 페레르 형제의 콩파니 드 웨스트에 뒤지지 않는 수익을 기대할 수 있었다. 1846년 파리-릴-브뤼셀을 잇는 기차 노선 개통식은 어찌나 화려했던지, 개통식에 초청받은 유명 작가 테오필 고티에Théophile Gautier가 느무르 공작duc de Nemours이나 몽팡시에 공작duc de Montpensier 같은 대귀족들을 비롯해 성직자인 캉브레 대주교archevêque de Cambrai까지 참석한 개통식을 두고 마치 루이 14세 시절 베르사유의 저녁 식사 풍경 같다는 호들갑을 떨 정도였다.[19]

　이렇듯 누구나 이름만 들어도 알 수 있는 대자본가들 외에도 무려 35개가 넘는 작은 회사들이 기차 사업에 뛰어들면서 파리를 중심으로 유럽 각지로 기차 노선이 빠르게 확장되었다. 1853년에는 독일로 가는 관문인 파리-스트라스부르 노선이 개통되었고, 1855년에는 파리-리옹-마르세유를 잇는 남부 노선이 증설되었다. 그야말로 기차를 타면 유럽 어디든지 한달음에 달려갈 수 있는 '기차의 시대'가 도래한 것이다. 기차 사업에 참여한 회사들의 주식은 날로 상한가를 치면서 투자가들도 환호성을 질렀다.[20]

20 파리-리옹-지중해 노선 광고, 1910년.

1880년대에 접어들면서 기차의 속도는 놀랄 만큼 빨라졌다. 예를 들어 1848년 처음 개통될 당시에는 사흘하고도 반나절이나 걸렸던 파리-툴루즈 노선이 이제는 하루면 충분히 갈 수 있는 거리가 되었다. 예전 같으면 파리에서 루앙이나 아미앵에 가까스로 도착할 수 있는 시간에 이제는 스트라스부르를 지나 프랑스 국경을 넘어 제네바까지 갈 수 있게 되었다. 1804년 영국의 웨일스에서 첫선을 보였을 때 시속 8킬로미터로 달리던 기차가 이제는 시속 70킬로미터대의 속도를 냈다. 프랑스의 모든 도시를 24시간 내에 갈 수 있다는 사실을 아버지께서 생전에 아셨다면 어땠을까? 그로장 씨는 아버지 세대에서는 상상조차 할 수 없었던 일들이 자기 세대에서는 그저 그런 보통의 사실이 되는 역동적인 시대를 살고 있었다.

새로운 여가 문화의 탄생

기차는 단지 빠른 이동수단만을 뜻하지 않았다. 그로장 씨 같은 부르주아에게 기차는 아버지 세대에는 평생 가볼까 말까 한 프랑스 구석구석은 물론이고 외국을 새롭게 발견하는 즐거움을 선사했다. 몇백, 몇천 킬로미터라는 노선의 길이

21·22 19세기 기차 회사들은 오늘날의 여행사나 다름없었다. 기차 노선이 닿는 관광지들을 포스터로
제작해 기차 노선을 홍보했다.

나 열차의 속도 같은 숫자들은 이 발견의 즐거움이 어디까지 계속될 수 있는지를
알려주는 지표였다.

1887년 프랑스와 스페인의 국경을 이루는 피레네 산맥을 가로지르는 피레네
익스프레스의 개통은 루숑Luchon 같은 피레네 산중턱의 작은 마을까지 직접 찾
아가볼 수 있음을 뜻했다.[21] 기차 노선이 지나는 동네마다 새로운 개발 바람이 불
면서 갑자기 듣도 보도 못한 수많은 명소가 새로 생겨나기도 했다. 지중해에 면한
남프랑스의 니스나 몬테카를로처럼, 거기서 태어나지 않았다면 평생 감히 가볼
엄두조차 내지 못할 변방의 도시들이 갑자기 지척의 관광지로 떠올랐다.[22]

그로장 씨는 콘스탄티노플 여행을 결정하고 난 뒤 시간이 날 때마다 철도 여
행 안내서인『리브레 셰Livret chaix』를 펼쳐보았다. 책에 실린 기차 노선도와 시간표
는 물론이고 노선 주변의 여행지며 유명하다는 호텔, 레스토랑까지 빼곡하게 들

어찬 여행 정보를 보는 것만으로도 공무원으로 일하는 자신의 지루한 인생이 한결 참을 만해졌던 것이다. 그 밖에도 아셰트 출판사에서 나온『철도 노선 컬렉션 *Hachette collection de chemin de fer*』이나 1862년부터 선풍적인 인기를 끈『바뉘에 드 비고르*Bagnères de bigorre*』같은 기차 여행서들도 인기가 많았다. 기차역을 중심으로 유적지와 호텔 등이 표시된 지도와 관광지의 일러스트가 실린 여행서들은 보는 것만으로도 여행을 떠난 듯한 기분을 선사하기에 부족함이 없었다.

올해 일흔 살인 그로장 씨의 삼십대 역시 기차를 빼놓고는 추억할 수 없다. 주말이면 다른 또래의 가장들처럼 가족을 이끌고 매시간 한 대씩 출발하는 페크 Pecq 행 열차를 탔다. 파리에서 북쪽으로 2백 킬로미터 정도 떨어진 페크(지금은 벨기에 영토)까지 가는 이 노선은 중간중간 근교 소도시에 정차하기 때문에 가까운 교외를 찾는 파리 시민들에게 인기가 높아서 '즐거운 열차train de joie'라는 별명까지 얻었다.[23]

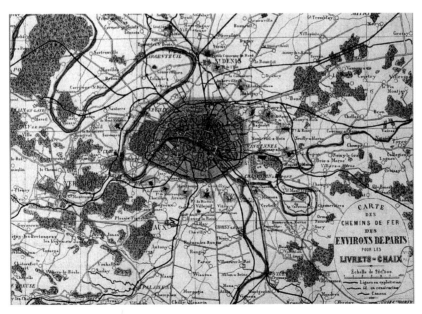

23 파리와 주변 지역을 잇는 기차 노선이 실린『리브레 셰』의 한 페이지.

▲24 클로드 모네, 〈아르장퇴유의 철교〉.
▼25 오귀스트 르누아르, 〈라그르누예르〉.
기차가 아르장퇴유 철교를 지나는 모습이나 라그르누예르에서의 여흥을
담은 그림들은 모두 기차가 가져온 새로운 삶의 풍경을 보여준다.

생라자르 역을 출발한 페크 행 기차는 파리 외곽의 시원한 들판과 신선한 공기로 가득 찬 숲을 지나 파리와 아니에르Asnières를 잇는 철교를 건넜다.[24] 기차가 센 강을 건너면 행락객들은 주로 작은 섬인 크루아시Croissy나 샤투Chatou에서 내렸다. 크루아시는 '소들의 섬ile de vache'이라는 별칭으로 통한 파리 교외의 유원지로, 강변에서 수영을 하거나 배를 빌려 여흥을 즐기기에 좋았다. 사람들이 모이면서 나무로 얼기설기 지은 노천카페도 많이 생겨났다.

비단 주말 가족 나들이객으로만 북적인 것은 아니었다. 여름이면 그로장 씨는 매주 목요일을 손꼽아 기다렸다. 크루아시의 카페 중 가장 유명한 라그르누예르La Grenouillère(개천)에서 무도회가 열리기 때문이었다.[25] 그날이면 혼자 가죽 장갑에 한껏 광을 낸 구두, 비스듬히 눌러쓴 모자로 멋을 부린 채 기차를 탔다. 가슴을 한껏 드러낸 갈색 머리 소녀들과 하얀 분칠을 한 붉은 입술의 부인들을 카페 무도회에서 볼 수 없었다면 그의 청춘은 얼마나 시시했을 것인가.

한편 샤투에는 라그르누예르에 필적하는 푸르네즈Fournaise라는 카페가 있었다.[26~28] 센 강이 한눈에 펼쳐지는 이 카페의 테라스는 색색의 천막과 하얗게 칠한 격자창 덕에 더욱 근사해 보이는 곳이었다. 그로장 씨는 여기서 얼마나 많은 술을

▲◀26 오귀스트 르누아르, 〈푸르네즈 카페에서의 점심〉.

▲▶27 오귀스트 르누아르, 〈샤투의 노 젓는 사람〉.

▼28 오귀스트 르누아르, 〈보트 파티에서의 오찬〉.

푸르네즈 카페 테라스의 평화로운 주말 풍경은 기차가 가져다준 새로운 삶의 모습이었다.

29 귀스타브 카유보트, 〈예르 강의 카누〉.
센 강에서 뱃놀이하는 사람들의 모습을 담은 그림. 인상파 화가들이야말로 기차의 가장 큰 수혜자들이었다.

마시고 노래를 불렀던가. 구릿빛으로 그을린 사내들은 서슴없이 윗옷을 벗어던지고 노를 저었고, 여자들은 그런 남자들에게 은밀한 눈빛을 보내며 쉴 새 없이 웃었다. 또 이 카페에는 평소에는 좀처럼 만나기 힘든 젊은 화가나 작가들도 꽤 드나들었다. 후에 인상파라는 이름으로 불리게 된 이 젊은 화가들이 제아무리 재능이 뛰어난들 기차가 없었다면 결코 교외의 자연과 기쁨으로 가득 찬 삶의 풍경을 그리지 못했을 것이다. 그들이 집요하게 숲과 강을 가로지르는 기차를 묘사하고 푸르네즈에서의 무도회와 강가에서의 뱃놀이를 화폭에 담은 이유는 당시의 살아 숨쉬는 삶을 찬미하기 위해서였다. 기차는 그들에게 도시에서는 볼 수 없는 자연의 색채를 그리고 그 속에서 어우러지는 인간의 삶을 예찬할 기회를 제공했다.[29]

　그로장 씨는 1847년에 개통한 르아브르 노선을 타고 애인과 함께 주말여행을

30 귀스타브 도레, 〈아니에르 도착과 파리로 출발〉.
도착할 때는 신나게 뛰어가던 사람들이 파리로 돌아갈 때는 풀 죽은 모습인 것이 재미있다.

떠나기도 했다. 파리에서 2백여 킬로미터 떨어진, 제일 가까운 항구도시인 르아브르로 가는 이 기차는 파리에서 토요일 밤에 출발해 월요일 아침에 돌아오는 주말 여행표를 단돈 10프랑에 살 수 있었다. 토요일 밤 기차 침대칸은 6인실로 객실에 들어서면 발 디딜 틈조차 없었지만 연인들의 숨죽인 사랑은 그 안에서도 뜨겁게 달아올랐고, 그래서 사람들은 이 노선을 '기쁨의 열차train de plaisir'라고 불렀다.[30]

파리와 외곽을 잇는 열차 노선이 날로 촘촘해지고 기차의 속도까지 빨라지면서 형편이 넉넉한 부르주아 사이에서는 기차 노선을 따라 급격히 확장된 파리 근교에 별장을 사놓는 게 유행이었다. 파리에서 십여 킬로미터 떨어진 슈아지Choisy, 비트리Vitry 같은 인근 도시부터 멀리 오십여 킬로미터 거리인 퐁텐블로까지 열차가 닿는 곳의 부동산 가격은 1860년대를 거치면서 몇 배씩 뛰어올랐다. 파리가 프랑스의 섬이라는 뜻의 '일 드 프랑스'로 점차 확장되면서 퐁텐블로 같은 도시는 이제 근교가 되었다. 파리에서 한참 먼 대서양 연안의 트루빌Trouville과 도빌Deauville처럼 시골 어부들만 살던 어

31 클로드 모네, 〈트루빌을 산책하는 사람들〉.
어촌에 불과했던 트루빌은 기차 노선이 들어선 덕분에 부유한 파리 시민들의 휴양지로 일약 유명해졌다.

▲32 클로드 모네, 〈아르장퇴유의 모네 정원〉.

▼33 클로드 모네, 〈아르장퇴유의 센 강 저수지〉.

모네는 파리 근교의 아르장퇴유에 집을 짓고 유유자적하고 한가로운 삶과 소박한 자연을 예찬한 그림을 그렸다.

촌까지 철도 노선이 들어서고 별장지로 각광을 받으면서 졸지에 사교계 최고의 휴양지로 거듭나기도 했다.[31]

　　아이들이 크면서 그로장 씨도 파리 근교에 있는 아르장퇴유Argenteuil에 작은 별장을 마련했다.[32·33] 아이리스와 장미가 환하게 핀 정원 말고는 별 볼 것 없는 소박한 전원주택이지만 센 강이 지척이었다. 원예에 취미가 생겨 구근을 사서 심고 물뿌리개 등 원예 도구도 사들였다. 나무 사이에는 정원용 하얀 등나무 의자를 놓았다. 오후 느지막이 정원에 나와 강을 하얗게 물들이는 증기선을 구경하다보면 철교를 지나는 기차의 경적 소리가 저 멀리서 들려왔다.

기차 산업의 그림자

그러나 누구나 그로장 씨처럼 기차를 좋아한 것은 아니었다. 라드너^{Lardner}라는 영국인 의사는 「기차 내부의 공기 압력^{Résistance de l'air contre les trains des waggons}」이라는 논문을 통해 너무 빠른 속도 때문에 승객들이 질식해 죽을 위험이 있다고 목소리를 높였다. 기가 막히는 속도 때문에 갑작스러운 심장 발작, 간질, 동맥 경화 등을 일으킬 수 있을 뿐 아니라 장거리 목적지에 도착해서는 급격한 시차와 기온 변화로 온갖 질병에 시달릴 가능성을 경고했다.

사실 일등실이건 이등실이건 난방이 제대로 되지 않은 탓에 실제로 감기나 열병에 걸리기 쉬웠다. 심한 기차 진동으로 자칫 조산의 위험이 있기 때문에 산모는 기차에 타지 말아야 한다는 것은 상식에 속했다.

게다가 기차 내에는 창문 외에 마땅한 환기 시설이 없었다. 당시 경악할 만한 주행 속도 때문에 감히 창문을 열지 못하는 소심한 승객들에게 기차는 유쾌하지 않은 온갖 냄새의 천국이었다. 식사 시간이면 승객들이 꺼낸 도시락 속의 후추나 마늘, 소시지 냄새 때문에 비위가 약한 사람은 구토 증세를 보이기도 했다. 형언하기 힘든 발 고린내를 풍기

34 오노레 도미에, 〈기차 밖에서〉.

35·36 귀스타브 도레의 만평.
기차에서의 불쾌한 경험은 당시 작가나 만화가들이 즐겨 다루는 소재 중 하나였다.

는 노인이나 쉴 새 없이 담배를 피워대는 중년 남자들은 특히 경계해야 할 대상이었다.

또한 젠체하기 좋아한 부르주아들은 지위 고하를 막론하고 일면식도 없는 사람과 여러 시간 동안 한 객실에 있어야 하는 상황에 진저리를 쳤다. 돈이 아까워서 정작 푹신한 의자가 딸린 일등석 대신 긴 나무 좌석으로 채워져 있는 이등석 티켓을 사는 실속파 중산층이 많았지만 막상 기차를 탈 때는 이등석 수준의 인간들 사이에서 어떤 변을 당할지 모른다며 지레 걱정부터 늘어놓았다.[34~36] 흉하게 입을 벌리고 침까지 흘리며 자는 농민, 수다스럽게 온갖 시시한 이야기를 늘어놓는 소시민, 구역질 나는 냄새를 풍기는 중년 남성, 히스테리를 부리는 노부인, 원숭이처럼 날치는 아이들, 심지어 발톱을 깎는 사람까지…… 객실에서는 온갖 잡다한 인간들과 장시간 부대껴야 했다. 게다가 밤이 되면 몇 안 되는 가스등이 달린 어두침침한 기차간에서 무슨 망측한 일이 벌어질지 알 수 없었다. 알퐁스 도데부터 모파상에 이르기까지 섬세하되 다소 신경질적인 감성을 지닌 작가들은 기차간의 불쾌함을 조롱하고 불평하는 글을 수없이 발표했다.

기차역도 불쾌하기는 막상막이었다. 기차 내에는 화장실이 없었기 때문에 열차 승객은 역마다 내려서 볼일을 봐야 했다. 대개 기차역마다 2층에 큰 화장실을 두었는데, 그 냄새와 악취는 상상을 초월할 정도였다. 게다가 기차 노선이 처음 생기기 시작한 초창기에 건설된 역들은 사실 역이 아니라 한낱 플랫폼일 뿐이었다.

삼등석 표를 산 사람이 양심을 속이고 일등석에 올라타는 일이 벌어지거나 신분이 고귀한 일등석 승객과 삼등석 승객이 서로 어깨를 맞대는 일이 벌어질까 우려한 철도 회사 측에서는 아예 플랫폼에 좌석 등급에 따라 승차를 기다리는 공간을 따로 만들었다. 하지만 일등석 승객이나 삼등석 승객이나 분리된 전용 공간의 대합실이 너무 협소하기는 매한가지였다.

37 1895년 10월 22일, 몽파르나스 역에서는 기차가 역을 뚫고 나오는 기상천외한 사고가 일어났다.

초기에는 적지 않은 사고도 벌어졌다. 1895년 몽파르나스 역에서 그랬듯 기차가 탈선해 플랫폼을 뚫고 역사로 돌진하는 어이없는 대형 사고가 일어나기도 했다[37] 이런 돌발 위험 때문에 승차하는 시간 외에는 플랫폼에 미리 나가 기다릴 수 없었다. 어쩔 수 없이 승객들은 좁은 대합실에 끼어 앉아 기차를 기다려야 했다.

기차 산업 자체에 대한 불만도 터져 나왔다. 기차 노선이 지나가는 토지에 대한 강제 수용 문제는 늘 시끄러운 말썽거리였다. 수용에 반대하는 농민과 지방 귀족들만 아니라 기차가 풍속을 저해하고 사회에 악영향을 미친다고 믿는 지식인들도 적지 않았다. 특히 투르나 오를레앙 같은 보수적인 도시들은 기차를 타고 온갖 잡인들이 몰려들 수 있다는 이유에서 철도망이 연결되는 것 자체를 극렬히 반대했다. 반대로 철도로 인해 대도시로의 이주가 쉬워지면서 도시를 동경하는 시골 사람들의 '묻지 마 상경'도 줄을 이었다. 실제로 파리의 기차역에서는 전 재산이 든 보따리를 짊어지고 올라온 가난한 노동자들을 흔히 볼 수 있었다.

철도 사업이 소수 특권층의 배만 불린다는 비판도 높았다. 건설비를 투자한 대자본가와 은행가, 온갖 로비스트들만 막대한 이익을 차지한다는 식의 특혜 시

38 페레르 형제가 개발한 아르카숑 지역을
홍보하는 포스터. 이곳은 아직까지도 프랑스
부유층의 휴양지로 인기가 높다.

비가 만만찮았다. 철도 사업뿐만 아니라 이와 연계된 관광 사
업에까지 몇몇 대자본가 중심으로 독점이 횡행한 것은 사실이
었다. 특히 서부 철도 사업권을 쥐고 있던 페레르 형제는 자기
네 열차 노선이 닿는 아르카숑Archachon 같은 관광지를 함께 개
발해 어마어마한 돈을 쓸어 담았다.[38] 보르도 인근 해안가에
위치한 아르카숑은 1861년 서부 철도가 들어서기 전까지만 해
도 지도상에 미미하게 표시될 정도의 작은 어촌이었다. 페레르
형제는 철도 계획이 확정되자 미리 부지를 확보한 뒤 1864년 아
르카숑에 기차역을 세웠다. 그리고 역 맞은편 명당에 일급 호
텔과 카지노를 함께 지어 파리 상류층 관광객들을 끌어들였다.
이름 없는 시골 어촌을 일약 1870년대 최고의 관광지로 탈바꿈
시키면서 막대한 이익을 거둔 것은 말할 것도 없었다. 그 덕택
에 지금도 아르카숑은 이탈리아의 카프리 섬처럼 부유층의 별
장이 많은 휴양 도시로 꼽힌다.

페레르 형제는 마케팅에도 남다른 자질을 보였다. 당시 프랑스의 절대 권력자
인 나폴레옹 3세 및 그 가족들에게 자신들이 개발한 생소뵈르Saint-Sauveur 온천에
서 호화판 휴가 여행을 무료로 즐길 수 있도록 특혜를 제공했다. 황제가 이곳으로
여행을 나설 때마다 엄청난 광고 효과를 기대할 수 있는데다 덤으로 부자들의 휴
양지라는 고급스러운 이미지까지 구축할 수 있었기 때문에 언론의 빈축 따위는
아랑곳하지 않았다.

미지의 신세계로 떠나는 성소

파리에는 1846년 북역을 시작으로 생라자르 역, 스트라스부르 역(지금의 동

19세기 파리 시내의 주요 기차역의 모습이 담긴 사진 엽서.

◀▲**39** 북역.

▶▲**40** 생라자르 역.

◀■**41** 동역(스트라스부르 역).

▶■**42** 리옹 역.

◀▼**43** 몽파르나스 역.

▶▼**44** 오르세 역(현 오르세 미술관).

45 합승마차인 옴니버스. 노선을 따라 파리 시내 곳곳을 운행한 19세기판 버스였다.

역), 리옹 역, 몽파르나스 역 등이 우후죽순으로 생겼다.[39~43] 게다가 루브르에서 가장 가까운 파리 시내 한복판에는 오르세 역이 한창 공사 중이었다.[44] 중부 지방을 잇는 콩파니 드 미디, 북부 노선을 담당하는 콩파니 뒤 노르, 동부 노선을 맡은 콩파니 드 레스트, 서부를 잇는 콩파니 드 웨스트, 오를레앙과 파리를 잇는 콩파니 도를레앙, 지중해 연안을 달리는 콩파니 드 파리-리옹-메디테라네 등 노선이 각기 다른 여섯 개의 철도 회사가 각자 파리 시내에 하나씩 역을 세우다보니 자연히 여러 개의 기차역이 난립했다. 1937년 여섯 개의 철도 회사는 지금의 프랑스 철도청인 SNCF로 통합되었지만 요즘도 기차는 여전히 목적지에 따라 각기 다른 역에서 출발한다.

　　시간에 맞춰 부른 마차가 도착했다는 전갈에 그로장 씨는 자리에서 일어나 모자를 쓰고 역으로 나섰다. 아래층에서는 집사가 여행 짐을 마차에 싣느라 소란을 떨고 있었다. 옷가지 일습에다 책과 지도부터 깔개와 먹거리까지 넣으니 트렁크가 이십여 개나 되었다. 역 근처는 오늘날 택시에 해당하는 합승마차와 요즘의 버스처럼 시간과 노선을 준수해 달리는 마차인 옴니버스를 타고 내리는 여행객들로 늘 교통이 엉망이니 일찍 서둘러야 했다.[45]

46 스트라스부르 역.

47 센 강을 상징하는 여신과 라인 강을 상징하는 남신이 사이좋게 기대앉은 시계는 스트라스부르 역의 상징물이었다.

그로장 씨가 타게 될 오리엔탈 익스프레스는 파리 시내의 스트라스부르 역에서 출발한다. 마차가 세바스토폴Sébastopol 거리에 들어서자 저 멀리 스트라스부르 역의 목적지인 프랑스 국경 근처의 도시 스트라스부르를 조각으로 형상화한 여신상이 보였다.[46] 그리고 역사 현관 한가운데에 걸린 시계도 눈에 들어왔다. 이 시계에는 기차가 파리에서부터 스트라스부르를 거쳐 독일까지 이어지는 노선임을 나타내는, 파리의 센 강을 상징하는 여신상과 독일의 라인 강을 상징하는 남신상이 사이좋게 기대앉아 역 광장의 사람들을 내려다보고 있었다.[47]

스트라스부르 역을 비롯해 대부분의 기차역을 설계하고 건설한 이들은 전통적인 건축가들이 아니라 토목학교를 졸업한 기술자들이었다. 수학과 과학을 익혀 산업혁명 시기에 기계라는 신문물을 창조한 이들 기술자들은 그리스·로마 시대부터 내려온 고전적인 장식에 얽매여 있던 기존 건축가들과는 출발부터 달랐다. 그래서인지 이들이 만든 기차역은 기존 건축물과 외관에서부터 확연히 차이가 났다.

우선 모든 역의 정면 외벽에 대형 시계를 붙였다. 리옹 역처럼 멀리서도 한눈에 알아볼 수 있게 역사 건물 한쪽에 첨탑을 세워 시계를 달기도 했다.[48·49] 이렇듯 시계가 기차역의 필수품이 된 것은, 기술자들을 비롯해 철도 산업 종사자 모두에게 정확한 시간은 종교나 다름없었기 때문이다. 아무도 '정각 두 시'라는 말을 쓰

48 파리 리옹 역의 거대한 첨탑 시계. 이곳이   **49** 기차역 시계탑 디자인.
시간을 준수하는 신문물의 전당임을 보여준다.

지 않던 당시에 기차시간표는 최초로 절대적인 시간을 사람들의 머릿속에 각인시
켰다. 정각 두 시에 출발하는 기차는 정확히 두 시에 출발했고, 단 일 분만 늦어도
기차를 놓치고 말았기 때문이다.

해를 보고 대충 시간을 말하는 게 다반사였던 시절, 전국 방방곡곡 역에 빠짐
없이 내걸린 대형 시계는 곧 기차역의 상징물이 되었다. 게다가 프랑스를 비롯해
유럽에서 아직 지역별로 시간을 통일하는 표준시 개념이 정해져 있지 않은 탓에
동서 지역마다 시간이 조금씩 달랐다. 하지만 발차 시간과 도착 시간, 각 역의 정
차 시간이 꼼꼼하게 적힌 기차시간표는 지역별 시간에 대한 관념까지도 바꿔놓
았다. 프랑스의 경우 수도 파리의 시간을 표준시로 삼고 이를 기준으로 전국 역의
시계를 맞추었다.

시계 외에도 역사 외벽에는 그 역에서 출발하는 열차의 최종 목적지를 알아보
기 쉬우면서도 고상하게 표현한 조각품과 상징물을 설치했다.[50] 1864년 북역을 재

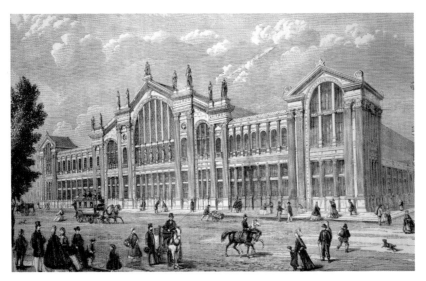

50 파리 북역의 새로운 파사드, 1864년. 북역에는 기차 노선이 닿는 도시들을 상징하는 여신상들이 위풍당당하게 서 있었다. 사람들은 여신상만 보고도 기차 노선의 흐름을 상상할 수 있었다.

건축한 기술자이자 건축가인 자크 히토프Jacques Hitoff는 폭이 180미터에 달하는 북역 정면에 모두 23개의 조각상을 달았다. 북역에서 출발하는 모든 기차의 최종 목적지를 예술적으로 표현한 조각상들은 그 아래 각각 파리, 아라스, 베를린, 런던 같은 도시의 이름이 붙어 있어 알아보기도 쉬웠다.

이들 조각상은 역을 지나치는 사람들에게 좋은 구경거리가 되었다. 높이 서 있는 조각상들을 올려다보면 기차 노선과 기차시간표를 볼 때마다 느끼는 설렘이 더한층 부풀어 올랐다. 이들 여신상들은 아직 가보지 못한 미지의 세계, 기차를 잡아타기만 하면 갈 수 있는 신세계로 그로장 씨 같은 사람들을 유혹했다. 너무 익숙하

51 도시를 상징하는 문양과 조각상은 19세기 기차역에서는 필수적인 장식품이었다.

다 못해 구태의연하게 느껴지는 도시 이름들, 이를테면 리옹이라든가 마르세유 같은 지명마저 기차역의 조각상을 통해 보면 거부하기 힘든 유혹의 냄새를 풍겼다. 역의 조각상은 고급 장식물을 넘어서 떨리는 호기심과 이국적인 정서의 대변자이기도 했던 것이다.[51]

새 기계는 새 건축에

그로장 씨의 마차가 스트라스부르 역 앞에 다다르자 역전은 마차와 짐꾼들의 수레로 발 디딜 틈이 없었다. 간신히 역 앞에 마차를 대자 짐꾼들이 주변에 몰려들었다. 집사를 부릴 형편이 되지 않았다면 이런 여행은 생각할 수 없었을 것이다. 아무리 기차가 빠르다고는 하나 장거리 노선은 직행이 아니라 기차를 갈아타는 데만 하루가 걸리는 경유 노선이 대부분이었다. 그러니 아예 작심하고 경유지마다 이삼일씩 머물며 도시를 구경하는 사람들도 적지 않았다. 때문에 좀 먼 곳으로 여행을 간다고 하면 적게는 이삼일에서 길게는 몇 주가 걸렸고, 여행지에서 머무는 시간까지 합치면 한 달 정도의 여행은 그나마 짧은 편에 속했다. 19세기의 여행은 우리의 여행처럼 목적지에 도착하는 순간부터 시작되는 것이 아니라 집을 떠난 그 시점부터 시작되었다. 그러니 여행은 이사와 다를 바 없는 큰 행사였다. 그나마 그로장 씨는 검박한 편이었다. 사교계에서 이름깨나 날리는 사람들, 특히 여자들은 여행지에서 쓸 깔개나 침대보, 찻잔 같은 생활용품부터 옷가지와 치장하는 데 필요한 온갖 액세서리까지 챙긴 수십여 개의 트렁크를 가지고 여행을 떠났다.

집사가 짐꾼과 가격을 흥정하고 짐을 접수대까지 실어 날라 무게를 재고 짐 값을 치를 동안 그로장 씨는 카페에서 커피나 한 잔 마실 요량으로 역 안으로 들어섰다. 역 중앙홀에 들어서니 늦은 오후의 햇볕이 바닥에 오색 무늬를 그리고 있었다. 스트라스부르 역은 여신상 말고도 노트르담 성당처럼 장미 꽃잎 형태의 스

▲**52** 에밀 베나르, 〈오르세 역 공모전 설계도〉, 1897년.

▼**53** 새롭게 단장한 오르세 역. 사람들에게 기차역은 여행에 대한 흥분과 동시에 기술에 대한 경이로움 그 자체였다.

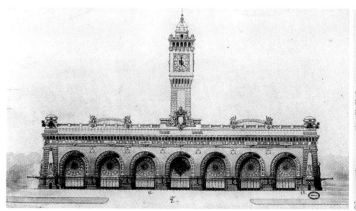

54 기차역을 설계한 기술자들은 장미 꽃잎 형태의 스테인드글라스 창과 아케이드, 거대한 시계탑을 설계에 넣어 문명과 기술의 발전에 경의를 표했다.

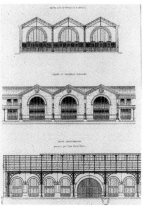

55 기차역 플랫폼을 덮는 유리 지붕인 마르키즈의 설계도.

테인드글라스 반원 창으로도 유명했다. 창 아래로는 이탈리아의 빌라에서 주로 볼 수 있는 아케이드 모양의 문들이 홀을 에워싸고 있었다. 그래서인지 중앙홀에 들어서면 커튼만 없을 뿐 왠지 오페라 극장에 들어온 것 같았다. 마치 개선문을 들어서는 연극 속 영웅이 된 것 같은 기분이라고나 할까.**52·53**

기차역을 설계한 기술자들에게 역이란, 신문물의 예찬자였던 테오필 고티에의 말처럼 "과학이라는 그들의 종교를 위한 신전이자 예배당"이었다. 신전이라면

56 생라자르 역의 중앙홀에는 위탁사무실, 전보국, 티켓 판매대가 자리 잡고 있었다.

의당 방문객들에게 압도적인 위엄과 영혼이 고양되는 느낌을 함께 선사해야 한다. 그래서 그들은 로마의 판테온 신전, 르네상스 시대에 세워진 피렌체의 피티 궁, 독일의 쾰른 대성당 같은 중세 시대의 웅장한 건축물들을 모델로 삼아 기차역의 중앙홀을 디자인했다. 여행객들에게 여기에서 무언가 중요한 일이 일어나고 있다는 느낌을 불어넣기에 이보다 효과적인 설계는 있을 수

없었다. 판테온 신전처럼 둥근 천장과 아케이드, 중세 성당을 연상시키는 장미 꽃 잎 형태의 대형 스테인드글라스가 파리는 물론이고 런던부터 빈까지 거의 모든 유럽의 역에 빠짐없이 장식된 것은 이 때문이었다.[54·55]

이렇게 미지의 판타지를 자극하는 역의 중앙홀은 사실 여행의 시작이자 끝이기도 했다. 기차표 판매소와 짐을 부치고 찾는 위탁 사무실, 친구나 친지에게 도착과 출발을 알릴 전보를 칠 수 있는 전보국 등이 이곳에 모여 있었다.[56]

그로장 씨는 중앙홀을 가로질러 계단을 통해 2층에 올라갔다. 기차가 정차하고 떠나는 플랫폼과 그 위를 덮은 거대한 '마르키즈marquise'(후작부인이라는 뜻)가 한눈에 들어왔다. 왜인지는 알 수 없지만 언제부터인가 사람들은 플랫폼을 덮고 있는 유리 지붕을 '후작부인'이라고 불렀다.[57~59]

57 스트라스부르 역의 마르키즈. 거대한 철근이 촘촘히 엮인 마르키즈는 중세 성당의 모습과 닮았다. 햇살이 가득한 플랫폼은 문명과 기술의 발전을 위해 봉헌된 근대의 신전이나 다름없었다.

▲**58** 1885년 생라자르 역의 플랫폼.
▼**59** 기차역의 마르키즈 지붕은 그 자체로 구경거리였다.

그로장 씨가 마르키즈를 처음 본 것은 1843년 생라자르 역에서였다. 벽돌도 나무도 돌도 아닌, 파이프 모양의 철근으로 기둥을 세우고 천장을 올려 그 사이사이마다 유리창을 단 마르키즈의 위용은 엄청났다. 서로 엇지르듯 촘촘히 배치된 철근과 이 철근을 고정시킨 금속 철판, 그 위를 유리판만으로 덮어 만든 천장이 무려 3만 6천 제곱미터에 이르는 거대한 중앙홀 위에 사뿐히 얹혀 있었다. 저렇게 무거운 철근이, 고개가 꺾어질 듯 높은 지상 38미터 천장에 새처럼 올라앉아 있는 모습은 보면서도 믿기지 않을 정도였다.

스트라스부르 역의 마르키즈는 1851년에 처음 세워진 것으로 72미터에 달하는 거대한 철제 지붕이었다. 기차에서 내뿜는 하얀 수증기와 열기 때문에 돌이나 나무로 지은 플랫폼 안에 기차를 정차시키는 것은 애당초 불가능했다. 야외처럼 탁 트인 환경을 제공하되 승객들이 비나 바람에 시달리지 않게 안전을 고려한 가장 좋은 방법은 철골조를 이용한 튼튼한 구조물이었다. 게다가 철골조 자체가 그것을 가능하게 만든 금속 제련술과 구조역학의 눈부신 발전을 의미했다.

설계기술자들은 기능을 거추장스러운 장식 뒤편으로 숨기는 건축가들과는 달랐다. 에두르지 않고 기차역에 필요한 최적의 설계를 직설적으로 표현했다. 결국 그들은 기술의 진보를 경배하는, 그리고 그것이 가져온 눈부신 시대를 상징하는 성전을 나름의 방식으로 세우는 데 성공했다. 이 신기한 건물을 구경하기 위해 사람들은 기차역에 모여들었고, 고티에 같은 작가는 글로, 모네 같은 화가는 그림으로 신세기 성전이 보여준 놀라움을 예술적으로 표현했다.

같은 해 런던에서는 만국박람회를 맞아서 '수정궁Christal Palace'[60]이라는 역사적인 건축물이 들어서기도 했다. 인류 최초로 건물

60 1851년 런던 만국박람회에서 화제를 모은 수정궁. 철골조 건축물의 편리함과 아름다움을 생생하게 보여준 좋은 예였다.

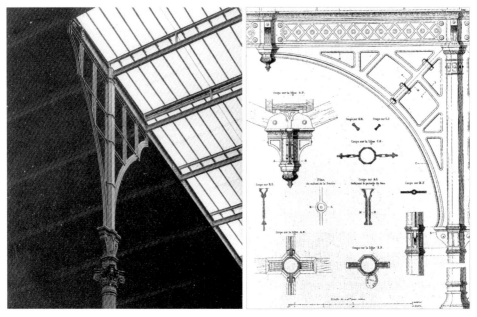

61·62 파리 북역의 철제 기둥과 부품 조립 설계도. 기차역은 기존의 건축물과는 달리 엔지니어들이 설계와 시공을 담당했다. 19세기인들은 기차역을 통해 가장 기능적인 것이 가장 아름다울 수 있음을 절감했다.

전체를 오직 유리와 철제만을 사용해 지은 이 건물은 공개되자마자 온 유럽의 찬사를 받았다.

　사실 마르키즈나 수정궁은 공장에서 규격에 맞게 생산된 철골을 현장에서 이어 붙인 간단한 구조물이다. 그래서 돌이나 나무로 지은 건축물보다 간편하고 빠르게 시공할 수 있다. 그러면서도 주철로 만든 골조가 워낙 두드러져 보이는 바람에 전통적인 석조 건물이 아닌데도 중세의 성당 같은 분위기를 풍겨 사람들에게 묘하고도 야릇한 감동을 선사했다.[61·62]

　이렇게 산업화된 철골 건축물이 인기를 끌면서 건축기술자들 사이에서도 새로운 경쟁이 벌어졌다. 중세 시대 건축가들이 버팀 아치벽을 최대한 높이 올려 성당의 첨탑을 더 높게 세우려고 한 것처럼 당시 건축기술자들은 조금이라도 더 높

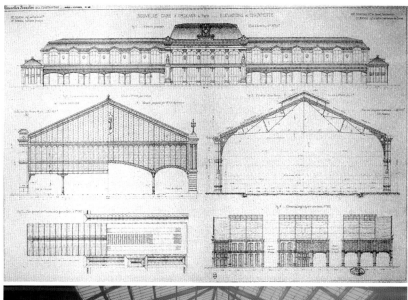

▲63 오르세 역 설계도.

▼64 건설 중인 생라자르 역.

은 철제 건축물을 경쟁적으로 올리려고 했다.[63·64] 그래서인지 1889년 파리 만국박람회를 기념해 교량기술자인 알렉상드르 구스타브 에펠Alexandre Gustave Eiffel이 1884년 공사를 시작한 임시 건축물인 에펠탑의 모양새나 구조를 보고 정작 파리 사람들은 그다지 놀라지 않았다. 다만 3백 미터나 되는 아찔한 높이에 경악했을 뿐이다.

65 당시 기차역 대합실의 모습. 벽면에는 기차 노선을 운행하는 회사에서 제작한 여행 포스터가 빽빽하게 붙어 있다.

씩씩거리는 거친 숨소리에 흰 연기를 뿜으며 기차가 서서히 플랫폼에 들어섰다. 기차는 긴 항해를 마치고 항구로 들어오는 배인 양 경적을 길게 울렸다. 그로장 씨는 플랫폼 번호를 확인하고 중앙홀 한쪽에 있는 카페에 자리를 잡았다. 여행지와 기차 노선을 선전하는 포스터들이 벽면 여기저기에 빼곡히 붙어 있었다. "겨울의 니스"라든가 "투르빌의 낭만" 같은 한 구절짜리 선전 문구에 그 고장의 특산물이라든가 절경을 그린 그림이 딸려 있는 총천연색 포스터들은 보는 것만으로도 어디론가 떠나고 싶은 열망을 부채질했다.[65]

짐을 처리한 집사가 그로장 씨에게 손가방을 전해주기 위해 카페 문 앞에서 대기 중이었다. 손가방과 지팡이를 건네받은 그로장 씨는 역내 서점으로 잠시 발걸음을 옮겼다. 가게 앞에 신문을 나란히 진열해놓은 서점에는 1852년부터 아셰트 출판사에서 출간한 '기차 여행 선집Bibliothèque des chemins de fers'을 팔고 있었다. 이미 출간된 책들 중에 시민의 정서 함양에 도움이 될 만한 도덕적인 책들을 골라 다시 펴낸 아셰트 출판사의 상술은 적중했고, 선집은 시류를 타고 날개 돋친 듯 팔려 나갔다. 이 선집은 가로 11.5센티미터 세로 18.5센티미터로 휴대하기 편할 뿐 아니라 역사가 장-바르텔레미 오로Jean-Barthélemy Hauréau의 『프랑수아 1세의 궁정』 같은 역사서나 여성 문필가 세귀르 백작부인comtesse de Ségur의 에세이까지 다양한 책들이 포함되어 있었다. 그러나 그로장 씨는 '기차 여행 선집'을 그다지 좋아하지 않았다. 고전이나 교훈적인 작품을 우선시하는 경우가 많아 이미 당대 최고의 인기 작가로 자리 잡은 모파상이나 체제 비판적인 역사가인 오귀스트 시라크Auguste Chirac의 작품들, 그리고 그 밖의 정치적인 책들은 이 시리즈에서 제외되었기 때문이다.

심드렁하게 책을 들추던 그로장 씨의 눈에 아버지가 좋아했던 고전 동화 선집이 눈에 띄었다. 아버지의 시대에 혹은 자기가 젊었던 시절에 만약 오리엔탈 익스프레스가 있었다면 아마 아버지의 인생도 자신의 인생도 지금과는 많이 달라졌을지 모른다. 소싯적에 아버지가 기차를 타고 이스탄불로 떠나 아랍 여자를 만나 사랑에 빠졌더라면 지금의 나는 존재하지 않을지 모른다는 생각에 미치자 그로장 씨는 모든 게 아득해지는 기분이었다. 그가 지금 이십대라면 또 어땠을까? 그의 청춘도 그 색깔이 달라지지 않았을까?

오후 6시 30분 파리 발 콘스탄티노플 행 열차의 탑승을 알리는 종소리에 그로장 씨는 퍼뜩 정신이 들었다. 마침내 출발이다. 그는 목적지로 날아가는 한 마리의 새처럼 또 다른 인생이 기다리고 있는 출구를 향해 재빨리 몸을 옮겼다.

4장

머나먼 극동,
자포니즘

"진정한 여행자란 오로지 떠나기 위해서
떠나는 자."
19세기 초반의 시인 보들레르의 외침처럼
19세기인들은 보랏빛 바다와
떠오르는 태양을 향해 떠났다.

저 멀리 수평선도 지평선도 없는 그곳,
거기에서 기다리고 있을
막연한 미지의 세계를 동경하고 그리워하며.

1 조르주 크로에게르트, 〈책 읽는 여자〉,
나무판에 유채, 개인 소장.

나는 일본 판화가 필요하지 않단다.
왜냐하면 나에게는 내가 있는 이곳이 바로 일본이기 때문이야.
그렇기 때문에 나는 눈을 크게 뜨고 내 코앞에 있는 것을
내가 느낀 대로 그리기만 하면 된단다.
—반 고흐, 1888년 2월 여동생에게 보낸 편지 중에서

장편소설 『여자의 일생』이나 단편소설 「목걸이」 등으로 유명한 모파상은 1887년부터 이듬해까지 『누벨 르뷔 *Nouvelle Revue*』라는 잡지에 『피에르와 장*Pierre et Jean*』이라는 장편 심리소설을 연재했다. 어느 날 갑자기 부모님의 친구이자 편한 아저씨 정도였던 레옹 마레살로부터 거액의 유산을 상속받게 된 주인공 장과 그런 동생을 질투 섞인 눈길로 바라보는 형 피에르 그리고 그들을 둘러싼 가족과 주변 인물들이 날실과 씨실처럼 얽히면서 벌어지는 사건을 모파상 특유의 간결한 문체로 그려낸 작품이다.

19세기의 일상다반사를 엿볼 수 있는 이 작품에서 특히 눈에 띄는 것은 젊은 나이에 예기치 않게 부자가 된 장이 평소 연정을 품고 있던 로제밀리라는 젊은 과부에게 청혼하기 위해 아파트를 사서 내부 인테리어를 시작하는 대목이다. 당시 생활상을 눈으로 보듯 써 내려간 모파상의 필력은 여기서도 유감없이 발휘되어 장의 아파트 내부를 실제로 들여다보듯 세밀하게 묘사하고 있다.

거액의 유산을 받게 된 장은 우선 대나무로 된 일본 가구부터 사들인다. 벽은 일본에서 수입한 천으로 도배한 뒤 일본 부채를 걸어 장식한다. 방 구석구석을 청동, 상아, 자개로 된 일본풍의 온갖 장식품과 도자기 인형, 청동으로 된 일본식 검 등으로 채우고 병풍을 둘렀다. 그가 특별히 일본 문화에 조예가 깊다거나 관심이 있었던 것은 아니다. 단지 일본풍으로 집 안을 치장하는 당시의 유행을 좇는

것이 곧 자신의 교육 수준과 예술적인 취향을 대변해준다고 생각했기 때문이다. 이렇게 일본풍으로 단장을 마친 장의 아파트 실내 풍경은 아마 조르주 크로에게르트의 [그림 1] 속 분위기와 비슷했을 것이다.

이 그림의 제목은 〈책 읽는 여자〉이지만 먼저 눈에 들어오는 것은 여자보다 긴 오후의 햇살이 은은하게 비치는 방 안에 가득 퍼져 있는 기운 생동하는 색감이다. 금색 바탕에 낚시하는 일본 어부들의 모습이 수놓인 일본식 텍스타일을 바른 벽은 햇살을 받아 영묘한 빛을 내고 있다. 그 위에는 일본 전통연극인 노가쿠能樂에 쓰이는 다양한 표정의 나무 가면, 화려한 색깔의 부채와 선명한 빛을 내는 일본 판화, 알록달록한 도자기 접시 등이 걸려 있다. 거기다 일본식 양산, 공작새 깃털이 달린 이국풍 모자, 동양의 냄새가 물씬 풍기는 쿠션, 일본 칠기 가구, 바닥에 깔린 표범 가죽…… 어느 소품 하나 허투루 꾸미지 않았다. 이 그림의 진짜 주인공은 독서에 열중하고 있는 그녀가 아니라 그녀의 배경이 된 일본풍 인테리어이기 때문이다.

2 에두아르 마네, 〈나나〉. 나나의 뒤로 학이 그려진 일본풍 벽화가 보인다.

유럽 속의 동양, 그 뿌리

모파상의 소설 속 인물만이 아니다. 19세기 중반부터 20세기 초에 등장한 수많은 문학작품 속에서 구석구석 배어 있는 일본 문화의 흔적을 찾기란 어렵지 않다.[2] 가히 소설로 쓴 19세기 대백과사전이라 할 만큼 19세기 사람들의 삶을 들여다보는 데 빼놓을 수 없는 소설인 마르셀 프루스트의 『잃어버린 시간을 찾아서』에서도 일본풍은 어김없이 등장한다. 스완이 사랑한 여인 오데트의 내밀한 공간이 바로 그것이다. 일본

천으로 마감한 쿠션, 금실로 수놓은 병풍, 옥 장식품으로 장식한 오데트 집 안 내부의 모습에서는 이국적인 정서와 은밀한 공기가 진하게 감돈다. 심지어 알렉상드르 뒤마 피스Alexandre Dumas fils(『삼총사』의 작가 알렉상드르 뒤마의 아들)는 희곡 『프랑시용Francillon』에서 주인공의 입을 빌려 아예 일본식 샐러드 만드는 법을 소개한다. 그런데 이 샐러드의 재료를 보면 감자에 올리브오일, 보르도산 화이트와인 등 어느 것 하나 일본과는 하등의 관계가 없다. 그런데도 '일본식' 샐러드라고 부른 이유는 간단하다. 주인공 아네트의 말인즉, 요즘은 별 관련 없는 것이라도 모든 것에 일본식 이름을 붙이는 게 유행이기 때문이란다.

역사적인 이유로 일본과 반목할 수밖에 없는 우리에게 소위 말하는 '왜색' 짙은 19세기 유럽 풍경은 다소 생경하다. 반 고흐의 그림 속에 배경으로 등장하는 일본 판화는 그렇다 쳐도 기모노를 입은 여인이 예사로 등장하는 클로드 모네의 〈기모노를 입은 모네 부인〉[3]이나 스스로 일본 문화의 광팬임을 자처한 제임스 애벗 맥닐 휘슬러의 〈살색과 녹색의 변주: 발코니〉[4], 기모노를 입은 에로틱한 일본

3 클로드 모네, 〈기모노를 입은 모네 부인〉.　4 제임스 애벗 맥닐 휘슬러, 〈살색과 녹색의 변주: 발코니〉.　5 제임스 티소, 〈욕실의 일본 여인〉. 19세기 그림에서 노골적으로 일본을 동경한 심리는 쉽게 찾아볼 수 있다.

6 안도 히로시게, 〈오하시와 아타케에 갑자기 쏟아진 소나기〉.

7 빈센트 반 고흐, 〈비 내리는 다리〉.

여인의 이미지를 전면에 담은 제임스 티소의 〈욕실의 일본 여인〉⁵ 같은 작품에 이르러서는 눈살을 찌푸리는 사람이 있을 법하다. 이를 두고 대부분의 미술사 책에서는 "19세기 유럽에 상륙한 일본 문화, 특히 일본 판화로부터 19세기 인상파 화가들이 많은 영향을 받았으며 이를 자포니즘Japonisme이라 부른다"고 간단히 설명하고 있지만 그 실상을 들여다보면 다소 충격적이기까지 하다.

4백여 장에 이르는 일본 판화를 수집했으며 심지어 일본 판화를 모사해 그대로 따라 그리기까지 한 고흐,⁶˙⁷ 일본 판화의 한 장면을 모방해 자신의 그림에 옮겨 그린 메리 커샛⁸˙⁹ 등 19세기 후반을 장식한 수많은 화가들의 화폭 속에서 일본 문화의 영향을 찾아보기란 어렵지 않다. 비단 시각적인 자극과 타 문화에 민감한 예술가들뿐만이 아니었다. 과거의 관습을 타파하고 새로운 미술, 새로운 미학

8 기타가와 우타마로, 〈조지야의 게이샤 히나쓰루〉.　　**9** 메리 커샛, 〈편지〉.
19세기 유럽 화가들의 작품에서는 일본 우키요에를 노골적으로 모방한 그림도 흔히 찾아볼 수 있다.

을 추구한 예술가들부터 애인의 환심을 사려고 한 장 같은 남자, 스완을 만나 팔
자를 고친 오데트 같은 평범한 19세기의 인물들까지 일본에 매료되었으며 일본
의 문화를 동경했다. 소위 자포니즘으로 통칭되는 일본 문화의 유행은 비단 몇몇
마니아 예술가들의 호사쯤으로 간단히 풀어내기에는 어림도 없는 거대한 사회적,
문화적 트렌드였다.

　　그런데 왜 하필이면 일본이었을까? 문호의 개방이 상대적으로 늦었던 우리
나라야 그렇다 치고 아시아에는 거대한 대륙의 나라인 중국도 있고, 유럽인들이
일찍부터 발을 디뎠던 인도네시아도 있는데 말이다.

　　사실 일본 문화가 유럽에 상륙한 것은 짐작보다 역사가 깊다. 유럽인들이 동양
문화, 그것도 우리나라와 중국, 일본을 일컫는 극동 아시아의 문화를 동경하기 시

10 17세기 일본에 상륙한 포르투갈 상인들의 모습을 그린 일본의 병풍.

작한 것은 대략 17세기부터다. 1602년에 네덜란드를 시작으로 영국과 프랑스 등이 동양에 대한 독점 무역권을 가진 동인도회사를 출범시키면서 17세기 초부터 무역선을 통해 간간히 일본과 중국의 자개와 도자기가 유럽으로 들어오기 시작한 것이 본격적인 시발점이다.[10] 17~18세기의 유럽에서 동양 문화의 대표 주자는 바로 중국이었다. 마르코 폴로의 여행기가 보여주듯이 중국에서 건너온 도자기나 그림, 가구는 머나먼 세계의 신비함과 아름다움으로 유럽인들의 시선을 끌었다. 평생 바다를 떠돈 선원 중에서도 동양에 가본 이는 손으로 꼽을 만큼 유럽인들에게 동양은 먼 곳이었기 때문에 자연히 동양의 오브제들은 상당한 귀물貴物이었다. 수량이 절대적으로 적었던 탓에 일부 상류층만이 소유할 수 있는 귀하디귀한 호사품이었던 것이다. 그래서 귀족이나 왕족 중에는 중국풍의 오브제에 심취한 컬렉터들이 많았다.

당시 폴란드의 왕이자 독일 북동부 작센 지방의 통치자 중 한 명으로 치적보다는 자식을 350명이나 둔 것으로 유명해진 아우구스트 2세는 당시 유럽에서 제

11 이마리 도자기. 18세기 유럽에서 가장 인기 있고 고급스러운 수집품 중 하나였다.

일가는 동양 도자기 수집가였다. 그는 프로이센의 프리드리히 빌헬름 1세가 소유하고 있던 용 문양의 중국 청자 한 점을 6백 명의 기마 군단과 맞바꿀 정도로 동양 문화에 심취했다. 나아가 드레스덴에 일본의 대표적인 이마리伊万里 도자기[11]만을 모아놓은 개인 박물관을 짓고 '일본 궁전'이라고 이름 붙였다. 프로이센의 프리드리히 빌헬름 1세는 이에 질세라 6백 점이 넘

는 중국 도자기를 수집해 유럽 최고의 동양 도자기 컬렉션을
남기기도 했다.

중국 도자기에 프랑스식 청동 장식을 붙여 만든 도자기
를 모으는 것으로도 모자라 중국 도자기를 흉내 낸 도자기
생산을 적극 지원한 마담 퐁파두르의 도자기 컬렉션[12]이나
일본에서 가져온 자개판을 프랑스식 가구에 붙인 마리 앙
투아네트의 가구 컬렉션[13] 역시 빼놓을 수 없다. 집안 내력인
지 마리 앙투아네트의 어머니인 오스트리아의 마리-테레즈
Marie-Thérèse d'Autriche 여제 역시 여러 점의 일본 자개를 나가
사키 항에서 직접 들여와 소장하는 등 합스부
르크 왕가의 일원들은 특히 중국이나 일본의
자개를 좋아했다.

이렇게 극소수의 왕족과 귀족의 호사품
이던 동양의 예술품은 18세기부터 문화의 새
로운 주역으로 등장한 신흥 부르주아들에게
도 인기가 좋았다. 하지만 그때까지만 해도 동
양의 문화에 관한 유럽인들의 관심은 『이븐
바투타 여행기』 속에 머물러 있었다. 중세 시
대 모로코의 이슬람교도인 이븐 바투타Ibn
Batūtah(1304~1368년)가 삼십 년간 아프리카
를 거쳐 아시아에 이르는 십만 킬로미터의 여

▲ 12 마담 퐁파두르의 도자기. 그녀는 중국과 일본의 자기에
유럽식 청동 장식을 붙인 도자기들을 수집했다.
▼ 13 일본 자개판을 붙인 마르탱 카를랭의 서랍장은 18세기식
호사스러움의 극치를 보여준다.

정을 펼쳐낸 『이븐 바투타 여행기』는 여행 서적의 고전이자 베스트셀러였다. 환상
속의 인도와 중국, 기독교 세계를 넘고 또 이슬람 세계를 건너 저 너머에 존재하는
'천년 왕국'이라는 환상이 동양풍의 유행을 촉발하기는 했지만 유럽 문화에 전방
위적인 영향을 미칠 정도는 아니었다. 그때만 해도 육로와 해로를 통해 어렵사리

14 당시 미국의 백만장자 윌리엄 H. 밴더빌트 저택의 일본풍   15 '일본의 향기' 향수 광고.
살롱. 뉴욕의 유명한 가구 장인 허터Herter 형제가 실내장식과
가구 디자인을 맡았다.

유럽에 상륙한 동양의 공예품들은 당시 일본과 중국에서도 일급으로 치는 귀한
골동품이거나 수출용으로 특별히 생산된 제품들이라 어마어마한 가격을 자랑했
고, 그 수 또한 아주 적었기 때문에 일부 상류층 사이에서 화젯거리로 그칠 수밖
에 없었다.

　　그러나 19세기 문화계를 풍미한 동양 문화에 대한 동경심은 18세기의 그것과
는 여러모로 달랐다. 우선 동양의 오브제들은 이제 만져보지도 못할 만큼 으리으
리한 미술 컬렉션의 일부가 아니라 생활의 일부, 즉 집 안을 일본풍으로 단장하거
나, 기모노에서 영감을 받아 제작한 드레스를 입고 '일본의 향기'라고 광고하는 향
수를 사는 등 일상을 일본풍으로 채우는 것이었다.[14·15] 특히 1854년 일본이 미국
페리 제독의 개항 압력에 의해 서양 열강에 문호를 개방한 것을 계기로 유럽에 일본

▲**16** 존 앳킨스 그림쇼, 〈자장가〉.

▼◀**17** 엘런 클레이시, 〈메리골드의 것: 놀 하우스의 중국 도자기 장〉.

▼▶**18** 제임스 티소, 〈일본 장식품을 보는 젊은 여인〉.

19세기 유럽에서 일본풍이 가장 유행한 도시인 런던의 풍경을 엿볼 수 있는 작품들.

작품들이 대량으로 유입되기 시작했다.[16~18] 게다가 동양으로의 항로가 본격적으로 개설되면서 돈과 시간, 모험심을 겸비하고 있는 이라면 누구나 일본이나 중국에 직접 가볼 수 있는 길이 열렸다.

일본 문화 전파의 선구자

19 1820년대에 가와하라 게이가가 그린 지볼트 초상화.

일본이 어떤 나라인지, 그곳의 산과 강은 어떻게 생겼으며 거기 사람들은 무엇을 먹고 무엇을 생각하며 사는지를 사실적이면서도 생생하게 유럽에 알린 것은 필리프 프란츠 폰 지볼트Philipp Franz von Siebold[19]라는 독일 태생의 의사였다.

군의관인 지볼트가 네덜란드 동인도회사의 무역선을 타고 처음으로 일본 열도 남단에 위치한 나가사키 지방의 데지마出島에 도착한 것이 1823년의 일이다. 에도 막부는 1639년에 일본 내 기독교의 포교를 주도해온 포르투갈 상선의 입항을 금지하는 쇄국령을 발표하면서 일찍이 외국과의 교류를 제한해왔다. 그 일환으로 나가사키 앞바다에 인공 섬(데지마)을 만들어 포르투갈인들을 격리해 거주시키고, 나중에는 네덜란드의 상관商館을 이곳으로 이전했다. 말하자면 데지마는 에도 막부가 1641년부터 1858년 구미에 문호를 개방하기까지 2백여 년간 유일하게 공무역을 허용한 해외 무역 창구였던 것이다.[20]

앞서 1799년부터 5년간 남아메리카를 여행한 뒤 무려 삼십여 권에 달하는 신대륙의 탐험기를 쓴 독일 지리학자 알렉산더 폰 훔볼트Alexander von Humboldt를 동경한 지볼트는 부지런하기로는 그에 못지않았다. 우선 데지마에 일본 최초로 유럽식 의술을 가르치는 학교를 세우고, 주민들과 상선의 선원들을 치료하는

20 나가사키 화파가 그린 데지마 섬의 네덜란드 무역업자들.

기본 임무를 수행했다. 그 와중에도 당시 유럽에서는 볼 수 없던 벚꽃, 수국, 동백 꽃 등을 비롯해 일본 밤나무와 호두나무 등 2천 종에 달하는 식물을 기록 및 채집 했고, 만 2천 종의 식물 종자를 연구용으로 말려 보관했다. 또한 9백여 종의 새를 스케치했고, 2백 점에 달하는 박제품을 모으기도 했다.

이처럼 호기심이 왕성했던 지볼트는 일본인들이 살아가는 모습에도 관심이 남달라서 눈으로 직접 확인한 일본의 풍습을 낱낱이 기록했다. 거기다 당시 일본 인들 사이에 대중적으로 유행한 판화와 극장 포스터를 비롯해 도자기, 가구, 의상 등 살아가는 모습이 고스란히 담겨 있는 생활용품을 사 모았다.

도무지 한가로울 틈이 없었을 것 같은 지볼트는 당시 일본을 떠들썩하게 만 든 요란한 사건의 주인공이 되기도 했다. 1854년에 반강제로 개항할 때까지 계속 된 에도 막부의 쇄국정책 때문에 당시 외국인에게는 일본 내륙 여행이 금지되어 있었다. 하지만 지볼트는 나가사키 주민들 사이에서 '의술의 신'으로 불린 명성 덕 택에 극히 예외적으로 열 달 동안 데지마 상관을 벗어나 일본 국내를 여행할 수 있는 특전을 얻을 수 있었다. 그래서 그는 일본 내륙을 유람하며 그림으로만 보던

후지 산의 높이를 측정했고, 오사카에서는 가부키를 관람하는 등 훔볼트에 버금가는 왕성한 탐구력을 발휘했다. 게다가 당시 에도 막부의 수도인 에도(현재의 도쿄)에서 천문과 지리를 담당한 천문학자인 다카하시 가게야스高橋景保를 영접할 수 있는 드문 기회까지 얻었다.

그런데 여기서 문제가 생겼다. 무슨 생각에서였는지 다카하시는 지볼트를 만나는 자리에서 당시 막부의 국가 기밀에 해당하는 일본 지도는 물론이고 조선의 지도 및 풍물이 기록된 서책까지 선물한 것이다. 국가 일급 정보를 일개 외국인에게 제멋대로 선물했다는 사실이 외부로 알려지자마자 막부가 발칵 뒤집힌 것은 당연한 일이었다. 지볼트가 여행 중에 만난 사십여 명에 달하는 문화계 인사들과 오십여 명의 통역관들이 일시에 구금됐고, 사건의 주인공인 다카하시는 고문 끝에 옥사하고 말았다. 지볼트는 러시아 스파이라는 누명을 쓴 채 일 년 넘게 감옥에 갇혀 있다가 1829년 강제 추방령을 받고 일본을 떠났는데, 연고는 정확히 알 수 없으나 그는 당시 선물로 받은 조선과 일본의 지도, 조선의 풍물을 기록한 서책을 뺏기지 않고 고이 간직했다가 고국으로 돌아갔고, 이 자료는 지금도 독일 드레스덴에 있는 문화인류학 박물관에 보관되어 있다.

국가 기밀 유출 사건 외에도 당시 지볼트는 일본에 머문 외국인으로서는 드물게 구스모토 다키楠本瀧라는 일본 여인과의 사이에서 이네イネ●라는 딸까지 두었다. 강제 출국으로 인해 헤어지게 된 이들의 드라마틱한 사연은 후에 푸치니의 오페라 〈나비부인〉[21]으로 각색되기도 했다.

스파이 누명, 수감 생활, 일본 여인과의 관계 등 당시 그 어떤 유럽인도 겪어보지 못한 구구절절한 사연의 주인공이 된 지

● 지볼트는 일본에 입국하기 위해 네덜란드인이라고 속였기 때문에 이네는 '네덜란드 이네'라는 뜻의 '오란다 오이네'라는 별명으로 불렸다. 이네는 일본 최초의 여성 의사였다.

21 일본을 배경으로 한 푸치니의 오페라 〈나비부인〉의 1904년 초연 당시 포스터.

볼트는 유럽에 도착하자마자 세간의 화제가 되었다. 전 유럽의 신문과 잡지는 앞다투어 지볼트가 일본에서 가져온 갖가지 생활용품, 서책과 동식물 등 신기하고 진귀한 물건들을 소개하기에 바빴다. 특히 가쓰시카 호쿠사이葛飾北斎, 안도 히로시게安藤廣重, 기타가와 우타마로喜多川歌麿 등 유명 작가들이 그린 2천여 점에 달하는 우키요에浮世絵(당시 일본의 사회 풍속을 묘사한 판화)는 학계와 문화계의 비상한 관심을 모았다.[22·23]

정력적인 저술가이기도 한 지볼트는 일본에서의 생활과 자신이 보고 들은 것을 소상하게 기록한 여섯 권짜리 저서『일본에 대한 기록Archiv zur Beschreibung von Japan』과 더불어 일본의 식물 양태를 기록한『포나 자포니카Fauna Japonica』와『플로라 자포니카Flora Japonica』, 일본과 중국, 조선의 문물을 담은 여섯 권짜리 백과사전인『비블리오테카 자포니카Bibliotheca Japonica』등 열네 권에 달하는 일본 관련서를 출판했다.

22 안도 히로시게, 〈가메이도 텐진 신사 경내〉.　　**23** 안도 히로시게, 〈호리키리의 붓꽃〉.

자포니즘의 절정

지볼트의 저서와 활동으로 촉발된 일본에 대한 유럽의 관심은 1862년 런던 만국박람회까지 이어졌다. 특히 런던 만국박람회에서 주목받은 것은 1859년 최초로 일본 주재 영국 대사로 부임했을 때의 기록을 모아 『쇼군의 수도*The Capital of the Tycoon*』라는 저서를 출판한 러더퍼드 올콕Rutherfold Alcock 경의 소장품이었다. 주일 대사 부임 전후에 수집한 일본 도자기, 판화, 생활용품 등을 한데 모아 '일본 산업 견본품'이라는 이름을 붙여 만국박람회에 출품한 것이다.

올콕 경의 일본 산업 전시관은 막부와 영국 정부의 협의 아래 에도에 직접 가서 모아 온 진귀한 물건들을 볼 수 있다는 입소문을 타고 연일 성황을 이루었

다.[24·25] 정작 주인공인 일본은 1858년 반강제적으로 외국에 문호를 개방했지만 여전히 서양에 대해 경계하는 분위기를 견지하고 있던 터라 런던 만국박람회에 정식으로 참여하지 않았음에도 말이다.

올콕 경의 일본 전시품들이 워낙 뜨거운 인기를 얻자 동양 자기와 오브제 등을 수입해 판매하던 회사인 오리엔탈 웨어하우스 Oriental Warehouse 사에서는 소장품을 한 번에 모두 사들였다. 박람회가 끝난 뒤 영국 런던의 리젠트 스트리트에 있는 자사의 전시관에서 계속 일본 물품들을 선보이기 위해서였다. 이 덕택에 오리엔탈 웨어하우스 전시관은 단테이 게이브리얼 로세티Dante Gabriel Rossetti나 휘슬러 등 당시 영국에서 한창 활

▲ **24** 1862년 런던 만국박람회에 참여한 올콕 경의 일본 산업관 모습.
▼ **25** 1862년 나다르의 사진관에서 포즈를 취한 일본의 대사들.

동 중이던 유명 화가들을 비롯해 훗날 리버티 백화점을 세운 아서 라센비 리버티 Arthur Lasenby Liberty 같은 영국 명사들이 몰려드는 명소로 이름을 날렸다. 후에 이들 수집품은 당시 런던 장식미술 박물관Museum of Ornamental Art London이라는 이름으로 박물관의 개관을 준비하고 있던 미술 행정가 존 로빈슨John . Robinson에게 넘어갔고, 결국 런던 장식미술 박물관이 1852년 빅토리아앤드앨버트 미술관 Victoria and Albert Museum이라는 이름으로 공식 개관하면서 현재까지 그대로 보관되어 있다.

이런 일본풍의 유행에 힘입어 1867년 파리에서 열린 만국박람회에서는 최초로 일본이 직접 참가한 '일본관'이 공식적으로 문을 열었다.[26] 일본관의 개관을 기념하고자 당시 쇼군인 도쿠가와 요시노부의 친동생 도쿠가와 아키타케가 일본관의 대표 자격으로 사절단을 이끌고 파리를 방문했을 만큼 일본에서도 만국박람회에 참가하는 데 공을 들였다. 그는 전시가 끝난 뒤에도 일본으로 돌아가지 않고 파리에 머물며 프랑스에서 활동하고 있던 영국 화가 제임스 티소의 지도 아래 그림을 배우기도 했다.[27]

파리 만국박람회장에 등장한 일본관은 유럽인들에게 큰 인상을 남겼다. 우선 주제부터가 신선했다. 일본 사절단은 파리 안에 일본을 재현하는 데 사력을 다했다. 왕족이나 귀족의 주택뿐 아니라 볏짚을 쌓아 지붕으로 얹은 전형적인 일본 전통 농가를 짓고 작은 강이 흐르는 농가 주변에는 쌀과 감 등 당시 유럽에서는 보기

▲26 1867년 파리 만국박람회에 설치된 일본관.
▼27 제임스 티소, 〈미토 번주 도쿠가와 아키타케〉.

드문 갖가지 일본산 농작물을 심었다. 대나무로 덮인 정원에서 전통 복장을 한 일본인들이 종이와 부채, 자개 등의 민예품을 만드는 장면은 마치 정말로 일본에 온 듯한 인상을 주기에 충분했다. 일본관에서 판매하는 차와 과자, 눈앞에서 직접 만들어 선사하는 부채와 종이, 병풍과 자기는 전시장 최고의 인기 상품으로 등극했다.

파리 만국박람회를 계기로 자포니즘은 십여 년간 유럽 전역에서 찬란한 개화기를 맞는다. 늘 동경해온 신비의 나라가 난데없이 유럽 한가운데에 펼쳐진 광경이 어찌나 진귀했던지 런던에서는 하이드 파크의 나이츠브리지에 '일본 마을 Village of Japan'이라는 이름을 단 찻집이 문을 열기도 했다.[28] 사실 '일본 마을'은 찻집이라기보다 오늘날의 디즈니랜드와 비슷한 유락 단지로, 매일 오후 1시, 3시, 5시, 8시 네 번에 걸쳐 입장 시간이 정해져 있었다. 누구나 1실링을 내면 일본식 종이 등이 달린 찻집에서 기모노를 입은 일본인들이 직접 날라주는 차를 마시고, 일본식 정원을 거닐며 여흥을 즐길 수 있었다. 급기야 일본식 실내장식을 본

28 하이드 파크의 나이츠브리지에 자리 잡은 찻집 '일본 마을'.

29 빈센트 반 고흐, 〈탕기 영감 초상〉.　　　　**30** 에두아르 마네, 〈에밀 졸라 초상〉.

뜬 카바레와 카페가 파리와 런던에 등장했고, 기모노를 입고 파티를 하거나 일본
식 다기로 차를 마시거나 일본식 부채와 양산을 들고 거리를 거니는 사람들도 심
심찮게 볼 수 있었다. 그래서 이 시기에 그려진 초상화들 속에서 일본풍의 오브제
를 발견하는 것은 그리 어렵지 않다.[29·30]

　　일본에서 가져온 물건들이 인기를 얻자 곧 일본 물품을 전문적으로 취급하는
아트 숍들도 앞다투어 문을 열었다. 당시 유럽에서 가장 유명한 일본 물품 전문점
은 파리 리볼리 가에 있던 드 소예De Soye 갤러리였다. 누구보다 앞서 일본 미술의
가치를 알아보고 판화를 비롯해 다양한 민화를 수집한 공쿠르 형제가 남긴 기록에
따르면, 드 소예 갤러리의 주인장인 마담 드 소예는 유럽 전역에 일본 판화의 유행
을 일으킨 선구자나 다름없었다고 한다. 영국 화가인 로세티는 파리에 들를 때마다
이곳에서 서너 점의 판화를 구입하곤 했는데, 그때마다 마담 드 소예는 자신의 가
게에서 판매하는 물건들을 그림의 소재로 활용하곤 했던 휘슬러의 신작에 대해 자

31 1890년 파리에서 열린 일본 판화 전시회 포스터. 일본 예술품 수집가들로 성황을 이루었다.

랑을 늘어놓았다고 한다.

1868년 일본은 전격적으로 서양에 문호를 개방하는 메이지유신을 발표하고, 일 년 뒤인 1869년에는 지중해와 홍해를 잇는 수에즈 운하 개통으로 영국에서 일본으로 가는 직항로가 개설되면서 성큼 더 유럽으로 가까이 다가설 수 있게 되었다. 일례로 1890년 파리 국립미술학교 전시관에서 열린 일본 판화 전시회는 온 유럽 예술가들의 시선을 모았다.[31] 그해 공쿠르 형제는 일기에서 "올해 번 3만 프랑을 몽땅 일본 예술품을 사는 데 투자했다"고 고백했을 정도였고, 피에르 로티Pierre Loti, 모파상, 에밀 졸라 등 유명 지식인 대부분이 일본 예술품 수집가가 되었을 만큼 일본 문화는 그야말로 대유행이었다.

그런데 19세기 유럽에 불어닥친 일본 문화는 18세기의 그것과는 양상이 사뭇 달랐다. 18세기 유럽인의 동경심이 칠기를 비롯한 도자기 등 평생 한 번 볼까 말까 한 고급스럽고 희귀한 공예품에 국한되어 있었다면, 19세기 일본 문화의 유행은 당시 일본에서도 널리 퍼져 있던 생활용품들이 거의 실시간으로 유럽에 전파되면서 비롯됐다는 점이다.

개항 직후 파란 눈의 서양인과 일본인이 어깨를 나란히 하고 걷는 나가사키의 항구 풍경이 담긴 그림, 풍로에 불을 붙이는 여인 등이 그려진 판화, 가부키 배우들이 등장하는 극장 포스터 등 인상파 화가들의 시각적인 호기심을 한껏 자극한 일본 판화 우키요에는 당시 일본에서 널리 쓰인 광고지였다. 우리가 신문지에 물건을 싸서 보관하듯이 수출용 도자기 등을 싸는 데 사용된 일본 판화 광고지들은 그 현란한 색채와 이국적인 풍경으로 금세 인기를 누렸다. 오죽하면 판화 광고지를 얻기 위해 물건을 산다는 이야기까지 나왔을까. 일본어를 아는 유럽인

32 여행 와서 술 마시고 흥청거리는 미국인.　　**33** 요코하마의 외국인 상인의 집.

이 드문 시절이라 아무도 풍속과 풍경 옆에 씌어 있는 광고 문구를 알아보지 못했고 급기야는 이국적인 일본 판화에 매료된 컬렉터들이 속출했다. 즉 19세기에 전래된 일본 판화는 당시 일본에서도 대중적인 인기를 누리고 있는 문화상품이었다.[32·33] 이런 판화에 담긴 19세기 동시대 일본의 풍경이 지구 반대편으로 배를 타고 와서 고스란히 유럽에 전파된 것이다.

　이를 통해 일본 문화는 사물과 사물의 아름다움을 보는 유럽인들의 시각에 큰 충격을 주었다. 미술사 책에 기술된 것처럼, 특히 파리 미술계는 당시 일본으로 대표되는 동양의 시각적 이미지에 큰 영향을 받았다. 단색의 색조, 비대칭적이면서 여백이 많은 구도, 생략과 강조의 기법을 사용해 단순화한 이미지 등 일본 판화의 특성은 르네상스 시대부터 고정되다시피 한 서양 미술의 기본 틀을 깨려고 했던 젊은 미술가들에게 새로운 시선을 선물했다. 유럽에도 있는 산과 강, 사람이었지만 일본 판화는 전혀 다른 시각으로 세상을 보고 표현할 수 있는 방법을 보여

34 일본풍의 옷을 입은 툴루즈-로트레크, 1892년.

주었던 것이다.

일본풍의 옷을 입고 사진을 찍기도 한 툴루즈-로트레크[34]는 일본에 직접 붓과 먹을 주문해쓸 정도로 일본 문화의 열렬한 팬이었는데, 자신이 모은 3백 점이 넘는 일본 판화에서 영감을 받아 '그녀들Elles'이라는 열두 점의 연작 판화를 만들기도 했다.[35·36] 그뿐만 아니라 인상파를 위시한 신진 화가들은 일본 판화 속에서 르네상스 시대 이후로 유구하게 내려온 미술의 전통을 단숨에 혁파할 수 있는 가능성을 발견했고 거기서 배운 교훈을 화폭에 옮겼다.

35·36 툴루즈-로트레크, '그녀들' 시리즈 중 〈표지화〉와 〈거울 보는 여인〉.
서양 여인을 그렸지만 여백과 구도에서 일본 판화의 영향을 뚜렷이 느낄 수 있다.

일본풍의 유럽화

이 시기에 유럽에서 유행한 일본 문화는 으리으리한 미술 컬렉션이 아니라 일상생활에서 가까이 두고 볼 수 있는 생활의 즐거움이었다. 앞서 소개한 [그림 1]을 찬찬히 들여다보면 19세기 유럽을 풍미한 일본의 문화상품이 무엇이었는지 한눈에 알 수 있다.

먼저 벽에 걸려 있는 부채는 19세기 유럽에서 가장 선풍적인 인기를 끈 일본 상품이었다. 둥그런 모양에 손잡이가 달린 부채인 우치와團扇나 접을 수 있는 쥘부채인 센스扇子 모두 당시 일본에서 널리 유통된 우키요에를 그려 넣은 종이를 붙여 만들었다. 이런 부채는 특이한 모양새는 물론이거니와 알록달록한 판화의 색채만으로도 단박에 유럽인들의 시선을 사로잡았다. 당시 일본에서 널리 사용한 생활용품인 만큼 값도 싸서 6프랑 정도면 일본 수입산 부채 하나를 살 수 있었다. 부인들이 패션 소품으로 사용한 부채가 대략 30~40프랑 하던 시절이었으니 엄청나게 저렴한 가격이었다.[37]

재미난 사실은 이런 일본산 부채들이 유럽에서 패션 아이템뿐만 아니라 실내장식 용품으로도 널리 유행했다는 점이다. 일본 판화는 19세기 중반에 접어들면서부터 이미 수집 대상으로 떠올랐다. 자연히 히로시게나 호쿠사이같이 독창적인 시각을 판화로 표현한 인기 작가들의 작품은 만만찮은 가격을 자랑했다. 그러니 집 안에 이국적인 정취를 불어넣고자 하는 사람들은 일본 판화 한 점을 사는 것보다 훨씬 값싼 부채를 사는 게 더 경제적이었다. 액자 사이에 판화 대신 부채를 주렁주렁 걸어놓거나 자유분방하게 배치하는 등 부채를 이용한 갖가지 실내장식이 속출했다.[38~41]

37 일본의 전통 악기인 고토를 연주하는 유녀가 그려진 부채.
일본 여인이 생생하게 그려져 있는 부채는 19세기의 인기 문화상품이었다.

▲▶**38** 시메온 솔로몬, 〈일본 부채〉.

■◀**39** 존 앳킨스 그림쇼, 〈성가〉.

■▶**40** 제임스 애벗 맥닐 휘슬러, 〈흰색의 심포니 넘버2: 흰 옷을 입은 소녀〉.

▼**41** 존 앳킨스 그림쇼, 〈백일몽〉.

일본 부채를 인테리어 소품처럼 벽에 걸거나 도자기 사이사이에 놓아둔 모습이 보인다.

일본 부채는 몇몇 화가들의 작품에
까지 직접적인 영향을 미쳤다. 15점의
히로시게의 판화와 2점의 우타마로의
판화를 비롯해 16개가 넘는 앨범을 판
화로 가득 채웠을 만큼 일본 판화를 수
집하는 데 열중한 에드가 드가는 일본
부채를 본떠 부채 위에다 그림을 그린
수채화 작품 25점을 남겼다. 드가의 부
채 그림은 상대적으로 널리 알려지진 않

42 에드가 드가, 〈무대 위의 무희들〉.

았지만 그는 1879년에 열린 제4회 인상파 작가전에서 부채 작품을 다량으로 출품
했을 만큼 부채 작품에 각별한 애정을 보였다.[42]

1870년경에 들어서면서 일본 부채는 그야말로 어디서나 볼 수 있는 흔하디흔
한 물건이 되었다. 기록에 따르면 1891년까지 총 천6백만 개에 달하는 어마어마한
양의 부채가 유럽에 수입되었다고 한다. 당시 일본의 핵심 수출 품목 중 하나였던
부채는 물건을 대기에 급급한 나머지 질이 점점 떨어지기 시작했다. 단순하고 알록
달록한 문양을 가진 저급품이 시중에 나돌기 시작했고 제대로 된 판화 작가들의 그
림을 붙여 만든 부채는 보기 어려워졌다. 일본 부채와 비스름한 것만 보아도 이국

적이라며 흥분하는 사람들을 비꼬는 여론도
고개를 들었다. 캐리커처 작가인 해리 퍼니스
Harry Furniss는 『펀치Punch』라는 일본 문화 전
문지에 "1페니를 주고 일본 부채를 샀고, 3펜
스를 주고 동양풍 밀짚모자를 사 썼으니, 나도
이만하면 젊은 일본 미학자가 아니겠느냐"며
뽐내는 우스꽝스러운 인물의 모습으로 당시
세태를 꼬집기도 했다.[43]

43 일본 문화 전문지 『펀치』의 삽화.
그림의 배경으로 벽에 걸린 부채가 보인다.

일본풍 가구와 인테리어까지

　　보다 넉넉한 사람들은 일본풍의 가구를 사서 집 안을 꾸몄다. 이 시기에 유럽에 유행한 일본풍 가구에 대해 이야기하자면 당시 일본의 최고급 문화상품인 호쿠사이의 화집『만화*Manga*』[44]를 빼놓을 수 없다. 총 열다섯 권이 한 질로 된『만화』는 요샛말로 일러스트레이션 작품집으로, 간결하게 검정색과 회색만을 써서 일본의 산과 강, 꽃과 나무, 평범한 사람들의 일상생활을 묘사한 판화집이다. 17세기 이후 유럽에서 많이 제작된 식물 교본처럼 사물 하나하나를 정교하게 묘사하고 곁에는 그 이름을 곁들인 이 책은 당시 유럽인들에게는 도판으로 된 일본 풍물 대사전이나 마찬가지였다. 영국의 로열 우스터Royal Worcester나 마틴 브라더스 포터리Martin Brothers Pottery, 크리스토플 등 다수의 유럽 도자기 회사들이 호쿠사이의『만화』를 소장하려고 한 이유는 바로 가구나 도자기를 장식할 새로운 문양을 만들기 위해서였다.[45~47] 문양을 만들기 위해서는 모티프가 되는 사물의 모양새를 특징적인 형태로 단순화시켜야 한다. 일본의 산과 들, 물고기와 새, 나무와 꽃 등을 집중적으로 모아놓은 호쿠사이의『만화』는 동양적인 문양을 만드는 데 교과서나 다름없었던 것이다. 1860년대 중반부터 유행하기 시작한 일본풍 가구들

44 가쓰시카 호쿠사이의 화집『만화』에 실린 판화들.
이 책은 동양풍의 문양과 오브제를 디자인하고 싶어 한 19세기 유럽 장식미술가들에게 영감을 주었다.

45 펠릭스 브라크몽의 일본식 식기 세트.
브라크몽은 히로시게나 호쿠사이의 판화를 재해석해 이미지를 비대칭적으로 배치한다든지 원색에 가까운 색감을
구사해 당시 유럽인들에게는 놀랍도록 새로운 느낌을 주는 식기 세트를 선보였다.

46 안도 히로시게, 〈후카가와 스사키 십만 평〉.   **47** 히로시게 판화의 '매'를 모티프로 제작된 도자기.
일본 판화 속 동물이나 식물이 19세기의 장식미술에 끼친 영향을 단적으로 보여준다.

48 배경에 일본 그림이 보이는 월터 크레인의 삽화(1869년).

49 에드워드 윌리엄 고드윈, 〈일본풍 가구 전시를 위한 디자인〉. 고드윈이 디자인한 일본풍 가구들은 당대의 베스트셀러였다.

역시 대부분『만화』에서 영감을 받아 만든 문양을 조합해 넣었다. 당시 유럽 내에서 일본풍 가구가 유달리 빅히트를 친 곳은 런던이었다. 1858년 영국이 재빨리 일본과 통상조약을 맺은 덕택에 런던에는 유럽의 그 어느 도시보다 먼저 일본 문화가 상륙했고, 일본에서 수입한 대부분의 상품들이 런던을 중심으로 유통된 것도 한몫했다.[48]

일본 문화에 영향을 받은 여러 장식미술가들 중 선두주자는 단연 건축가이자 저술가인 에드워드 고드윈Edward W. Godwin이었다.[49] 그는 그리스 미술을 비롯해 의상의 역사, 무대장식 등 다양한 분야에서 찾아낸 영감을 바탕으로 전혀 새로운 무언가를 재창조하는 데 남다른 재능을 가진 인물이었다. 한마디로 퓨전 스타일의 대가였다. 그는 건축가이자 디자이너로 19세기 디자인 이론에 큰 자취를 남긴 오언 존스Owen Jones의『중국 장식의 문법Grammar of Chinese Ornament』이라든가 스위스의 정치인으로 일본에 특명 전권 공사로 갔던 아이메 움베르Aimé Humbert가 쓴『일본 일러스트Le Japon illustré』등 당시에 널리 알려져 있던 장식미술과 관련한 서적뿐만 아니라 호쿠사이의 『만화』 중에서 특히 건축과 가구가 등장한 판화를 참조해 색다른 퓨전 스타일의 가구를 디자인했다.

고드윈은 단순히 문양만 베끼는 수준에서 벗어나 일본 전통 가구와 건물의 형태를 유럽 가구에 접목시키기 위해 노력했다. 그 어떤 곳보다 일본의 문화상품을 적극적으로 소개한 리버티 백화점에서 성황리에 판매된 고드윈의 뷔페를 보면 일본의 전통 건축물을 고스란히 가구의 형태로 바꿔놓은 듯 젠zen 스타일의 간결하고 현대적인 모습이 인상적이다.[50]

고드윈의 가구들은 장식이 많기도 하거니와 곡선 등으로 한껏 덩치를 부풀린 기존의 빅토리아 시대의 가구와는 느낌이 전혀 다르다. 일본 가구의 느낌을 내되 가격을 낮추기 위해 비싼 흑단 대신 검은색으로 처리한 마호가니 나무를 썼고, 원형 태극 모양으로 일본 갑옷을 연상시키는 토모에鞆絵 문양(소용돌이치는 문양)을 붙였다. 손잡이마저 일본을 본떠 청동으로 주물을 떴을 만큼 작은 것 하나까지도 세세하게 신경을 썼다.

그렇다고 고드윈이 일본 전통 가구를 그대로 베낀 것은 아니다. 일본식 가구는 아무래도 천장이 높은 서양식 집 안에서는 빛을 발하지 못한다. 일찌감치 이 사실을 깨달은 고드윈은 안락의자, 뷔페, 장식장 등 기존의 서양 가구에 일본식 구조와 장식을 덧붙여 유럽인의 눈으로 일본 가구를 재해석한 작품을 만들어냈다.[51]

[그림 1]에서 오른편의 시선을 끄는 칠기 가구 역시 이런 식으로 만들어낸 퓨전 가구 중 하나다. 위쪽 서랍장만 보면 일본에서 직수입한 칠기 가구처럼 보이지만 다리를 자세히 들여다보면 유럽에서 만들었다는 것을 금세 눈치챌 수 있다. 나폴레옹 시대에 한창 유행한 테이블 다리 모양을 본떠 사자 발 모양으로 다리를 마감한 뒤 일본풍을 연출하기 위해 위아래에 일본 스타일의 문양을 조각해 넣은 것이다. 수입한 것이 아닌 유럽에서 만들어진 것이되 전통적으로 내려온 유럽의 가구 형태에 일본의 느낌을 가미한 이러한 가구들은 페르디낭 뒤비나주Ferdinand Duvinage나 가브리엘 비아르도Gabriel Viardot 같은 유명 디자이너들이 가세하면서

▲**50** 에드워드 윌리엄 고드윈이 제작한 '책상'.
흑단처럼 보이기 위해 일부러 검은색으로 처리한 마호가니 나무로
만들었다. 일본풍의 영향이 뚜렷한 청동 문양 장식이 특징이다.

▼**52** 페르디낭 뒤비나주가 제작한 '자개 장식장'.
청동과 상아로 자개 같은 느낌을 살렸다.

▲**51** 에드워드 윌리엄 고드윈이 제작한 '나비 장식장'.
일본산 자개 같은 느낌을 주기 위해 노란색 도자기
타일을 사용했다.

▼**53** 가브리엘 비아르도가 제작한 '일본풍 장식장'.
중국이나 일본에서 수입한 가구로 착각할 만큼
뚜렷한 일본풍을 보여준다.

54 가쓰시카 호쿠사이, 〈해초 사이의 잉어〉.

55 외젠 루소가 제작한 '잉어 유리병'. 호쿠사이 판화의 잉어를 모티프로 제작했다.

56 에밀 갈레의 화병(1900년경).

하나의 장르로 발전했다.[52·53]

　　사실 당시 유럽의 건축가와 공예가들에게 공작새, 금붕어, 매화 등 유럽에서는 일찍이 보지 못했던 일본 문양과 자개 기법 등은 새로운 영감의 원천이었다. 일본 도자기 위에 그려진 가녀린 꽃잎들은 19세기에 유행한 유럽의 자연주의 예술 운동인 아르누보의 주역들인 에밀 갈레Émile Gallé나 오귀스트 돔Auguste Daum 같은 예술가들에게 식물 문양에 관한 엄청난 힌트를 제공했다. 그의 유리 작품 속 문양이 우리에게 왠지 친숙하게 느껴지는 이유는 바로 아르누보가 동양 문화 속의 시각적인 이미지들을 모방해 창작된 문화이기 때문이다.[54~56]

일본풍 인테리어의 절정

　　가구뿐만 아니라 벽장식을 비롯한 실내 인테리어 전체를 유럽식 일본풍으로 단장한 '공작새의 방Peacock Room'은 당시 유럽식 일본풍을 추종한 장식미술가라면 꼭 방문해야 할 명소 중 하나였다. 런던 켄싱턴에 위치한 '공작새의 방'이 예술

57 토머스 지킬이 단장한 알렉산더 이오니드의
런던 저택 살롱.

가들 사이에서 화제를 뿌린 것은 장식도 장식이지만 여기
에 관여한 인물들 사이에 얽힌 재미난 사건 때문이었다.

　　이야기는 우선 당시 리버풀에 살던 일본 도자기 수집가
이자 유명 사업가인 프레더릭 레이랜드Frederick R. Leyland에
서부터 시작된다. 보관하기 어려울 정도로 수집품이 많아
골머리를 앓던 레이랜드는 어느 날 막역한 친구이자 수집
가로서는 경쟁자인 알렉산더 콘스탄틴 이오니드Alexander
Constantine Ionides의 런던 저택57을 방문했다가 배가 아파 잠
을 못 이룰 지경에 빠졌다. 일본풍을 추종하는 수집가들을
주요 고객으로 둔 건축가 토머스 지킬Thomas Jeckyll이 단장
한 친구의 저택에는 온통 일본풍 가구로 가득 차 있었고, 집
안 요소요소마다 일본 자기를 전시해놓아서 마치 일본에
와 있는 듯한 느낌을 주었다.

　　이를 본 레이랜드는 런던 켄싱턴의 프린스 게이트 49번가에 마련해놓은 자신
의 저택도 친구의 집처럼 일본풍으로 꾸며서 그간 수집한 도자기들을 근사하게
전시할 꿈에 부풀었다. 게다가 그는 얼마 전 일본풍 그림으로 인기를 얻고 있는 중
견 화가인 휘슬러의 대작 〈도자기 왕국의 공주〉58라는 그림을 구입한 터였다. 일
본 병풍을 뒤로하고 기모노를 입은 여인이 고고하게 아래를 내려다보고 있는 자
태가 일본 판화 속 여인을 연상시키는 이 그림은 일본 문화의 광팬인 휘슬러가 파
리 살롱전에 출품했을 만큼 자신 있게 내놓은 작품이었다.

　　저택의 식당을 장식할 요량으로 이 그림을 산 레이랜드는 저택을 일본풍으로
단장하기 위해 내부 공사를 시작했다. 우선 친구 집에서 본 것처럼 식당 벽을 당시
가장 호사스러운 인테리어 소재였던 빨간색 스페인 가죽으로 마감하기로 했다.
17세기 스페인에서 생산된 가죽이라 입이 떡억 벌어질 만큼 비싼 마감재였지만
이미 휘슬러에게 식당에 걸 그림으로 〈도자기 왕국의 공주〉와 비슷한 풍의 〈세 명

▲▶ **58** 제임스 애벗 맥닐 휘슬러, 〈도자기 왕국의 공주〉.

▲◀**61**・▼**62** 제임스 애벗 맥닐 휘슬러, 〈파랑과 금색의 하모니: 공작새의 방〉.

일본 문화에 조예가 깊었던 휘슬러는 특히 공작새에 큰 애착을 가졌다. '공작새의 방'에는 자신의 대표작인 〈도자기 왕국의 공주〉와 함께 일본풍 도자기들이 가득했다. 지금은 미국 스미스소니언 박물관에서 볼 수 있다.

59 제임스 애벗 맥닐 휘슬러, 〈보라색과 금색의 카프리치오(광상곡) 넘버2: 금색의 병풍〉. 휘슬러는 기모노를 입은 여인들을 주제로 여러 작품을 제작했는데, 이 작품에서는 『겐지모노가타리』를 묘사한 병풍을 그려 넣을 만큼 디테일까지 섬세하게 챙겼다.

60 휘슬러와 로세티가 소유했던 중국 청화백자.

의 젊은 처녀〉를 추가로 주문해놓은 상황이었으니 어쩌겠는가. 완벽을 기하고자 했던지 레이랜드는 1876년 4월 휘슬러에게 식당 벽의 색깔을 의논하고 싶다는 편지를 보낸다. 식당을 장식하기 위해 그림을 샀으니 화가에게 온통 빨간색으로 장식될 식당과 그림이 어울리겠느냐고 묻는 것은 당연한 일이었다.

단순한 수집가를 넘어 자기 그림 속에 11세기 초의 일본 고전인 『겐지모노가타리』를 묘사한 병풍을 일부러 그려 넣을 만큼 일본 문화에 조예가 깊었던 휘슬러로서는 놓칠 수 없는 기회였다.[59·60] 그는 은은한 초록빛이 바탕에 깔린 〈도자기 왕국의 공주〉와 빨간색 가죽으로 단장한 식당 벽은 도통 어울리지 않을 거라며 직접 식당 공사를 진두지휘하겠다고 나섰다.[61·62]

이때 휘슬러가 염두에 두고 있던 식당의 장식 포인트는 바로 공작새였다. 당시 공작새는 예술가들 사이에서 가장 동양적이고 고귀한 느낌을 주는 상징물로 통용되고 있었다. 사실 일본 문화 애호가들이 에도 시대의 화가 오가타 고린尾形

63 안도 히로시게, 〈공작새와 모란〉. **64** 히로시게의 작품에 영감을 얻어 이를 주요 모티프로 삼은 '공작새의 방'.

光琳의 병풍 속에서 세상에서 가장 신묘하고 화려한 새인 공작새를 새삼 발견하기 전까지 공작새는 유럽 미술사에서 거의 주목받지 못한 존재였다. 히로시게의 판화나 일본에서 가장 아름다운 새를 묘사한 판화집에서 공작새를 접했던 휘슬러는 런던 첼시 지구에 있는 자기 아파트에 손수 공작새를 주제로 한 벽화를 그렸을 정도로 공작새 마니아이기도 했다.[63·64]

문제는 휘슬러가 단지 자문역에 그치지 않고 레이랜드가 사업차 자리를 비운 틈을 타 인테리어 공사를 다시 시작하면서 집주인의 초기 구상을 제 맘대로 완전히 뒤엎어버렸다는 사실이다. 휘슬러는 빨간색 가죽을 모두 뜯어내고 초록색 가죽으로 벽을 바른 다음 그 위에 금박으로 공작새를 그려 넣었다. 천장에는 공작새의 깃털과 비슷한 느낌을 주는 금박을 입힌 금속 조각들을 달았다. 호두나무 재질의 장식장 역시 초록색 가죽으로 덮고 일본의 산야를 단순화시킨 금박 문

65 1876~1877년 '공작새의 방'은 런던에서 가장 유명한 예술가들의 아지트 역할을 했다.

양들로 장식했다.[65] 그것으로 끝이 아니었다. 여느 화가들에 비해 쇼맨십이 강했던 휘슬러는 집 안 장식이 한 단계씩 완성될 때마다 대중 강연을 열어 자신의 작품을 소개했고, 심지어 리버티 백화점과 유명 상점들에서 판매될 식당 모형까지 만들었다. 식당을 레이랜드 저택의 일부가 아니라 자신의 작품이라 생각한 터라 인근 예술가들을 저택에 초대하는 데도 전혀 거리낌이 없었다.

나중에 이 사실을 알게 된 레이랜드로서는 어처구니없는 노릇이었다. 애초의 계획과는 딴판으로 초록색으로 바뀐 식당 벽도 눈에 차지 않았지만, 휘슬러가 제멋대로 손님들을 초대해 자기 집을 공개한 것은 불쾌하기 짝이 없는 일이었다. 게다가 휘슬러가 청구한 식당 공사비는 2천 기네로 당초 예산보다 두 배 이상이나 되었다. 이런저런 이유로 마음이 상할 대로 상한 레이랜드는 휘슬러가 보내온 청구서를 무시하고 천 리브르를 지불했다. 애초에 청구한 금액과는 상당한 차이가 있는 금액인데다, 당시 신사라면 기네로 보수를 주고받는 것이 일반적이었거늘 상인들 사이에서나 통용된 화폐인 리브르로 공사비를 지급한 것이다. 이로 인해 휘슬러는 엄청난 모욕감을 느꼈고, 두 번 다시 얼굴을 보지 않을 정도로 두 사람은 냉담한 사이가 되었다.

하지만 그사이 휘슬러의 역작이라 할 수 있는 '공작새의 방'은 유명세를 탔다. 금빛 산야를 바탕으로 날개를 활짝 편 공작새들이 〈도자기 왕국의 공주〉와 어우러진 모습은 방문자들에게 잊을 수 없는 깊은 인상을 남겼다. 일본풍 유럽 가구의 선구자인 고드윈 역시 '공작새의 방'을 방문해 "이토록 드라마틱한 새를 본 적이 없다"는 찬사를 남겼다. 후일담에 의하면 1892년 예순 살의 나이로 타계하기까지 레이랜드는 불평을 계속하면서도 '공작새의 방'을 그대로 보존했다고 한다. 레이랜드의 사후 '공작새의 방'은 내부 장식 일체가 모두 경매에 붙여졌고 미국의 철도사업가이자 미술 컬렉터인 찰스 랭 피어Charles Lang Feer에게 낙찰되었다. 피어가 세상을 떠나며 '공작새의 방'을 스미스소니언 박물관에 기증함으로써 오늘날 '공작새의 방'은 미국의 자산이 되었다.

신세계에 대한 부르주아의 동경

19세기 사람들의 일본풍에 대한 열광은 호사가들의 호들갑처럼 보이기도 한다. 하지만 이런 열광은 미지의 세계를 향해 소년 같은 동경심을 숨기지 않았던, 지극히 19세기 유럽인다운 반응이었다. 그렇다면 19세기 유럽인들에게 일본 문화는 왜 그토록 매혹적이었을까?

일본은 당시 유럽에서 가장 먼 나라 중 하나였다. 지구촌이 하나라는 요즘도 유럽인들 사이에서 한국과 일본 같은 극동 아시아는 전혀 다른 문화를 가진 먼 나라로 인식되는데 하물며 19세기라면 더 말할 나위가 없다. 영국의 대표적인

선박회사인 페닌슐라앤드오리엔탈 컴퍼니Peninsula and oriental navigation company[66]가 수에즈 운하를 통과해 중국을 거쳐 일본으로 가는 항로를 개설했지만 일본은 말 그대로 가볼 수는 있어도 정작 가기는 어려운 나라였다. 일본은 마르세유 같은 유럽의 주요 항구에서 출발해 수에즈 운하를 거쳐 스리랑카, 말라카, 중국의 광둥 성 등을 지나 오십여 일을 꼬박 항해해야 간신히 도착할 수 있는 머나먼 나라였다.

또한 일본은 18세기부터 육상과 해상으로 유럽에 전래된 중국 문화와는 또 다른 색채를 가진, 전혀 낯선 나라이기도 했다. 그곳의 사람들은 유럽인과는 생김새부터 완전히 다른데다 색색으로 물들인 이상한 옷을 입고 신비하게 생긴 건물에서 살고 있었다. 또한 어디에서도 보지 못한 꽃들이 즐비했고, 알아들을 수 없는 이국적인 언어가 사방에서 흘러넘쳤다. 발견의 세기, 발전의 시대를 살고 있던 19세기 유럽인들에게 일본은 신천지 무릉도원처럼 호기심을 자극하기에 충분했다. 당시 유럽에서 여행을 떠날 만한 경제적인 여유와 호기심, 용기를 가진 사람이라면 누구나 '세계 여행'이라는 이름으로 일본 여행을 동경했다.

▲66 유럽과 아시아를 오간 페닌슐라앤드오리엔탈 컴퍼니의 기선.

▼67 레옹 보나, 〈앙리 세르누치 초상〉.

실제로 당시의 동양 여행은 세계 여행이라는 타이틀을 붙여도 모자람이 없을 만큼 길고도 험난한 여정이었다.

사업가이자 정치권에도 남다른 연줄을 자랑한 이탈리아 출신의 재력가 앙리 세르누치Henri Cernuschi[67] 같은 이의 세계 일주는 부르주아들의 부러움을 한몸에 받았다. 1871년 세계 여행을 떠난 그는 우선 동양으로 가는 선박의 주요 출발지인 미국 샌프란시스코로 건너갔다. 샌프란시스코에서 태평양을 건너 일본의 요코하마까지 대략 24일이 걸렸다. 1871년 10월 요코하마에 도착한 세르누치는 두 달 동안 에도, 고베, 오사카, 나라, 교토 등지를 돌며 일본을 구석구석 여행했다. 그 후 1872년 2월부터 7월까지 다섯 달 동안 당시 동양 최대의 도시인 상하이를 거쳐 양쯔 강을 거슬러 올라 난징을 방문했고, 황허 강을 타고 베이징에도 다녀왔다. 1872년 8월에는 중국을 떠나 지금의 스리랑카에 도착해 불교 유적지로 유명한 담불라와 폴로나루와에 갔으며 마두라이, 탄자부르 같은 인도의 도시들도 방문했다. 일본, 중국, 자바와 실론, 인도를 거친 그의 동양 여행은 1872년 12월 여행의 마지막 기착지인 이탈리아의 폼페이에 도착함으로

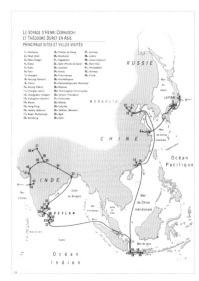

68 세르누치의 여행지가 표시된 지도.

써 대단원의 막을 내렸다. 가히 당시의 유럽인들에게는 필생의 과업이라 할 수 있는 긴 여정이었다.[68]

세르누치는 단지 구경만 다닌 것이 아니라 이 세계 여행을 전후로 중국 고대

69 세르누치 박물관이 소장하고 있는 일본 도자기.

70 세르누치 박물관 내 '부처의 방'. 당시 유럽에서도 손꼽히는 아시아 문화 박물관으로 명성이 자자했다.

의 청동기를 비롯해 수·당·송 시대를 아우르는 각종 예술품을 수집했다.[69·70] 그가 수집한 귀중한 문화재들은 오늘날까지도 다채로운 동양 예술품 컬렉션을 자랑하는 파리 세르누치 박물관에서 온전히 볼 수 있다.

기메 미술관을 세운 기업가 에밀 기메Émile Guimet 역시 세르누치와 비슷한 여정을 거쳐 아시아 전역을 여행했다.[71·72] 기메 미술관은 파리 최초의 국립동양미술박물관으로, 신라 시대의 청동 왕관, 백제 시대의 반가사유상, 고려 시대의 희귀한 보살상 등 우리나라 유물도 많이 소장하고 있다. 기메는 아시아 전역을 2년에 걸쳐 총 2만 895킬로미터를 여행했는데, 그의 여행은 단순히 이국적인 물품을 수집하는 것을 넘어 동양의 종교를 연구하겠다는 진지한 학구열의 발로이기도 했다.

세상의 모든 일에는 빛과 어둠이 존재하듯 19세기 유럽인들의 세상에 대한

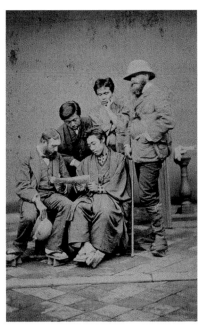

71 통역관들과 함께한 1876년의 에밀 기메의 모습. 기메는 문화인류학적인 시각으로 동양 문화를 탐구한 박물학자였다.

72 페르디낭-장 루이기니, 〈박물관의 에밀 기메〉.

호기심은 식민지 개척이라는 제국주의의 어두운 산물을 낳았다. 그러나 한편으로 19세기는 가보지 못한 나라에 대한 동경심, 그리고 그곳에 갈 수 있다는 가능성이 열린 놀라운 시대이기도 했다. 인터넷으로 세상의 모든 것을 들여다보는 현대인들은 결코 느껴볼 수도 겪어볼 수도 없는 흥미진진한 모험이 19세기 사람들 앞에 펼쳐져 있었던 것이다. 일본이 일본이어서가 아니라 그곳이 가장 먼 나라였기에, 그곳에 새로운 세상이 있다고 믿었기에 일본은 19세기 유럽 문화에서 가장 동경하는 나라가 될 수 있었다.

그러나 동경심은 그것이 현실이 되었을 때 빛을 잃어버리는 법이다. 일본 문화에 대한 동경은 1900년을 기점으로 서서히 스러져갔다. 아르누보나 아르데코 같은 예술적인 흐름에서 여전히 일본 문화의 영향을 발견할 수 있지만 일본 부채와 기모노를, 일본의 산야와 자연을 예찬하던 맹목적인 동경심은 사라졌다. 왜 하필 19세기 유럽에 동양 문화에 대한 열광이 불어닥쳤는가에 대해서는 여러 가지 추측이 있을 수 있겠지만, 바로 '19세기였기 때문'에 가능한 일이었을지도 모른다는 생각이 든다.

자포니즘으로 간단히 정리되는 일본 문화에 대해 19세기 유럽이 열광한 근저에는 바로 미지의 신세계를 향한 부르주아들의 두근거리는 설렘과 세계에 대한 낙관이 자리 잡고 있었던 것은 아니었을까.

유럽에 상륙한 일본 도자기

서양 미술사를 들여다보면 생각보다 일본의 영향이 광범위해서 깜짝 놀라게 된다. 특히 도자기 분야에서는 몇몇 일본 도자기의 명칭이 특정한 스타일을 총칭할 만큼 널리 알려져 있다.

일본의 도자기가 유럽으로 수출되기 시작한 것은 대략 1650년대부터 네덜란드 동인도회사를 통해서였다. 동인도회사는 인도네시아의 자바 섬에 아시아 본부를 두고 일본과 중국의 도자기 생산지에 주문해 생산한 도자기를 유럽에서 판매하는 사업으로 적잖은 이익을 올렸다. 1650년대부터 1660년대에 동인도회사를 통해 유럽에 수입된 일본과 중국의 도자기는 대부분 당시 약재상이나 약국에서 쓰던 도자기 단지로 아시아 도자기임에도 불구하고 유럽식 형태를 고수하고 있어서 한눈에도 수출용으로 생산된 도자기임을 알 수 있다.

아시아에서 생산된 유럽 스타일의 도자기가 아니라 본격적인 아시아 스타일의 도자기가 대거 유럽에 유입되기 시작한 것은 1680년대부터였다.

당시 유럽에서 가장 호평 받은 일본 도자기는 일명 '가키에몬柿右衛門 스타일'이었다. 가키에몬은 원래 도자기로 유명한 일본의 아리타有田에서 도자기 채색만을 전문적으로 맡았던 장인 가문의 이름을 딴 것으로 현재는 하나의 스타일을 통칭하는 용어로 쓰이고 있다. 일반적으로 가키에몬 스타일이라 하면 투명한 우윳빛 도자기에 감柿(가키) 빛깔, 즉 오렌지빛이 도는 적색 문양이 특징이다. 여기에 밝은 노란색과 청명한 초록색을 더하고 검정색으로 문양의 형태를 그려 넣은 도자기로, 당시 일왕에게만 진상하던 최고급품이었다.

특히 가키에몬 가문에서 생산되어 '가키柿'라는 상표가 바닥에 새겨져 있는 도자기들은 당시 유럽 최고의 수집품으로 등극했다. 유럽의 도자기업체들이 도자기의 비밀을 터득하고 도자기를 대량으로 생산하기 시작한 때가 대략 18세기 초엽이라는 점을 감안하면 당시 유럽인들이 왜 그토록 아시아 도자기에 열광했는지 이해할 수 있다.

가키에몬 스타일의 일본 도자기가 상종가를 치면서 유럽의 미술상들과 도자기상들은 중국의 광동 지방과 마카오에 진을 치고 중국 상인들이 일본에서 가져온 도자기들을 사들이기 시작했다. 당시 유럽의 수집가들이 관심을 가진 일본 도자기는 일본 막부에서 유일하게 거래 허가를 받았던 동인도회사가 취급한 수출용 도자기가 아니라 일본 내부에서 귀족층을 위해 제작되어 유통된 내수용 도자기들이었기 때문이다. 오늘날 박물관에서 보는 17, 18세기의 도자기 컬렉션은 대부분 이러한 비공식 유통 경로를 거쳐 유럽에 상륙했다.

이마리 스타일의 도자기는 1680년대부터 유럽에 알려졌다. 아리타에서 만들어진 제품들은 모두 이마리 항구에서 출하했기 때문에 아리타와 그 근방에서 만들어진 도자기는 흔히 '이마리 도자기'로 통칭되었다. 아리타 도자기와 이마리 도자기를 분리해서 부르기 시작한 것은 근대 이후 철도 수송이 시작되면서부터다. 현재는 '이마리' 하면 일본 도자기를 떠올릴 정도로 일본 도자기를 대표하는 이름으로 알려져 있다. 이마리 스타일의 특징은 기하학적이면서도 정교한 문양과 금칠이다. 유럽에 전래된 이마리 도자기들은 대부분 수출용으로 제작된 대형 작품들이 많다. 큰 꽃병이나 뚜껑이 달린 대형 주발, 감상용으로 제작된 대형 접시들로 일상생활에 쓰이는 식기용 접시나 대접 등은 상대적으로 드물다.

일본은 이마리나 가키에몬 스타일의 도자기를 수출하는

가키에몬 도자기.

이마리 도자기.

'VOC' 모노그램이 새겨진 동인도회사를
통해 유럽에 수입된 도자기.

데 그치지 않고 1868년 메이지 유신 이후 유럽의 도자기 기술을 적극적으로 수용했다. 1868년부터 독일의 화학자인 고트프리트 바그너Gottfried Wagner를 통해 유럽의 도자기 채색 기술을 전수받은 아리타의 도자기 공방들은 1879년부터 전기 가마를 사용하기 시작하는 등 서양의 기술력을 도입하는 데 앞장섰다. 특히 1844년부터 유럽의 도자기 생산지로 국비 유학생들을 보내 석고틀을 이용해 도자기를 대량으로 제작하는 방법이나 석탄을 이용한 가마 제작법 등을 배우도록 장려했다. 이러한 노력 덕택에 일본의 도자기는

근대 산업으로 발전할 수 있었다. 문화적인 교류가 확대되면서 유럽에서도 일본풍의 영향을 뚜렷하게 보여주는 도자기들이 대량으로 생산되기 시작했다.

이 가운데 1861년부터 1920년까지 영국의 도자기 생산 업체인 로열 우스터의 수석 디자이너를 지낸 리처드 윌리엄 빈스Richard William Binns는 일본의 도자기와 문양을 유럽 식기에 도입한 대표적인 인물로 꼽힌다. 그는 일본의 도자기를 연구하기 위해 만여 점에 달하는 일본, 중국, 한국의 도자기를 수집하기도 했다. 또한 당시 로열 우스터의 작업장은 유

마틴 브라더스 사의 도자기.

민턴 사의 도자기.

럽의 도자기 산업을 연구하기 위해 일본 정부에서 정책적으로 보낸 유학생들이 꼭 거쳐간 산업 훈련장이기도 했다. 호쿠사이의 『만화』 전집에서 영감을 얻은 새와 곤충 등의 문양과 일본 도자기의 색채가 또렷한 로열 우스터의 일본 도자기 컬렉션은 1867년 파리 만국박람회와 1873년 빈 만국박람회를 거쳐 유럽 내에서 큰 인기를 끌었으며 심지어 일본으로 역수출되기까지 했다.

이후 일본의 막사발에서 영감을 얻어 만든 도자기를 다량으로 출시한 런던의 마틴 브라더스Martin Brothers를 비롯해 스태퍼드셔의 도자기 산업을 이끈 민턴Minton 사의 도자기는 로코코 스타일의 몸체에 일본풍 모티프를 결합한 도자기를 출시함으로써 바야흐로 일본풍 유럽 도자기는 19세기 최대의 상품으로 떠올랐다. 19세기 유럽 업체에서 생산된 일본풍 도자기의 특징은 기존의 서양 도자기 외관에 일본풍 문양을 가미하거나 상아나 청동 등 이질적인 소재를 덧붙였다는 점이다.

우리는 종종 일본보다 나은 도자기 기술을 가진 우리나라가 상대적으로 일본에 비해 덜 알려진 것을 아쉬워한다. 그러나 17세기부터 수출용 도자기를 제작하고, 19세기에 들어서는 유럽의 기술력을 도입하며 적극적으로 도자기 산업을 장려한 일본의 과거를 돌이켜보면 오늘날 전 세계 도자기 시장에서 차지하는 일본의 위상은 어쩌면 당연한 결과라고 할 수 있다.

현재 일본 도자기는 생산지나 생산자의 이름이 하나의 스타일을 의미할 만큼 유럽 앤티크 시장에서 그 가치를 인정받고 있다. 이는 일본 도자기가 그 자체로 우수하기도 하지만 유럽 문화에 끼친 영향력이 그만큼 컸기 때문이다.

5장

소비의 탄생,
백화점

"감사하는 마음을 선물로 전하세요."
사랑과 감사도 슬픔도 모두 물건과 돈으로
치환되는 사회.

소비사회에서 태어난 우리들에게
백화점은 오늘의 모든 것이 담긴 거대한
박물관이다.

그러나 오늘도 마음 한 조각을 전하기 위해
선물을 고르러 백화점의 문을 여는
그대는 알고 있을까?

사고 사고 또 사는 우리의 관행이
역사의 어느 시점에서 발명된 관습이라는 사실을.

1 알베르 로비다, 『라 카리카튀르』, 1882년 11월 11일자 표지.

Numéro 150.　　　　PRIX : 35 CENTIMES　　　　11 Novembre 1882.

A. ROBIDA
RÉDACTEUR EN CHEF

La Caricature

JOURNAL
HEBDOMADAIRE

Abonnements d'un an, Paris et départements : 17 francs. — Union postale : 21 francs. — Trois mois : 6 francs. — Bureaux : 7, rue du Croissant.

LES MAGASINEUSES, — par A. ROBIDA

— Voici le parapluie de 12 fr. 50 que tu m'as chargée d'aller acheter aux Grands Magasins du Trocadéro.... J'ai rapporté quelques petites choses pour moi.... des occasions splendides... un bon marché inouï.... je ne pouvais laisser échapper ça.... ça fait 1,796 95.....

LE SERMENT DE GRÜTLI.
Maris! race opprimée et terrorisée, le Comité exécutif des maris révolutionnaires a décidé d'en finir avec l'infame nouveauté! Debout, citoyens! C'est l'heure tant attendue de la vengeance, l'heure de la dynamite! Jurons de pulvériser la nouveauté!

백화점은 사람들을 위한 상업의 예배당이다.
—에밀 졸라, 『여인들의 행복한 시간Au Bobheur des Dames』 중에서

백화점 상호가 새겨진 빵모자에 점원 제복을 말끔히 갖춰 입은 배달원을 앞세우고 집으로 돌아온 부인은 남편 앞에서 의기양양하게 우산을 들어 보인다.

"당신이 부탁한 우산을 샀어요. 트로카데로의 백화점에서 12프랑 50상팀을 줬어요. 아! 그리고 기왕에 간 김에 내가 필요한 것도 몇 가지 더 샀고요. 가격이 믿을 수 없이 싸서 말이죠. 정말 놓칠 수 없는 기회였다고요. 오늘 산 걸 다 합쳐도 1,796프랑 95상팀밖에 안 돼요."

배달원이 들고 온 상자 안에서 쏟아져 나온 모자, 드레스, 레이스, 코르셋 같은 상품에 놀라고, 당시 여급이나 수리공 같은 일용직 노동자들이 하루 열두 시간씩 꼬박 백 일 넘게 일해도 벌까 말까 한 거액이 청구된 계산서에 남편은 기겁한다.

[그림 1]의 익살스런 일러스트는 1882년 11월 11일자 『라 카리카튀르La Caricature』 신문 1면을 장식한 풍자화다. 첫 페이지를 넘기면 쇼핑에 미친 여자들이라는 뜻의 신조어인 '레 마가지뇌즈les magasineuses'라는 표제 아래로 백화점에서 벌어진 천태만상의 풍경이 세 페이지에 걸쳐 펼쳐진다.[2]

'이 여편네가 갑자기 왜 이렇게 애교를 떨지? 오 하나님. 오늘이 바로 백화점 특별 전시가 시작되는 날이잖아!'라며 부인의 속내를 짐작하고 질린 표정을 짓는 남편, 백화점을 가야 하니 돈을 내놓으라며 남편에게 엄포를 놓는 부인, 부인의 금발 머리에는 이것보다 더 잘 어울리는 천을 구하기 어렵다며 판촉에 열을 올리는 간교한 얼굴의 판매원, 12시부터 남편을 백화점 문 앞에 세워두고 다섯 시간째 쇼핑 중인 부인, 정부情婦의 환심을 사기 위해 백화점에 따라나선 남자들, 백화점에서 공짜로 주는 케이크와 차를 먹고 마시면서 "이래서는 백화점이 망하겠다"며 "쇼핑을 더

2 알베르 로비다, 『라 카리카튀르』, 1882년 11월 11일자 삽화.
백화점의 천태만상을 비꼰 풍자화들.

해야 하지 않겠느냐"는 등의 대화를 나누는 유한마담들, 엘리베이터를 꽉꽉 채운 고객들, 양손이 모자라도록 쇼핑한 물건을 한가득 들고 있으면서도 판매원이 권하는 천을 한번 만져보려고 길게 줄을 선 사람들……. 과장이 섞여 있기는 하지만 세태 풍자로 유명한 신문답게 다양한 군상을 담은 만평은 19세기 중후반 파리 곳곳에 백화점이 들어서면서 벌어진 새로운 풍속도를 생생하게 보여준다. 당시 사람들의 이런 야단법석에는 일상적으로 백화점에 드나드는 현대인들이 이해하지 못하는 '백화점'이라는 신문물에 대한 감탄과 비판이 숨겨져 있다.

백화점의 탄생

이 풍자화가 나오기 13년 전인 1869년 9월 9일, 가을이 목전이건만 이날 파리 도심 거리에는 미처 물러가지 않은 여름의 열기가 피어올랐다. 그 와중에 파리 7구 세브르 바빌론 거리 모퉁이로 일단의 남녀가 모여들었다. 개중에는 동네 주민들도 있었지만 개통된 지 얼마 되지 않은 신작로를 따라 멀찍이서 걸어오는 이들도 있었다. 파리 주변의 먼 곳에서 굳이 버스를 타고 온 이들도 있었다. 이들이 타고 온 시내버스는 1855년 파리 시청이 주도한 도시 계획의 일환으로 17개나 난립한 버스 회사가 하나로 통합된 뒤 파리 전역을 구석구석 연결하는 편리한 교통수단으로 자리 잡았다. 도시의 대동맥처럼 파리를 동서남북으로 가로지르는 대로를 질주하는 버스만 타면 시내 어디든 못 갈 곳이 없었으니, 당시 시내버스는 일년 승객이 70만 명에 달할 정도의 대중교통으로 큰 인기를 끌었다.

길모퉁이에 모여든 사람들 사이로 봉마르셰Bon Marché 백화점의 주인인 부시코Boucicaut[3] 부부와 건축가인 루이-샤를 부알로Louis-Charles Boileau가 모습을 나타냈다. 바로 1852년 창사 이래 파리에서 큰 성공을 거두고 있던 봉마르셰 백화점이 새 건물을 짓고 준공식을 갖는 날이었던 것이다. 한 해 매출만 2천만 프랑에 달할 정도로 번창 일로를 달리고 있는 봉마르셰 백화점이건만 이날 준공식에는 기자 한 명 취재하러 오지 않은 채 직원들만 조촐하게 모였다. 당시 파리 시민이나 언론의 관심은 일개 백화점의 새 건물 준공식 같은 시시한 일이 아니라 루이 필리프 공의 건강 문제나 정부의 내정 개혁 문제, 9월 초 바젤에서 열리기로 예정된 국제노동자연맹 회의의 의제 같은 심각한 사안들에 쏠려 있었다. 비록 여론의 주목을 받지 못한 준공식이었지만 1838년 잡화점을

3 위얌-아돌프 부그로, 〈아리스티드 부시코〉. 부시코는 봉마르셰 백화점을 성공시켜 마케팅의 귀재로 평가받는다..

4 1858년에 개장한 뉴욕의 메이시 백화점.

시작한 이래 탁월한 장사 수완을 보여준 야심만만한 장사꾼답게 부시코는 봉마르셰 백화점 건물이 오로지 백화점을 위한, 백화점에 의한 건물이 될 것임을 공언했다.

그렇다. 이날은 역사상 최초로 오로지 쇼핑만을 위해 설계된 백화점 건물이 등장한 날이었다. 사실 백화점의 원조에 대해서는 의견이 분분하다. 다양한 물품을 한데 모아놓고 파는 대형 잡화점을 백화점의 시초로 친다면 이미 1734년 영국 더비에 문을 연 베넷의 잡화점Bennetts Irongate을 최초로 꼽기도 하고, 백화점

이라는 이름 아래 독점적인 건물을 짓고 여러 상품을 독립된 매장department에서 정찰제로 판매하는 현대적 의미의 백화점이라면 대략 1850년대 이후부터 유럽과 미국의 주요 도시에서 동시다발적으로 생겨났기 때문이다. 1858년에 개장한 뉴욕의 메이시 백화점Macy's4이나 1834년 잡화점으로 시작해 1892년부터 본격적인 백화점으로 변신한 런던의 해러즈Harrods, 1875년부터 런던의 유행을 주도한 리버티Liberty 등이 대표적인 예이다. 그러나 한 건물 내에 다양한 상품을 아이템별로 각기 구분된 매장에서 대량으로 모아 파는 것은 물론 정찰제 등 다양한 판촉 활동을 벌인 것을 기준으로 하면 1852년에 설립된 봉마르셰 백화점을 최초의 백화점으로 꼽는 것이 일반적이다.

봉마르셰의 설립을 기준으로 좀 과장해서 말하자면 매일 한 군데씩 문을 연다고 할 정도로 다양한 백화점들이 등장했다. 1855년에는 루브르 백화점Grand magasin du Louvre이 문을 열었고, 일 년 뒤인 1856년에는 19세기판 통신판매의 제왕인 아 라 벨 자르디니에르À la Belle Jardinière5와 오늘날까지 BHV라는 이름으로 파리 시민의 사랑을 받고 있는 바자 드 오텔드빌Bazar de l'Hôtel de Ville이 탄

5 후발 주자로 합세한 벨 자르디니에르 백화점의 카탈로그.   **6** 1870년 프랭탕 백화점의 종합전시회 카탈로그.

백화점은 19세기인들의 삶을 완전히 바꿔놓았다. 백화점은 '소비의 제국', '상업의 전당'이라는 칭호를 자랑했다.

생했다. 1860년대에는 파리 백화점 업계의 제일인자를 다투는 백화점인 프랭탕
Printemps(1865년)[6]과 훗날 제1차 세계대전과 제2차 세계대전 사이에 고급 백화점
으로 자리매김한 사마리텐Samaritaine이 등장했다. 오늘날 파리를 들르는 사람이
라면 누구나 한 번쯤 둘러보는 라파예트La Fayette 백화점은 가장 늦은 후발 주자
로 1893년 문을 열었다. 1850년부터 1890년까지 사십 년 사이에 하루 7만 명 이
상의 고객이 드나드는 대형 백화점이 여덟 개나 등장했고 개중에는 오늘날까지
건재한 백화점도 있으니 과연 19세기는 '백화점의 시대'였다.

썰렁한 봉마르셰 백화점 준공식처럼 백화점의 시대는 요란하게 시작되진 않
았지만, 곧 19세기 후반에 들어서면서 유럽 사회를 떠들썩하게 할 만큼 부르주아
들의 소비문화를 주도하는 요란한 화젯거리로 떠올랐다.[7·8] 역사책에는 '백화점
의 시대'와 그 배경에 대해 가내수공업에서 공장 생산으로 옮겨간 직물 산업이 탄
생시킨 대중 소비경제와 산업 자본주의의 등장이라고 설명하고 있다. 과연 백화
점이라는 기상천외한 만물가게를 처음으로 접한 19세기 사람들도 그렇게 생각했
을까?

'소비경제'니 '산업 자본주의'니 하는 말들은 후세인들이 백화점이라는 현상

7 봉마르셰 백화점의 광고판.　　　　　　　　　　　　　　**8** 1900년경의 봉마르셰 백화점 내부 모습.

우리에겐 너무나 평범한 백화점 풍경이 왜 19세기인들에겐 그토록 매혹적이었을까.

을 바라보고 분석하기 위해 만들어낸 용어다. 하지만 19세기 사람들의 생활 속에 다가온 백화점은 '자본주의'라는 경제 용어가 아니라 구체적이고 직접적인 삶의 변화였다. 사실 소비사회에서 태어나 소비사회에서 살아가는 우리 현대인들에게 백화점은 전혀 새로울 것 없는 일상적인 공간이 된 지 오래다. 그나마 일 년에 두서너 차례의 정기 세일 기간을 빼면 대형 테러라도 일어나지 않는 한 백화점이 새삼스럽게 화제의 중심에 오르는 일은 별로 없다. 그래서 백화점이라는 새로운 현상에 당혹하기도 하고 열광하기도 했던 19세기 사람들의 사고방식을 지금의 눈으로 이해하고 공감하기란 쉽지 않다. 도대체 백화점의 무엇이 그토록 새로웠으며 백화점의 무엇이 화젯거리가 되었던 것일까?

조합가게 독점에서 종합상가 경쟁으로

흔히 '길드guild'라고 하는 동업조합이 소매업계를 옭아매고 있던 18세기에는 고객 서비스라는 개념이 설 자리가 없었다. 중세 때부터 생겨난 길드는 같은 분야에 종사하는 상공업자 및 수공업자들이 결성한 상업 단체를 말한다. 각 지방 경찰청에 정식 단체로 등록한 동업조합들은 정부 통제 아래 자체 규약을 만들어 조합원의 복리를 극대화했다. 생산자에게 '장인'의 칭호를 주면서 해당 분야에서 배타적 기득권을 유지한 것은 물론이고, 생산량을 규제하거나 노동 시간이며 일터 등 모든 생산 판매 활동을 세세하게 규제했다.

조합원이 자기가 속한 동업조합의 문장紋章과 깃발을 신주 단지 모시듯 자랑스레 가게 앞에 내건 가장 큰 이유는 간단했다. 동업조합의 핵심적인 규약 중 하나인 '독점' 때문이었다. 동업조합은 각 지방을 작은 구역 단위로 세분해서 한 구역을 단 한 명의 조합원에게만 할당하는 방식으로 조합원들끼리의 경쟁을 원천적으로 봉쇄했다. 즉 어느 동네이건 빵 가게, 옷 가게, 와인 가게, 그릇 가게 등은 업종별로 오직 한 곳만 들어설 수 있었던 것이다. 생산자나 상인은 일단 조합원이 되기만 하면 철밥통을 얻은 것이나 마찬가지였다.

팔 수 있는 물건의 개수를 조합에서 정했기 때문에 얼마나 적은 비용으로 얼마나 많은 물건을 생산해 얼마나 많이 팔 수 있느냐는 애당초 관심 밖일 수밖에 없었다. 대신에 그들은 하나의 물건에서 얼마나 많은 이익을 남길 수 있느냐를 두고 고심했다. 게다가 대개 자급자족으로 생활을 꾸려가는 시절이었던지라 자기 동네 가게가 마음에 안 든다고 일부러 다른 동네까지 찾아가는 고객도 드물었다. 자연히 동업조합 상인들은 손님에게 군이 친절해야 할 필요도 없었고, 가게를 멋지게 꾸미거나 마케팅에 신경을 써서 더 많은 물건을 팔려고 노력할 필요도 없었다. 18세기 소설 속에 등장하는 어두컴컴하고 음침한 가게, 고압적이고 불친절한 상인의 모습은 당시 유럽 최고의 상업 도시인 파리에서도 일반적인 풍경이었다.

아주 드물긴 해도 예외가 있긴 있었다. 장

9 18세기 말엽 팔레 루아얄 거리는 고급 사치재 상점이 모여 있는 파리 최고의 쇼핑가였다.

갑이나 향수 같은 고급 사치재 가게들이 들어찬 팔레 루아얄 거리[9], 가구를 만드는 장인들이 몰려 있던 포부르 생앙투안 지역, 인쇄업자들의 작업장이 밀집한 생자크Saint Jacques 거리 등 파리의 몇몇 지역은 왕령에 의해 동업조합의 규제를 받지 않는 자유 상업지구였다. 16세기 중후반부터 수출을 장려하고 왕가와 귀족들에게 사치재를 공급할 목적으로 지정한 이러한 상업지구에서는 호객하는 점원들의 활기찬 목소리와 손님들의 눈길을 끌기 위한 광고판이 가득했다.

그러다 1789년 프랑스 혁명으로 인한 사회 개혁으로 동업조합이 철폐되면서 소매업계에는 새로운 바람이 불었다. 독점권이 사라지자 상인들끼리 물건을 하나라도 더 팔기 위해 서로 치열한 경쟁을 벌여야만 하는 시대가 열린 것이다. 더 많은 매상을 올리기 위해 갖가지 아이디어가 쏟아져 나왔는데 그중 하나가 새로운 집단 소매점 형태의 '파사주passage'였다.[10~12]

▲10 1800년에 문을 연 파노라마 파사주passgage des Panoramas는 파리에서 가장 오래된 파사주였다.

▶▲11 1823년에 개장한 비비엔 갤러리galerie Vivienne. 19세기 초반 파리의 대표적인 아케이드였다.

▶▼12 리슐리외 가에서 1860년에 개장한 미르 파사주passage Mirès(현재의 프린스 파사주passage de Princes).
유리 지붕이 덮여 있어 채광이 좋은 파사주와 아케이드는 19세기 초반 가장 목 좋은 상가였다.

파사주는 백화점이 본격적으로 등장하기 전인 19세기 초에 최고의 목 좋은 장사 자리로 인기를 끈 상가였다. 쉽게 말해서 건물과 건물 사이의 거리를 지붕으로 덮고 거리 입구에는 영업시간에 따라 열고 닫는 철책이 달려 있는 구조의 상점 거리로 요샛말로 하면 아케이드와 비슷한 종합상가인 셈이었다.

파사주 가게들은 생산자가 판매자를 겸하는 경우가 많았기 때문에 건물의 두세 개 층을 통째로 썼다. 거리에서 바로 들어갈 수 있는 1층은 손님을 맞이하는 가게로 쓰고,

13 고급스러운 느낌을 주기 위해 그리스·로마풍의 장식을 단 가게들이 19세기 초반에 처음 등장했다.

2층은 보통 직원들이 상주하며 물건을 만드는 곳으로 사용했다. 1층과 2층 사이에는 천장이 낮고 반달 모양의 창문이 달린 창고 겸 사무실이 딸려 있었다.

처음부터 상업지구를 염두에 두고 개발한 만큼 파사주에 입점한 가게들은 우후죽순처럼 멋대로 생겨난 여느 동네의 가게들과는 외관부터 달랐다. 거리를 면해서 나란히 자리 잡은 가게들은 모두 자로 잰 듯 네모반듯한 모양이었고, 상점마다 유리를 끼운 진열창과 크리스털 조명 등으로 화사하게 치장해 손님의 시선을 끌었다.[13] 독일의 문예 평론가 발터 베냐민이 "산업에 의한 사치가 만들어낸 새로운 발명품"이라고 평가할 만큼 온갖 종류의 가게들이 빼곡히 들어찬 파사주는 "하나의 도시, 아니 축소된 하나의 세계"였다.

파사주의 인기가 높아지자 파리 시내에 몽테스키외, 오페라, 라피트, 슈와죌 등 대로를 끼고 있는 곳마다 새로운 파사주들이 속속 들어섰다. 그중에서도 마들렌 성당 뒤편에 위치한 마들렌 파사주는 요즘으로 치자면 최고의 종합상가였다. 19세기판 럭셔리 상가쯤 되는 마들렌 파사주는 외양부터 고급스러워서, 철제와 유리로 된 지붕에서 쏟아져 내리는 햇살이 상가 구석구석을 비추도록 설계되어 있었다. 통로마다 고전적인 장식을 단 거울이 달려 있고 바닥은 색색의 대리석으로 치장했다. 벽토로 말끔하게 미장한 외관에 금박 장식을 단 고급스러운 매장들

은 당시 유럽인들이 동경한 카이로나 콘스탄티노플에서 볼 수 있는 호사스럽고 신비한 아랍 시장 같은 분위기를 물씬 풍겼다.

파사주의 인기가 조금씩 줄어든 것은 오스만이 주도한 파리 도시 재개발 계획이 시작되면서였다. 말끔하게 포장된 도로, 밤까지 훤히 불을 밝힌 가스등, 다리쉼을 할 수 있는 벤치 등이 도시 풍경을 하나둘씩 바꾸면서 굳이 가게를 찾아 통로 안으로 들어가야 하는 파사주의 인기는 자연히 하락할 수밖에 없었다.

게다가 아시아 및 아프리카 식민지에서 풍부한 물산이 유입된 것을 비롯해 방직기계 등 각종 기술 개발로 인한 대량 생산이 본격화되면서 이제껏 보지 못한 현상이 나타났다. 생산자와 판매자의 분리가 그것이다. 재료를 가공해 대량의 물건을 만들어내는 대량 생산업자들이 많아지자 생산과 판매를 겸하는 소상인들은 점점 생산자가 만든 물건을 매입해 세일즈에만 전념하는 본격적인 상인으로 바뀌어갔다. 대량으로 생산된 물건을 대량으로 사들여 최대한 빠른 시간 안에 더 많이 판매한다는, 인류 역사상 일찍이 듣지도 보지도 못한 새로운 개념의 상업이 출현한 것이다.

현대적 세일즈의 시발 '새로운 가게'

14 오늘날 파리의 유명한 카페인 '레 뒤 마고'는 원래 마가쟁 드 누보테 중 하나였다. 마가쟁 드 누보테는 다양한 상품과 저렴한 가격으로 손님들을 유혹한 새로운 형태의 가게였다.

백화점의 시초가 된 '마가쟁 드 누보테Magasins de nouveautés',**14** 즉 '새로운 가게'라는 이름으로 알려진 신종 매장이 속속 들어선 것이 바로 이즈음이다. 19세기 중반에 접어들면서 등장한 '새로운 가게'들이 처음 선보인 쇼핑 문화는 당시 소매업계에서 지금의 인터넷 쇼핑몰의 등장에 맞먹는 변화였다.

파리 생제르맹데프레 거리에 있는 '레 뒤 마고

Les Deux Magots'는 관광객들에게 유명한 카페이자 파리의 명소로 널리 알려져 있지만 애초에 이곳은 카페가 아니라 19세기 중반을 주름잡은 대표적인 '새로운 가게' 중 하나였다. 당시 유행한 중국풍 트렌드에 맞춰 '두 개의 중국 인형'이라는 이국적인 상호를 단 이 가게는 우선 취급하는 물품의 규모부터 기존 가게와는 차원이 달랐다. 이윤이 많이 남는 직물 제품을 주로 취급한 이곳은 널찍한 매장을 여러 개의 작은 코너로 구분한 뒤 커튼 등 인테리어용 직물, 옷감용 천, 레이스, 모자, 여성복 등을 따로 전시해 팔았다. 그리고 새로 나온 각종 면직물과 견직물의 신상품을 매주 바꿔가며 디스플레이하면서 고객의 이목을 끌었다.

15 프티 생토마의 1880년 포스터. 아이들을 마케팅에 활용한 것이 이채롭다. 마가쟁 드 누보테는 백화점의 초기 모델이었다. 마진을 대폭 낮춰 가격이 저렴한 상품을 대량으로 판매해 수익을 얻는 이러한 가게들은 엄청난 인기를 누리며 파리 여기저기에 등장했다.

무엇보다 가격 또한 기존 가게들보다 훨씬 저렴했는데, 상품을 빨리 순환시키기 위해 통상 40~60퍼센트에 이른 마진을 대폭 낮췄기 때문이다. 게다가 일부 품목에 대해서는 당시로는 파격적인 판매 방식인 가격 정찰제를 도입해 점원과 입씨름할 필요 없이 미터당 얼마로 매겨진 가격을 지불하고 물건을 살 수 있었다. 그전에는 한자리에서 다양한 상품을 직접 보고 만지고 비교하면서 좋은 물건을 값싸게 살 기회가 없었던 19세기 부르주아들은 곧 이런 '새로운 가게'가 선사하는 쇼핑의 즐거움을 만끽하기 시작했다. 이렇게 인기를 끌면서 아 라 마들렌À la Madeleine, 오 프티 생브누아Au Petit Saint Benoit, 아 노트르담 드 로레트À Notre Dame de Lorette처럼 동네 이름을 딴 '새로운 가게'들이 길모퉁이마다 하나씩 생겼다.[15]

더 많은 물건을 더 빨리 팔려면 세간의 유행에 민감해야 한다는 사실을 간파한 상인들은 가게 간판도 유행이 바뀔 때마다 새롭게 바꿔 달았다. '피그말리온À

16 지금은 보기 드문 19세기 가게의 내부 사진. 상업이 활성화되자 상업용 가구와 집기들이 대거 출현했다.

Pygmalion'이나 '말괄량이 딸À la Fille Mal Gardée', '철가면Masque de Fer'같이 시즌마다 화제에 오른 연극 제목을 따서 가게 이름을 짓는가 하면, 만국박람회가 널리 알려진 뒤에는 국제적인 이미지를 강조하기 위해 런던, 베를린 같은 외국 도시 이름을 간판으로 내걸었다.

흔히 가게라고 하면 떠오르는 판매대, 진열창, 탁자, 의자 등 전문화된 상업용 가구들이 출현한 것도 이때부터였다. 대부분의 상업용 가구들은 튼튼하면서 가격이 저렴한 떡갈나무로 만들었는데, 고급스러운 이미지를 강조하기 위해 마호가니 같은 비싼 목재를 쓰기도 했다.[16]

특이한 점은 지금과는 달리 소파가 여성용품 가게의 빠질 수 없는 필수 품목이었다는 사실이다. 매장을 아늑한 응접실처럼 꾸미는 것이 당시 럭셔리한 매장의 트렌드였기 때문이다. 거울도 화려하고 밝은 분위기를 연출하기 위해 없어서는 안 될 필수 아이템이었다. 모자나 천을 멋들어지게 진열하기 위해서 둥그런 버섯 모양의 머리 마네킹과 십자가 모양의 걸이대도 등장했다. 가게 안을 환하게 하기 위해 바깥으로 진열창을 크게 내서 낮에는 자연광이 들어오게 했고, 구석구석마다 가스등을 달아서 밤에도 매장 안을 환하게 밝혔다.

이처럼 겉은 화려했지만 점원들은 가게에서 먹고 자며 숙식을 해결하는 경우가 많았다. 그래서 옷장 속에 넣어 쉽게 숨길 수 있는 접이식 침대와 간이조리대 역시 상업용 가구 물품에서 빼놓을 수 없는 아이템이었다.

파리 최초의 백화점인 봉마르셰는 이런 '새로운 가게'들이 점점 대형화되고 전문화되는 과정에서 탄생했다. '새로운 가게'들이 어마어마한 자본을 바탕으로 한 백화점으로 급성장할 수 있었던 데에는 무엇보다 19세기 초중반을 지나면서 폭발적으로 늘어난 잠재 고객의 수가 큰 몫을 했다. 19세기 초에 54만 명을 헤아린 파리의 인구는 19세기 중반에 이르러 백만 명을 넘어섰다. 특히나 1850년부터 단 이십 년 사이에 무려 60만 명의 인구가 증가했을 정도로 파리는 단시간에 근대 대도시로 압축 성장 가도를 달리고 있었던 것이다.

파리에 주소를 두고 있는 상주인구 외에도 당시 유럽 최고의 인기 관광지인 파리를 고정적으로 찾는 관광객이 끊이지 않았고, 특히 만국

17 장 베로, 〈파리 아브르 가〉. 프랭탕 백화점은 생라자르 역과 합승마차 정거장을 낀 교통의 요충지에 자리 잡았다.

박람회가 열리는 시즌에는 진귀한 구경거리를 보려고 유럽 전역에서 몰려든 인파로 시내가 북적였다. 여기에다 철도가 프랑스 전역으로 그물망처럼 퍼지면서 지방 사람들까지 쇼핑을 위해 파리로 몰려들었다. 봉마르셰 백화점이 파리의 주요 기차역 중 하나인 오르세 역과 멀지 않은 곳에 둥지를 틀고, 이어서 1865년에 문을 연 프랭탕 백화점이 생라자르 역과 파리 각 지역을 연결하는 여러 버스 정류장을 끼고 있는 오페라 좌 뒤편에 자리 잡은 것은 이 때문이었다.[17]

마케팅의 귀재들이 만든 라이프 스타일

방물장수의 아들로 태어나 봉마르셰 백화점을 유럽 최고의 백화점으로 우뚝 세운 부시코나 두 번에 걸친 대화재에도 불구하고 프랭탕 백화점을 성공적으로 이끈 쥘 잘뤼조Jules Jaluzot 같은 초창기 백화점 사장들은 선구자적인 마케팅의 귀재였다. 이들은 '새로운 가게'를 통해 이미 가격 정찰제나 풍부한 물품, 편안한 쇼핑에 익숙해진 사람들을 백화점이라는 새로운 장소로 유혹하는 데 성공했다. 과연 그렇게 된 이유는 무엇일까? 바로 백화점을 통해서 사람들의 라이프 스타일을 소비 중심으로 재편했기 때문이다.[18~20]

우선 백화점은 일 년 365일을 숨 쉴 틈 없이 물건을 사고 또 사는 소비의 시간으로 바꿔놓았다. 1월에는 새해 기념 세일이 열렸고, 2월에는 새봄을 앞두고 집 안을 단장하는 직물을 판매하는 '블랑Blanc'(백색) 이벤트가 기다리고 있었다. 3월에는 새 시즌을 맞아 레이스, 장갑, 향수가 출시되었고, 4월부터 5월까지는 여름 옷 판매 행사가, 7월부터는 여름 대바겐세일이 열렸다. 가을 시즌이 시작되는 9월에는 카펫과 가구 특별전이, 10월에는 겨울 시즌을 맞아 코트 등을 소개하는 패션쇼가, 12월에는 크리스마스 특별전이 이어졌다. 현대인들에게도 너무나 익숙한 연간 소비 패턴이 이미 150년 전에 탄생한 것이다.

행여나 이런 새로운 소비의 흐름을 놓치는 사람들이 있을까봐 백화점들은 각종 세일 행사가 빼곡히 실린 달력과 수첩까지 만들어서 고객들에게 뿌렸다. 12월에는 크리스마스 선물을 주고받고, 봄에는 커튼과 침대 시트를 갈고, 여름에는 바겐세일에 맞춰 수영복을 장만한다는 식의 오늘날에는 지극히 상식적인 일 년의 소비 패턴은 원래부터 그랬던 것이 아니다. 부시코 같은 마케팅의 귀재들이 더 많은 상품을 팔기 위해 '발명'해낸 상술에서 태어난 문화인 것이다.

예컨대 성탄절이면 조용히 성당에 예배 보러 가던 사람들에게 크리스마스에는 집집마다 트리 장식을 해야 하고 아이들에게는 선물을 안겨줘야 한다는 것을 가르

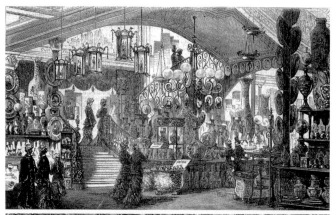

18·19·20 1874년 봉마르셰 백화점의 매장 모습. 물건을 직접 만져보며 구경하는 쇼핑이라는
관습이 이때부터 시작되었다.

21 1890년 크리스마스 시즌의 루브르 백화점. 거대한 트리를 장식한 백화점의 크리스마스 판촉전은 백화점에서 시작된 근대 마케팅의 산물이었다.

친 것은 바로 이들 마케팅의 귀재들이었다. 크리스마스 특수를 만들어내기 위해서 백화점 바깥에는 성대한 트리를 세우고 진열장은 장난감으로 가득 채웠으며, 흥겨운 캐럴을 연주해 흥을 돋우고, 어린이들에게는 선심성 공짜 선물까지 뿌렸다. 파리 시청 근처에 위치한 바자 백화점 같은 곳은 크리스마스 시즌이면 보통 폐점 시간인 저녁 8시에서 두 시간 연장한 밤 10시까지 문을 열었다.²¹

지금처럼 당시에도 백화점이 가장 높은 수익을 올리는 코너는 생활필수품 매장이 아니라 여성복같이 잔뜩 사도 뭔가 더 사고 싶은 갈망을 불러일으키는 매장이었다. 백화점들은 자체 디자이너들을 두고 철마다 새로운 견본과 모델을 원단과 함께 제공했다. 모델에 따라 이미 옷본이 만들어져 있는 상태였기 때문에 고객들은 백화점 내부의 양장점에서 간단히 치수를 재기만 하면 며칠 후에 옷을 찾을 수 있었다. 이런 반＊기성복은 처음부터 끝까지 맞춤으로 제작되는 기존 양장점에 비해 가격 또한 절반 이하였다.^{22~25}

게다가 옷에 어울리는 외투, 모자, 가방 등은 모두 시리즈로 제작해서 세트로 판매해 수익성도 좋았다. 그러다보니 19세기 말 프랭탕 백화점만 하더라도 여성복 매장에만 백여 명이 넘는 점원들이 근무했을 정도로 규모가 컸다. 아울러 지난해 여름에 입던 옷을 올 여름에 또 입을 수 없도록 하는 '유행의 시대'를 만들기 위해 백화점에서는 패션쇼를 열고 각종 여성 잡지를 후원했다.

당시 백화점에서 일 년 중 가장 중요한 판매 행사는 2월부터 3월 초까지 열린

▲ **22·23·24** 1867년 루브르 백화점의 여성복 카탈로그. 백화점에서 가장 높은 수익을 자랑하는 매장은 여성복 코너였다. 백화점들은 앞다투어 새로운 패션 유행을 알리는 카탈로그를 만들었다.

▼▶ **25** 1908년 라파예트 백화점의 겨울 시즌 카탈로그. 당시 백화점 카탈로그는 유행을 이끌어 소비를 진작시키는 효과적인 마케팅 수단이었다.

▲**26·27** 1900년대 초 프랭탕 백화점의 여성복 매장.

▼◀**28** 봉마르셰의 직물 매장.

▼▶**29** 직물전을 맞이해 내부를 새로 단장한 프랭탕 백화점. 19세기 백화점에서 가장 중요한 연중 행사는 직물 판매전이었다.

직물 판매전이었다.[26~29] 좀 넉넉하다 싶은 집안이면 벽지 대신 직물로 벽을 발랐고, 의자와 침대를 비롯한 생활가구 대부분을 직물로 마감했다. 레이스가 달린 식탁보가 몇 개냐, 면이나 리넨으로 만든 냅킨이 몇 개냐에 따라 그 집이 얼마나 부유한지를 가늠할 수 있던 시절이라 봄맞이 집 안 단장에 쓰이는 직물의 수요는 엄청났다. 프랑스 혁명 이후 사회가 평등해졌다고 하나, 부르주아들 내에서도 기성복과 맞춤복 등 옷차림으로 사회 계층을 구별하던 시절이라 새로 옷을 해 입기 위한 견직물이나 모직물의 수요도 만만치 않았다.

자연히 초봄에 열리는 직물 판매전은 백화점의 일 년 매출을 판가름하는 중요한 행사일 수밖에 없었다. 그래서 때맞춰 각 백화점에서는 아예 내부 전체를 새롭게 단장했다. 층마다 새로 출시한 천을 폭포수처럼 늘어뜨려놓고, 각 매장도 중요한 상품을 중심으로 새로 꾸몄다. 봉마르셰 백화점만 하더라도 직물 판매전 기간 동안 일주일에 백만 프랑이 넘는 매출액을 달성해 그간의 노력이 헛되지 않았음을 증명했다.

프랭탕 백화점의 경우는 이익을 극대화하기 위해 기존 생산자들에게서 매입한 물건을 판매하는 데 만족하지 않고, 아예 직접 하청을 주어 만든 자체 브랜드의 직물을 파는 데 주력했다. 요즘의 편의점표 라면처럼 판매자가 만든 자체 브랜드 상품(PB)이 이미 19세기 말에 탄생한 것이다. 1870년 파리를 강타한 '마리 블랑슈Marie Blanche'라는 옷감은 프랭탕 백화점이 리옹의 생산업체에 직접 주문 제작한 직물이었다. 이름은 '하얀 마리'이지만 희미한 광택이 도는 검정색 실크로, 미터당 15프랑을 상회한 여타 실크에 비해 질이 떨어지지 않으면서도 가격은 절반이었다.

프랭탕 백화점 측은 무려 이십 년에 걸친 연구와 투자를 통해 '마리 블랑슈'를 개발했다며 선전에 열을 올렸다. "쫀쫀하기 이를 데 없는 놀라운 강도와 탄력을 지닌 고품격 신소재" 같은, 요즘의 광고 문구에도 흔히 등장하는 카피가 동원된 카탈로그도 별도로 만들었다. 프랭탕 백화점의 주인인 잘뤼조가 직물 산업의 중심지인 리옹으로 여행을 갔다가 우연히 직물을 짜는 쌍둥이 자매의 아름다움에 반해 마리 블랑슈를 개발하게 되었다는, 믿거나 말거나 한 탄생 비화가 미담으로 포장돼 신문에까지 실렸다.

소비에 의해, 소비하기 위해

백화점은 트렌드를 발명하는 데 그치지 않고 상품의 소비 수준이 사회적 수준을 대변한다는 공식을 전파하는 데 앞장섰다. 귀족으로 태어나면 돈이 있건 없건 평생 귀족이 되는 구시대에 소비 수준은 사회적인 지위를 가늠하는 척도가 될수 없었다. 그러나 이제는 먹고, 입고, 소비하는 수준이 당신이 누구인가를 증명해줄 수 있는 소비의 시대가 열린 것이다.

당시 소비주의 광풍을 몰고 온 백화점에 대해 에밀 졸라가 "상업의 예배당"이라 칭하고, 발터 베냐민이 "소비라는 종교적 도취에 바쳐진 사원"이라고 평가한 것은 이런 이유에서였다. 사람들은 흔히 여자들이 서로의 명품 백을 훔쳐보며 상대가 얼마나 돈이 많은지를 가늠하고 남자들이 서로의 차를 비교하며 우열을 가리는 일들이 21세기의 속물적인 풍경이라 이야기하지만 실은 19세기에 등장했던 케케묵은 풍속도인 셈이다.

고객들이 꼭 필요하지 않은 물건에도 과감하게 주머니를 열게끔 하기 위해 백

화점들은 초창기부터 열과 성을 다해 카탈로그를 만들었다.[30] 그 두께가 가히 전화번호부에 맞먹는 정기 카탈로그는 봄여름 시즌과 가을겨울 시즌에 걸쳐 두 번 발행되었다. 백화점에서 취급하는 모든 상품이 일러스트와 함께 실려 있는 정기 카탈로그는 19세기판 생활 백과전서라 해도 과언이 아니었다.

일반 카탈로그 외에도 모자, 장갑, 넥타이 등의 계절 인기 상품이 실린 특별 카탈로그와 기획 상품전을 홍보하기 위한 기획 카탈로그도 수시로 제작되었다. 정기 카탈로그에 비해 10~15페이지 정도로 얇은 특별 카탈로그들은 얇은 대신에 전 페이지를 컬러 일러스트로 채워 넣었다.

30 프랭탕 백화점 카탈로그.
백화점에서는 여성복뿐만 아니라 가구부터 태피스트리까지
모든 상품마다 카탈로그를 따로 제작했다.

31 에티엔 드리안의 프랭탕 백화점 겨울 모피 유행   **32** 쥘 셰레의 프랭탕 백화점 광고 포스터(1880년 겨울).
카탈로그(1912~1913년).

흥미로운 점은 요즘의 VIP 혹은 VVIP 마케팅처럼 당시에도 고객의 소비 수준에
따라 카탈로그를 다르게 만들었다는 것이다. 우수 고객에게 보내는 카탈로그에
는 금박을 입힌 빳빳한 겉표지를 달아 파티 초대장 같은 느낌을 냈고, 안에는 에
티엔 드리안Adrien Désiré Etienne Drian이나 쥘 셰레Jules Chéret 같은 일러스트 전문가
들까지 참여한 작품급 일러스트와 함께 직물 샘플을 오려 붙여 카탈로그만으로
도 실제 제품을 느껴볼 수 있게 했다.[31·32]

　카탈로그는 단순한 광고지가 아니라 백화점에서 파는 상품들을 어디에 어떻
게 써야 할지 소비자들에게 친절하게 가르치는 실전 교육 자료였다. 이를테면 등
을 펴고 손을 모은 단정한 자세를 취한 남자 모델 곁에는 이 모델처럼 격조 있는 자
세를 만들어준다는 셔츠 목깃이 소개되어 있다. 더불어 이 셔츠 목깃 제품은 습
관적으로 고개를 숙이고 구부정하게 걷는 아이들에게도 효과적이라는 설명이 붙

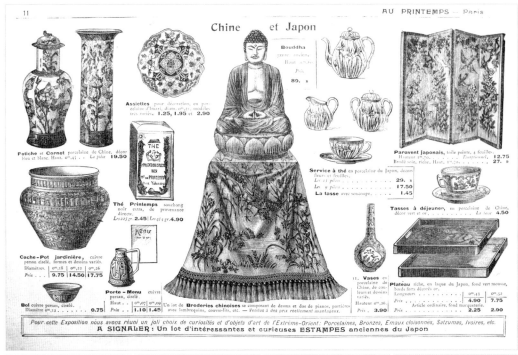

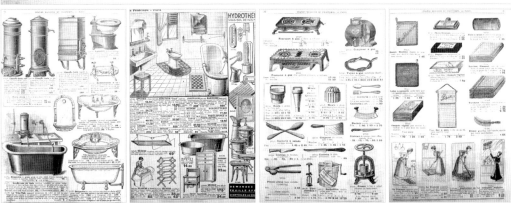

▼▼◀◀**33**・▼◀**34** 보일러와 가정용 욕조의 종류와 가격이 상세히 적힌 프랭탕 백화점 카탈로그. 양변기를 비롯한 각종 욕실용품의 등장은 욕실과 화장실을 집 안에 두는 것이 보편화된 풍속도를 보여준다.

▲**35**・▼▼**36**・▼▶▶**37** 백화점은 만물상이나 다름없었다. 각종 주방용품, 청소 도구, 여행 가방, 가구뿐만 아니라 갤러리에서나 취급하던 일본, 중국산 도자기와 예술품 역시 백화점에서 판매한 상품이었다.

어 있다. 19세기 후반, 20세기 초반에 등장한 가정용 수도꼭지에는 수도꼭지를 돌려 물을 트는 그림과 함께 수도꼭지의 장단점을 비롯해 설치법까지 상세하게 안내되어 있다.[33·34]

프랑스 국립도서관이나 장식미술 도서관에 보관된 당시 백화점 카탈로그를 쭉 훑어보면 1850년대부터 삼십 년 동안 백화점에서 취급한 상품들이 엄청나게 다양해졌음을 한눈에 알 수 있다. 초기 백화점은 주로 직물 판매에 주력했지만 1860년대 들어서면서 가구나 카펫 같은 집 안 용품 일체를 다루는 매장이 새로 생겼다. 잡화 품목도 놀랍도록 다양해져서 우산, 지갑, 가방, 부채 같은 정통 잡화에서부터 미용가위, 빗, 리본, 칫솔까지 팔지 않는 물건이 없었으며, 중국산이나 일본산 자개와 도자기 같은 수입품까지 등장했다.[35~37]

이렇듯 백화점이 점점 없는 것이 없는 만물상점으로 급성장하면서 새로운 제품이 나올 때마다 이것이 꼭 필요하다는 사실을 알리는 데 사활을 걸 수밖에 없었다. 상품의 사양 같은 소소한 정보만으로는 사람들의 흥미와 호기심을 자극하기 어려웠다. 백화점 카탈로그 제작자들은 상품이 아니라 그 물건을 샀을 때 얻을 수 있는 삶의 모델을 고객들에게 제시하는 것을 궁극적인 목표로 삼았다.

예를 들면 이런 식이다. 식사 시간에 테이블에 둘러앉은 정겨운 가족의 모습은 신제품 가구를 사서 식당을 새롭게 꾸미고, 냅킨은 천으로 된 제품을 사용해야 하며, 창문에는 레이스 커튼을 달아야만 단란하고 수준 있는 삶을 영위하는 부르주아가 될 수 있다는 것을 은연중에 보여준다. 또 우아한 드레스를 입은 정숙한 부인들은 주말이면 공원을 거닐고 피크닉을 가는데 이때는 꼭 신제품 고급 양산을 챙겨 들어야 한다는 것도 보여준다. 유유히 산책을 즐

38 중산층의 구매 욕구를 자극하기 위해 가족적인 장면을 연출한 백화점 카탈로그.

39 1905년 사마리텐 백화점의 장례복 특별 판촉전 카탈로그.

기는 부인들 곁에는 깔끔한 외출복으로 단장한 아이들이 신상 장난감을 가지고 놀고 있다.[38] 마케팅의 영역은 요람에서 무덤까지 빠지지 않는다. 요람에 누워 있는 갓난아이의 모습 뒤로는 레이스가 달린 배내옷을 사 들고 방문한 예의 바른 손님들이 미소를 짓고 있다. 장례식장에서도 반드시 격에 맞는 검정색 실크 양복을 입고 장례식용으로 제작한 검은 베일이 달린 모자를 써야 한다.[39]

또한 백화점 카탈로그는 시대의 유행에 맞춰 살아가는 방법도 함께 가르쳤다. 예컨대 1870년대부터 바캉스 시즌 카탈로그가 등장했다. 수영복을 입고 바닷가를 달리는 활기찬 엄마와 테니스를 치는 멋진 아빠, 모래 장난에 여념이 없는 아이들의 모습이 온갖 종류의 바캉스용 신제품과 함께 카탈로그를 가득 채웠다. 1890년대에는 야외 스포츠 용품만 모은 카탈로그가 등장했고, 1900년대 들어서는 현대적인 부엌의 모습을 보여주는 특집 카탈로그가 선을 보였다. 수도꼭지가 달린 싱크대, 오븐이 내장된 가스레인지, 샤워기, 욕조처럼 당시 일상생활에

40·41·42 프랭탕 백화점의 바캉스 시즌 카탈로그와 주방용품을 선전한 카탈로그. 백화점의 카탈로그는 부르주아적 라이프 스타일의 이상형을 보여주는 생생한 백과사전과 같았다.

도입된 신문물은 모두 카탈로그에 실렸다. 그야말로
백화점 카탈로그는 신상품의 소비로 구현되는 부르
주아적 라이프 스타일의 이상형을 보여주는 생생한
백과사전이나 다름없었다.[40~42]

43 1878년 독일어로 제작된 프랭탕 백화점 카탈로그.

백화점 카탈로그는 통신판매의 주요한 수단이
기도 했다. 카탈로그 안에 첨부된 엽서에 구매하려
는 상품의 종류와 이름을 기입하고 우편으로 보내
면 물건이 배송되는, 요즘과 별 다를 바 없는 시스템
이 이미 19세기 중후반부터 자리 잡았다. 번거롭게
직접 백화점까지 찾아갈 필요가 없는데다 받아본
물건이 마음에 안 들면 바로 환불도 가능한 덕분에
1880년 프랭탕 백화점의 경우 총매출액 중에서 3분
의 1가량이 통신판매였을 만큼 인기가 좋았다.

공들여 만든 만큼 시즌마다 카탈로그가 나오기만을 손꼽아 기다리는 고객
들의 성화가 프랑스만 아니라 전 유럽에 걸쳐 대단했다. 19세기 말엽 봉마르셰 백
화점에서는 겨울 시즌용으로만 150만 권이 넘는 카탈로그를 제작했는데, 그중
26만 권이 이탈리아, 독일, 스위스 등지의 해외 고객용이었다. 이렇게 해서 매년
해외용으로만 백만 권이 넘는 카탈로그를 제작해 멀리 콘스탄티노플, 카이로 등
에 있는 고객들에게까지 우송했다.[43]

동경의 성소, 소비의 제국

아울러 초기 백화점의 주인들은 현대 백화점의 나아갈 바를 누구보다 먼저
깨달은 선각자였다. 그것은 바로 백화점은 물건을 파는 곳이 아니라 환상과 갈망

을 파는 장소가 되어야 한다는 사실이었다. 영화 〈티파니에서 아침을〉에서 쇼윈도에 전시된 아름다운 보석 목걸이를 바라보는 오드리 헵번처럼 백화점은 동경의 제국이어야 했다. 그래서 백화점에 들어서면 기대감이 피어오르며 가슴이 설레야 하고, 물건과 물건 사이를 박물관 거닐듯 천천히 유영하면서 시간을 보내는 쇼핑은 즐겁고 신나야 했다. 백화점에서 돌아오면 사지 못했던 물건들이 떠오를 만큼 백화점은 욕망을 부르는 장소여야 했다.

　그러자면 우선 건물부터가 달라야 했다. 유럽에 세워진 초기 백화점들의 모습은 주로 미국식 백화점을 모델로 한 일본식 설계에 영향을 받은 우리네 백화점과는 사뭇 달랐다. 완전한 가공의 세계를 꾸민다는 모토하에 쇼핑에만 열중할 수 있도록 외부로 창을 내지 않은 미국 백화점과는 달리 유럽의 백화점은 오페라 극장처럼 이곳이 무언가 특별한 장소라는 느낌을 주는, 사람들을 흥분시키고 압도할 수 있는 건축물을 짓는 데 주력했다.

　유럽의 백화점에 들어서면 오래된 성당에서 보았던 높은 천장과 거대한 기둥이 고객들에게 늘 전율을 선사한다. 봉마르셰 백화점은 1872년 백화점을 확장할 때 에펠탑을 설계한 구스타브 에펠에게 구조 설계를 맡겨 현대적인 철강 구조

◀44　프랭탕의 1882년 모습. 신기술이 차용된 프랭탕 백화점의 거대한 돔은 19세기인들에게 감탄을 불러일으켰다.
▶45　백화점의 스테인드글라스 지붕은 채광의 역할은 물론이고 사람들에게 경이로움을 선사했다.

FAÇADE PRINCIPALE
Echelle de 0.006

▲46 프랭탕 백화점의 외관. 르네상스풍의 동그란 로통드 기둥과 길모퉁이의 모서리를 깎아낸 팡 쿠페 스타일의 입구가 돋보인다.

▼47 프랭탕 백화점의 내부 모습. 거대한 돔 천장 아래로 로마 시대의 원형 경기장처럼 펼쳐진 물건들의 행렬은 소비 욕구를 자극하기에 부족함이 없었다.

216

의 거대한 돔을 올렸다. 1881년 프랭탕 백화점의 재건축을 담당한 폴 세디유^{Paul} Sédille 역시 에펠처럼 유리와 철강을 사용한 새로운 설계법을 동원해 백화점 지붕에 거대한 돔을 올렸다.[44] 천장은 가느다란 강철 골재로 엮었고, 그 사이사이마다 스테인드글라스로 치장했다.[45] 이로 인해 일 년 내내 백화점의 지붕으로 자연광이 쏟아져 들어와 마치 로마 시대의 신전 같은 분위기를 자아냈다. 또한 거리와 맞닿는 백화점의 외부에는 르네상스 시대의 성을 본떠 동그란 로통드^{rotonde} 기둥을 달아서 보다 특별한 장소임을 표시했다. 두 거리가 맞닿는 모퉁이에 낸 입구는 뾰족한 모서리를 깎아낸 팡 쿠페 스타일을 도입해 누구나 쉽게 드나들 수 있도록 했다.[46]

　　마치 베르사유 성에 들어가는 것처럼 으리으리하게 장식된 백화점 입구를 통과해 1층과 2층을 잇는 거대한 계단에 오르면 누구나 눈앞에 펼쳐진 광경에 압도되기 마련이었다.[47] 층 사이의 천장을 없애 지붕까지 시원하게 뻗어 있는 널따란 홀을 따라 마치 로마 시대의 원형 경기장처럼 백화점 내부가 한눈에 펼쳐진다.

48·49 백화점은 외관뿐만 아니라 난간이나 기둥까지도 화려하게 장식했다.

화려한 조명 아래 상품이 가득한 매대와 그 사이를 분주하게 오가는 판매원들 그리고 느릿느릿 매장 사이를 거닐며 신상품을 탐닉하는 손님들의 모습이 오페라의 한 장면처럼 신비하고 아련해 보인다. 눈을 돌리면 기둥마다 붙어 있는 화려한 그리스·로마식 장식에 시선이 머물고, 곳곳에 포진해 있는 대리석 조각상과 휘어지듯 우아하게 뻗은 계단, 섬세하기 이를 데 없는 철제 꽃 장식물도 놓칠 수 없는 구경거리였다.[48·49]

게다가 백화점은 새로운 건축 기술이 어느 곳보다 먼저 도입되는 신기한 장소이기도 했다. 루브르 백화점에서는 1890년에 백화점과 가도를 직접 연결하는 지하도를 뚫은 뒤 지하의 답답함을 없애기 위해 지하도와 지하층 전체를 '살롱 뤼미에르salon lumière', 즉 '빛의 살롱'으로 꾸몄다. 눈이 부실 정도로 화려한 전기 조명이 등장했고 거울, 크리스털, 화려한 직물로 전체를 치장해 마치 인도의 왕궁 같은 느낌을 자아냈다. 엘리베이터가 가장 먼저 도입된 건물도 백화점이었다.[50]

이렇다보니 백화점은 자체적으로 하루에 몇 차례씩 안내인이 딸린 투어 프로그램을 운영하는 명소이자 인기 관광지였다. 게다가 매일 바뀌는 진열창, 꽃과 미술품, 호기심을 자극하는 외국산 물품들, 악단을 동원한 음악 등 굳이 쇼핑을 하지 않아도 백화점을 구경하러 가야 할 이유는 충분히 많았다. 당시 신문에서 백화점 관광이 "오페

▲50 1879년 루브르 백화점. 엘리베이터가 처음 등장한 곳도 백화점이었다.
▼51 루브르 백화점의 도서관.

라나 박물관에 버금가는 문화 체험"이라는 평가를 내린 것도 과장은 아니었다.

백화점은 단순한 구경거리에 그치지 않고 새로운 문화가 태어나고 전파되는

52 봉마르셰 백화점의 라운지. 백화점의 문화공간은 백화점을 만남의 장소로 만드는 데 큰 역할을 했다.

공간이기도 했다.[51·52] 지금의 백화점 문화센터처럼 봉마르셰 백화점에서는 매장과는 별도의 문화공간을 운영했다. 매일 오후 3시면 저명인사를 초대해 환담을 나누는 강연회를 고정적으로 열었고, 1873년부터는 유명 오페라 극장처럼 일 년 내내 열리는 콘서트 프로그램을 선보였다. 1월과 9월에 열리는 시즌 개막 콘서트는 하룻밤에 7천 명이 몰려들 정도로 대성황을 이루었다. 콘서트 프로그램이 인기를 얻자 당대 유명 오페라 가수들도 봉마르셰의 음악회에 앞다투어 출연하려고 했고, 1880년대부터는 아예 매장을 통째로 오페라 무대로 꾸며 오페라를 공연하기도 했다. 게다가 어느 백화점에나 만남의 장소로 이용할 수 있는 도서관이나 전시장이 있었고, 여기에서는 샌드위치나 케이크 같은 간식거리와 커피, 차 등의 음료를 무료로 제공해서 인기가 높았다. 얼핏 보면 물건 판매와는 크게 관련 없어 보이지만 결국 이런 문화 행사들은 보다 많은 사람들을 백화점으로 끌어오기 위한 고단수 마케팅의 일환이었던 것이다.

미래의 고객이자 부모의 손을 이끌고 백화점을 찾게 만들어주는 충실한 고

53 프랭탕 백화점의 어린이 장난감 카탈로그(1904년). **54** 앙리 쥘 장 조프루아, 〈유혹〉. 백화점의 장난감 매장은 가장 수익률이 높은 매장 중 하나였다.

객인 어린이들을 위한 배려도 남달랐다. 봉마르셰와 프랭탕 등 파리에 있는 거의 모든 백화점에서는 어린이 방문객에게 장난감과 엽서, 자체 제작한 그림책을 무료로 뿌렸다.[53·54] 물론 여기서 나눠주는 엽서와 그림책의 주제는 봉마르셰 백화점에서 노는 천사나 프랭탕을 찾은 아기 곰처럼 동화를 가장한 백화점 광고였지만 말이다.

백화점의 그늘, 화려함의 그림자

백화점이 만들어낸 새로운 사회 현상도 있었다. 19세기 말, 봉마르셰 백화점에는 2천5백 명, 프랭탕 백화점에는 천여 명의 여성 판매원이 근무할 정도로 백화

Vues Printemps — Série B — N° 10

Grands Magasins du Printemps. — Une des Salles à Manger (Dames)

55 프랭탕 백화점 여직원들의 점심 식사 모습(1904년).

점은 그 어느 곳보다 여성 직원이 많이 필요했다. 순식간에 백화점은 시골에서 파리로 막 상경한 처녀처럼 별다른 능력이 없는 젊은 여성들에게 가장 만만한 취업처로 자리 잡았다.[55]

　당시 최고의 인기 작가인 에밀 졸라가 1883년 백화점을 소재로『여인들의 행복한 시간』이라는 소설을 쓰게 된 계기는 백화점이 만들어낸 신풍속도도 흥미로웠지만 여기서 일하는 젊은 여성 직원들의 생활 자체가 당시로서는 놀라운 풍경이었기 때문이다. 너무나도 생생해 당시 독자들에게 마치 사실을 그대로 담아낸 다큐멘터리 같은 느낌을 선사한 이 소설의 주인공은 시골에서 동생과 함께 상경한 순진하기 이를 데 없는 처녀 드니스 보뒤다. 마땅히 오갈 데가 없었던 드니스가 일자리를 구한 곳은 바로 '여인들의 행복한 시간'이라는 이름의 백화점이었다. 봄처럼 아름다운 것들만을 판다면서 '봄에서'라는 특이한 이름을 홍보하는 데 열을 올린 프랭탕 백화점을 떠올리게 하는 작명이다. 드니스는 백화점의 공식 영업시간인 아침 8시부터 저녁 8시까지 하루 종일 서서 일하는데다 뒷정리까지 마치고 나면 밤 10시가 되어서야 피곤에 절어 침대에 쓰러지곤 했다. 그녀의 주위로는 부인을 따라 쇼핑 나온 남편들을 몰래 유혹하는 다른 여자 직원들과 이들에게 공공연히 추파를 던지는 남자 직원 그리고 손님들의 은밀한 눈길이 촘촘히 얽힌다.

당시 백화점 여직원은 사회적으로도 특이한 직업이었다. 같은 하늘 아래 살고 있지만 다른 계층의 사람들과 인연을 맺을 길이 드물었던 보수적인 사회에서 자신들보다 소비 수준이 높은 계층의 사람들을 지속적으로 상대하는 무척 드문 직업의 종사자들이었기 때문이다. 게다가 집 밖에서 일하는 젊은 여성 자체가 희귀한 시대이기도 했다.

백화점에 펼쳐진 풍요의 세계와 비루한 현실 사이의 메꿀 수 없는 간격은 백화점 여직원들을 유혹하는 또 다른 덫이었다. 당시 백화점 판매원의 초봉은 연 6백 프랑 정도로 아주 적은 기본급에 물건을 하나 팔 때마다 5퍼센트의 수당이 추가되는 방식이었다. 세일즈에 능숙한 숙련된 판매원이 되거나 매장 책임자 자리에 오르면 천 프랑 정도의 월급을 받을 수 있었지만, 이마저도 하루 종일 서서 일하는 노동 강도에 비하면 형편없는 보수였다. 그나마 월급을 꼬박꼬박 탈 수 있는 이들은 얼마 안 되는 정직원뿐이었고, 대부분의 여성 판매원은 비수기가 되면 일방적으로 해고되는 비정규직인 탓에 이들의 현실은 훨씬 더 참혹했다.

게다가 당시 백화점의 영업시간은 통상 오늘날보다 긴 아침 8시부터 저녁 8시까지였으며 쉬는 날 없이 일요일에도 문을 열었다. 근무 시간에는 의자에 앉아서는 안 된다는 규정 때문에 잠시나마 다리를 쉴 수 있는 시간은 점심 식사 때뿐이었다. 3~4교대로 최장 55분까지 쓸 수 있는 점심시간에는 백화점 내부에서 제공하는 직원 식당에서 한 끼를 해결했다. 직원용 식사로는 채소를 곁들인 고기 요리 하나에 디저트, 반 리터의 와인, 맥주 한 병이 제공되었다.[56] 집세를 감당할 여력이 없는 직원들은 밤이면 매대 뒤에 숨겨둔 간이침대를 펴고 아예 잠까지 백화점에서 해결하는 경우도 많았다.

56 프랭탕 백화점 남직원들의 점심 식사 모습.

　노동법도 존재하지 않고 노동자의 인권에 대한 의식도 희박했던 시대에 백화
점 직원들의 삶은 이처럼 각박하기 그지없었다. 보다 쉽게 돈을 벌 수 있고 보다
안락하게 살 수 있는 불륜의 유혹을 물리치기 어려운 환경이었던 것이다. 그러다
보니 19세기 후반에 접어들면서 백화점 여직원은 풍기가 문란하고 가벼운 여자의
표본이 되었다. 처음에는 백화점 여직원을 가리키던 '그리제트grisette'라는 말이
얼마 지나지 않아 카바레나 뮤직홀에서 일하는 무희와 창녀를 총칭하는 뜻으로
변한 데에는 그럴 만한 이유가 있었던 것이다.

　검은 장갑을 끼고 애수 어린 목소리로 노래를 불러 파리 뮤직홀의 스타로 등
극했으며, 화가 툴루즈-로트레크가 가장 좋아한 모델이기도 했던 가수 이베트 길
베르Yvette Guilbert도 백화점 판매원이었다.[57] 19세기 영국의 산업화 물결 속에서
표류하는 배처럼 간신히 살아가는 험난한 인생을 묘사한 찰스 디킨스의 소설『어
려운 시절Hard Times』과 똑 닮은 그녀의 회고록을 보면 당시 백화점 여직원의 삶이

얼마나 팍팍했는지 생생하게 전해진다. 길베르의 어머니는 삯바느질로 백화점 맞춤부에 모자를 납품하는 하청업자였다. 매일 밤을 새는 바람에 아침이면 눈이 보이지 않을 정도로 바느질을 해도 빵조차 넉넉하게 사지 못하는 형편이었다. 아무리 달아나려고 발버둥쳐도 달아날 수 없는 숙명적인 가난에 시달린 길베르는 열일곱 살이 되자 프랭탕 백화점의 판매원으로 취직했다.

　기본급 50프랑에다 판매액의 5퍼센트인 수당을 합쳐 한 달에 100~175프랑 정도를 겨우 벌던 길베르는 그 시절을 몸서리치는 고통의 시간으로 기억했다. 구두 밑창이 다 갈라지도록 내내 서 있어야 했던 기억, 그나마 유일하게 쉴 수 있는 점심시간조차 순가락을 들 수 없을 정도로 고단했던 일상, 군대를 연상

57 앙리 툴루즈-로트레크, 〈이베트 길베르〉.

시키는 고참 직원들의 폭언과 거만하기 이를 데 없는 손님들, 서로 시기하고 질투하며 뒤에서는 끊임없이 험담을 퍼트리고 다니는 동료 직원들……

　이렇듯 백화점이라는 눈부신 성전의 그늘에는 수많은 그리제트들의 눈물과 회한이, 그녀들의 애잔한 인생이 숨겨져 있었다. 그토록 신산한 인생이 아름다운 노래로 태어났기에 오늘날까지 길베르의 노래가 전설로 남아 있는지도 모르겠다.

19세기 백화점 카탈로그의 가치

오늘날 백화점 카탈로그나 통신판매 업체의 카탈로그를 수집의 대상으로 생각하고 곱게 모으는 사람이 매우 드문 것과 마찬가지로 대량 생산과 대중적인 소비문화가 일반화되기 시작한 19세기 사람들 역시 카탈로그를 수집하는 일은 드물었다.

이 때문에 유럽이나 미국의 고문서관이나 도서관에서도 19세기에 제작된 백화점 카탈로그는 꽤 드문 자료에 속한다. 20세기의 것은 많아도 백화점의 초기 역사를 일별할 수 있는 19세기 중반의 카탈로그는 상대적으로 찾아보기 어려운 것이다.

카탈로그와 포스터는 19세기 중반부터 1940년대까지 백화점의 주요한 마케팅 수단이었다. 당시 카탈로그는 통신판매를 겸할 목적으로 제작되었기 때문에 상품에 대한 세세한 정보와 사용법 등이 기재되어 있어서 풍속사를 연구하는 학자들에게는 무척 귀중한 자료가 된다.

특히 백화점에 새로운 품목이 등장할 때마다 제작한 기획 카탈로그들은 생활의 변화를 한눈에 알아볼 수 있게 해주는 잣대나 다름없다. 이를테면 1879년부터 제작하기 시작한 남성복 카탈로그를 통해서는 맞춤으로 제작된 남성복이 기성복에 편입되었다는 사실과 더불어 옷차림에 신경 쓰는 댄디 스타일의 남성들이 새로운 남성상으로 등장한 시대의 변화를 읽을 수 있다. 1899년부터 등장한 가정용 변기와

욕조, 수도꼭지, 샤워기 등의 위생 시설 카탈로그를 통해서는 위생 관념과 생활 편의에 대한 19세기 사람들의 관심과 변화상을 엿볼 수 있다.

19세기의 카탈로그 제작 기법은 인쇄 기술의 발달에 따라 많은 변화를 겪었다. 1820년에는 석판 인쇄술이 등장했고 1845년에는 착색 석판술이, 1860년대부터는 사진 원판 인쇄술이 도입되었다. 인쇄술의 발달은 보다 많은 카탈로그를 경제적으로 발행할 수 있는 길을 열었고 동시에 일러스트와 사진을 겸비한 앨범식 카탈로그를 제작하는 데 결정적인 역할을 담당했다.

안타까운 점은 앞서 언급했듯이 이렇게 생생하게 당대 풍속과 생활을 일별할 수 있는 많은 자료들이 잘 보존되어 있지 않다는 사실이다. 더불어 카탈로그를 제작한 많은 일러스트레이터들의 활동 역시 거의 연구된 바가 없다. 1910년부터 1940년까지 프랭탕 백화점의 카탈로그와 포스터를 담당한 에티엔 드리안의 작품은 오늘날 인기 있는 수집 대상이 되었지만 그의 인생이나 작품 목록 역시 아직까지 명확하게 밝혀지지 않아 안타까움을 더한다.

또한 1917년까지 주요 백화점의 전시 카탈로그를 인쇄 제작한 회사인 드레거Draeger나 드밤베Debamber 역시 그 이름만 알려져 있을 뿐이다.

드레거에서 제작한 백화점 카탈로그.

6장

신세기 유토피아,
만국박람회

유토피아, 인간의 존엄성과 자유를
최우선으로 생각하는 이상적인 세계.

1900년 만국박람회는
20세기라는 새로운 시대에 대한
그들의 열망이자 꿈이었다.

과연 그들은 몰랐던 것일까?

방향을 모르는 진보에 대한 맹목이
결국 전쟁을 불러오리라는 사실을.
그리하여 역사는 20세기를 전쟁의 시대로
기록하리라는 사실을.

1900년 파리 만국박람회장 입구
p. 237

에펠탑
p. 243

그랑 팔레
p. 250

식민주의
p. 252

1 〈파리 만국박람회 공식 포스터〉, 1900년.

1900년 4월 11일, 당시 프랑스 최고의 주간지인 『일뤼스트라시옹 L'Illustration』의 기자는 개막 준비에 한창인 파리 만국박람회장을 둘러보았다. 오프닝이 당장 사흘 앞으로 닥쳤는데 전시장 공사는 끝날 기미가 보이지 않는다는 소문 때문이었다.

과연 소문대로 개막일이 코앞인 게 믿기지 않을 정도로 공사가 한창이었다. 에펠탑 뒤쪽에 자리 잡은 '축제의 장 Salle de fête'이라는 건축물만 하더라도 축제의 장은커녕 난장판이라는 말이 더 어울리는 상태였다.[2]

2천 평에 달하는 대지를 철 골조로 촘촘하게 덮어야 완성되는 이 건축물은 아직 골조 설치조차 끝나지 않아 군데군데 구멍 난 거대한 인공 숲 같았다. 인부들은 천장을 가득 메운 철골 지주와 장대, 대들보 사이를 원숭이처럼 오가며 부지런히 납땜질을 하고 있었다. 천장에서 떨어진 석회 반죽과 먼지 때문에 눈을 제대로 뜰 수 없는 지경인 공사 현장 아래에는 더 기막힌 광경이 펼쳐지고 있었다.[3] 이 건물의 내부 장식을

▲2 공사가 한창인 파리 만국박람회장 내 '축제의 장'.
▼4 개막을 기다리고 있는 '축제의 장'.

3 박람회장으로 쓰일 가설 건물들 외에도 그랑 팔레, 프티 팔레를 짓고 알렉상드르 3세 다리를 건설하는 것까지 공사 규모가 엄청났다.

담당한 인테리어 회사인 벨루아Belloir의 직원과 인부들이 개미처럼 바닥에 달라붙어 마감재를 까느라 부산을 떨고 있었다. 이런 와중에 한쪽에서는 행사장에 쓸 온갖 집기와 가구들이 한창 배달되고 있어서 그야말로 아수라장이 따로 없었다.

불난 호떡집처럼 와글와글 난리법석인 난장판의 와중에도 햇빛이 구름 사이로 얼굴을 드러낼 때마다 인공 숲으로 황홀한 오색 빛이 쏟아졌다. 천장 한가운데에 우뚝 솟은 돔의 스테인드글라스에서 쏟아져 내려오는 빛은 뿌연 먼지로 뒤덮인 공사장에도 천상처럼 황홀한 분위기를 선사했다. 페르낭 코르몽Fernand Cormon, 프랑수아 플라망François Flameng, 알베르 메냥Albert Maignan, 조르주 앙투안 로슈그로스Georges Antoine Rochegrosse 같은 장식미술가들이 작업을 마친 스테인드글라스와 유리판들은 먼지에 가려진 채 개막일만을 기다리고 있었다[4]

이래서야 과연 사흘 후에 만국박람회 개막식을 치를 수나 있을까? 넋이 나간 기자는 걱정을 토로하는 기사를 송고했다. 사실 새로운 밀레니엄을 맞는 역사적인 해인 1900년을 맞아 대대적인 준비에 들어간 파리 만국박람회는 삼 년 전인 1897년부터 일찌감치 공사에 들어갔다. 20세기를 맞는 기념비적인 만국박람회답게 행사계획서는 그야말로 장대했다.[5] 센 강 좌안과 우안의 상징물이자 전시장의 두 주축이 될 앵발리드와 샹젤리제를 연결하는 알렉상드르 3세 다리를 새로 짓고,[6] 예술전시관으로 쓸 '그랑 팔레Grand Palais'와 '프티 팔레Petit Palais'를 샹젤리제와 콩코르드 광장 사이에 건설하는 것을 필두로 무려 2.16제곱킬로미터(약 65만 평)에 달하는 부지 안에 수

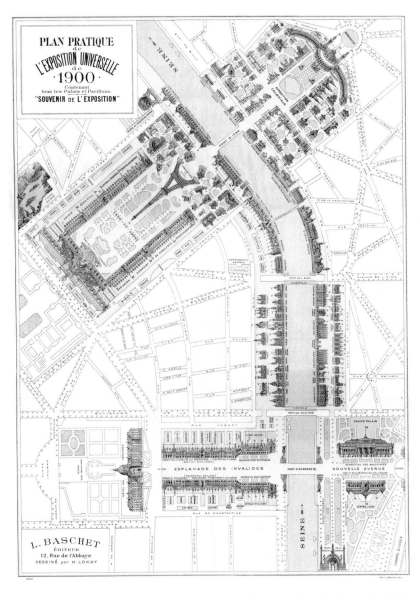

5 1900년 만국박람회장의 지도. 그랑 팔레와 프티 팔레가 위치한 앵발리드 지역부터 센 강을 따라 이어지는 에펠탑 주변까지 모두 박람회장으로 쓰였다.

6 알렉상드르 3세 다리.

7 앵발리드의 새 기차역.

천 개의 전시장이 들어설 예정이었다. 게다가 외국 관광객을 실어 나르기 위해 앵발리드 앞쪽에 새 기차역을 짓는 것은 물론 이때에 맞춰 지하철도 개통할 요량이었다.[7] 계획대로 샹젤리제를 관통하는 지하철이 등장한다면 파리는 1890년 런던을 필두로 부다페스트, 뉴욕 다음으로 지하철이 오가는 도시가 될 터였다.

세기의 공사판인 만큼 건설 현장에 투입된 인부만 4천 명이 넘었고, 이런 대규모 인원에게 식사를 제공하기 위해 레스토랑 협회까지 발족되었다. 파리 시에서는 급히 불로뉴 숲에 부지를 마련해 차양을 치고 인부들이 거처할 수 있는 숙소를 따로 만들었다. 각 나라의 전시관을 짓기 위해 해당 국가에서 파견된 각양각색의 인부들은 그 자체만으로도 볼거리였다. 지도에 있다는 것만 알았지 실제로 본 적이 없는 러시아의 이르쿠츠크나 아시아의 시암(지금의 태국), 인도네시아 등지에서 온 인부들을 구경하려고 공사판을 얼쩡거리는 파리 시민들도 많았다.

차츰 공사가 진행되면서 여기에 매달리는 인부 수도 날로 늘어 6천2백 명에 달했지만 공사는 좀체 끝날 기미가 보이지 않았다. 그도 그럴 것이 애당초 밀레니엄 기념 만국박람회 계획 자체부터가 기존의 행사와는 비교가 안 될 만큼 워낙 원대했다. 계획대로라면 파리 시내의 절반을 완전히 새로 건설해야 하는 것이나 마찬가지인 규모였으니 말이다.

이러다가 행사 오프닝도 제대로 치르지 못해서 국제적 망신을 사겠다는 기자의 근심에도 불구하고 다행히 개막식은 1900년 4월 14일 만국박람회장 내의 '축제의 장'에서 무사히 치러졌다.[8] 미처 공사가 끝나지 않았지만 체면 때문에라도 대외적으로 공표한 개막일을 미룰 수 없었다. 게다가 입장권 예약은 개막 한 달도 전인 3월 1일부터 시작됐는데 개막일 전에 이미 650만 장의 판매고를 올렸다[9] 개막식을 주관한 대통령 에밀 루베는 20세기는 우애와 행복, 인간애로 빛나는 세기가 될 것이라 천명했다. 세계가 근대에서 현대로 넘어가는 기념비적인 순간을 눈으로 보고 있다는 감격이 박람회장에 넘쳐흘렀다. 20세기에 대한 희망에 화답이라도 하듯이 특별히 황금색으로 치장한 에펠탑과 수천 개의 전기 램프가 파리를 불야성으로 물들였다. 인공의 불빛과 인공의 분수, 인공의 건축물로 가득한 전시장을 둘러보면서 19세기 사람들은 자신들이 인류 역사상 가장 빛나는 세기, 발전과 발견으로 가득한 놀라운 신세기에 살고 있다는 자부심을 만끽할 수 있었다.[10·11]

▲8 1900년 프랑스 루베 대통령과 정부 고위
인사들이 만국박람회 개막식장에 들어서는 모습.
▼9 20프랑짜리 만국박람회 입장권 묶음.

1900년 만국박람회장에 입장하라!

1851년 런던에서 '만국 산업품 대전시Great Exhibition of the Works of Industry of All Nations'라는 이름으로 시작된 만국박람회는 급속도로 발전하는 산업 기술과 각국에서 개발한 각종 신기술 및 신제품을 한자리에 모아 보여주는 국가적 이벤트였다. 첫 만국박람회의 성공 이후 파리(1855, 1867, 1878, 1889년), 런던(1862년), 빈

▲10 루시앵 바이라크, 〈1900년 만국박람회 파노라마 전경〉.

▼11 만국박람회장은 신세계나 다름없었다. 방문객들은 드넓은 부지에 펼쳐진 다채로운 건물들과 첨단 시설물에 넋을 잃었다.

12 이에나^{Iena} 다리까지 빽빽하게 메울 정도로 만국박람회 입장객은 인산인해를 이루었다.

13 아셰트 출판사에서 제작한 박람회장 안내서.

(1873년), 앤트워프(1885년), 바르셀로나(1888년), 브뤼셀(1897년) 등의 유럽과 뉴올리언스(1884년), 시카고(1893년) 등의 미국 그리고 시드니(1879년), 멜버른(1880년) 등 각 대륙을 돌며 부정기적으로 열리면서 19세기 최고의 화젯거리로 떠올랐다.

하지만 이전의 그 어떤 박람회도 1900년 파리 만국박람회만큼 대성공을 거두지는 못했다. 기록에 따르면 일반 관람객 입장이 시작된 4월 15일부터 12월 12일까지 205일 동안 무려 5천5백만 명이 넘는 입장객이 박람회장을 다녀갔다. 1900년 만국박람회에 열광적인 반응을 보인 것은 비단 이런 국제적 이벤트를 유치한 프랑스인들만이 아니었다. 6개월 동안 전 세계에서 1억 명이 넘는 여행객이 박람회를 보기 위해 파리로 몰려들었다.[12] 박람회장 구석구석을 손바닥 보듯이 상세하게 안내해놓은 『나침반 가이드북*Guide Boussole*』과 시의적절하게 아셰트 출판사에서 내놓은 『1900년 파리, 만국박람회 안내서』는 날개 돋친 듯 팔려나갔다.[13] 그야말로 1900년 파리 만국박람회는 광풍처럼 온 유럽을 휩쓸었던 것이다.

14 1900년 파리 만국박람회장 입구 전경. 19세기인들은 기상천외한 모양의 입구와 바람에 휘날리는 대형 깃발을 보며 자신들이 살고 있는 역동적인 시대를 실감할 수 있었다.

부푼 기대를 안고 행사장에 도착한 관람객들에게 호응이라도 하듯 파리 만국박람회는 입구부터 여느 만국박회와 차원이 달랐다. 6층 건물 높이에 맞먹는 세 개의 거대한 아치가 웅장한 돔처럼 맞물린 기묘한 모양의 입구는 기념비적인 상징물이라고 하면 네모반듯한 개선문 정도를 떠올리던 당대의 상식을 완전히 깨버렸다.¹⁴ 이를 디자인한 건축가 르네 비네Rene Binet는 건축물에 흔히 쓰는 은은하고 고급스러운 대리석 대신 아치 위에 파랗고 노란 유리 장식판을 촘촘히 붙였고, 해가 지자마자 불을 밝혀줄 3천2백 개의 백열등까지 달았다. 네온사인이 없던 시대에 이런 휘황찬란한 빛의 장식은 두고두고 이야깃거리가 될 만큼 사람들의 눈을 단번에 사로잡았다. 현대인의 눈으로 봐도 SF 영화에 등장하는 미래 제국의 한 장면이 연상될 정도의 첨단 디자인이었으니, 당시 사람들의 놀라움이 어떠했을지는 쉽게 짐작된다.

조형물 입구의 아치 꼭대기에는 여느 개선문들처럼 상징적인 조각물을 올렸는데 조각상 역시 파격적이기는 마찬가지였다.[15] 흔히 볼 수 있는 그리스·로마 시대의 복장을 한 고고한 여신이 아니라 파리에서 가장 유행한 차림새의 19세기 여인이 주인공이었기 때문이다. 키가 6미터 50센티미터나 되는 이 '파리지엔(파리의 여인)'은 관람객들에게 손을 내밀듯 왼팔을 앞으로 하고 하늘을 우러러보고 있었다. 그 당당한 자신감은 눈부신 20세기가 도래할 것이라는 메시지를 만방에 전했다.

관람객들은 바람에 나부끼는 깃발 때문에 더 환상적으로 보이는 입구를 지나 아치 정문 뒤편에 숨겨져 있는 매표소에서 입장권을 구입했다. 시간당 4천 명을 수용할 수 있는 36곳의 매표소 앞에는 관람이 시작된 아침 8시부터 마지막 입장 시간인 밤 10시까지 줄이 끊이지 않았다. 1900년 파리 만국박람회의 입장권은 현장의 공식 매표소 이외에도 동네 담배 가

15 박람회장 입구 꼭대기에 설치한 상징물. 19세기 '파리의 여인'이 당당한 자태를 뽐내며 하늘을 우러러보고 있다.

게나 카페, 세금 납부처 등 여러 곳에서 구입할 수 있었는데도 말이다. 행사장 입장료 자체는 1프랑이었지만, 요즘 놀이공원처럼 각 전시장에 들어갈 때마다 별도의 요금을 내야 했기 때문에 1프랑 입장권을 스무 장 묶음으로 사더라도 모자라기 일쑤였다. 사실 일반 노동자의 시급이 40~50상팀인 시대에 만국박람회를 구경하는 것은 보통의 평범한 가정에서도 부담스러워할 만큼 적잖은 비용이 드는 유흥이었다. 좀 볼만하다 싶은 전시장의 입장권은 3프랑이나 했고, 간단한 식사라도 할라치면 줄잡아 일인당 2프랑 50상팀 정도의 식대가 들었으니 말이다.

19세기 최첨단 기술의 바벨탑

　매표소를 통과한 사람들이 가장 먼저 달려간 곳은 '전기 궁전^{Palais de l'Electricité}'이 들어선 산업관이었다.[16] 가장 앞선 기술을 가장 먼저 소개한다는 설립 취지에 맞게 당시 만국박람회는 신기술을 선보이는 최첨단 전시장이었다. 1867년부터 산업관과 기계관이 예술관이나 생활관 같은 겉보기에 화려한 전시장을 제치고 만국박람회의 중심이 된 것은 이 때문이었다.

　산업관이라면 지루하고 딱딱한 느낌을 줄 수 있지만 19세기 사람들에게는 마법의 세계나 다름없었다. 파리에서 처음 열린 1855년 만국박람회의 주제는 거대한 '증기기관'이었다.[17] 수백 마리의 말을 하나로 합친 정도의 엄청난 힘을 내는 증기기관은 누가 보더라도 새 시대를 주름잡을 기술임에 틀림없었다.

　1855년 파리 만국박람회에는 세상에 이런 것이 있나 싶을 정도로 재미있는

16　1900년 만국박람회를 대표하는 건물 중 하나인 '전기 궁전'의 모습.

17 1855년 만국박람회의 주역 증기기관.

▲**18** 커피머신.

▼**19** 싱어 재봉틀.

발명품도 많았다. 시간당 2천 잔의 커피를 만들어내는 커피머신[18]부터 세탁기, 단번에 여섯 발이나 장착되는 리볼버, 바퀴만 돌리면 바느질이 저절로 되는 신기한 싱어Singer 재봉틀[19]이 단연 화제를 모았다. 게다가 관람객들은 기묘할 만큼 청명한 소리를 내는 플레이엘Ignace Joseph Pleyel의 피아노와 아돌프 색스Adolphe Sax가 발명한 색소폰의 연주 소리를 처음 들었고, 누르기만 하면 얼굴이 찍혀 나오는 사진기라는 물건에 감탄사를 연발했다.

파리에서 두 번째 만국박람회가 열린 1867년은 '가스의 해'였다.[20] 가스는 증기기관을 대신해 기계를 돌리고 불을 밝혀줄 새로운 에너지였다. 전시장 주변에 장장 13킬로미터에 달하는 가스관이 설치되어 5천 개가 넘는 가스램프가 24시간 내내 전시장을 밝혔다. 사람들 앞에서 직접 물건을 써보고 재미난 광경을 보여주

20 새 시대의 에너지로 주목받은 가스의
역할을 홍보하기 위해 제작한 달력.

21 1878년 만국박람회의 주인공은
전구였다.

는 시연회가 유행한 그해 만국박람회
장에는 1분에 수십 장의 카드를 찍어
내는 인쇄기와 물속에서 숨을 쉴 수 있
게 해주는 마스크를 쓴 잠수부가 처음
등장하기도 했다.

파리에서 세 번째로 열린 1878년
만국박람회의 최대 화젯거리는 작은
유리구슬에서 눈이 부실 정도의 밝
은 빛을 내는 '전구'라는 놀라운 물건
이었다.[21] 버튼을 누르기만 하면 글자
가 쳐지는 타자기나 상한 치아 위에
씌워 감쪽같이 새것처럼 만들어주는 도자기 아말감, 멀리 떨어져 있는 사람의 목
소리를 들을 수 있는 놀랍고 신기한 기계인 전화[22] 같은 발명품 역시 당장에 사용
할 수 있을 만큼 실용적인 것들이었다.

업계 관계자가 아니라면 산업전시관 같은 곳을 일부러 찾을 일도 없고, 테크
놀로지라는 말만 들어도 머리가 아파오는 현대인에게 이런 곳을 찾아가 감탄사
를 연발하는 19세기 사람들의 열정은 사뭇 낯설다. 그러나 19세기 사람들에게 과
학과 발명은, 고장난 컴퓨터를 앞에 두고 망연자실하는 현대인이 생각하듯 멀고
어렵고 복잡한 전문 분야가 아니라 당장 내일의 생
활을 윤택하게 바꿔줄 수 있는 희망이었다. 아버지
시대에는 듣도 보도 못한 것들이 아들의 시대에는
당연하고도 평범한 것들로 변하는 속도와 변화의
시대를 살았던 19세기 사람들에게 만국박람회의
주역은 발명품 하나하나가 아니었다. 우리는 찬란
한 오늘을 살고 있으며 더 나은 내일을 살 것이라는

22 전화와 축음기.

▲**23** 1889년 파리 만국박람회장 내 '기계관'에서 전시 중인 증기기관.

▼**24** 1900년 파리 만국박람회장 내 '기계관'의 독일관.

증기기관과 첨단 기계들을 구경하며 19세기인들은 놀라운 발전의 시대를 살고 있음을 실감했다.

▲25 한창 건설 중인 에펠탑의 모습.

▼26 에펠탑이 그려진 1889년 파리 만국박람회 홍보 카드.

발전에 대한 '믿음'과 '낙관'이었다.[23·24]

실제로 19세기 사람들이 체험했던 발전과 변화를 가장 극적이고 환상적으로 보여준 것이 바로 파리 에펠탑이다.[25·26] 1889년 파리에서 네 번째로 열린 만국박람회를 기념해 파리 시내 한가운데에 우뚝 세운 초대형 철탑은 미래의 진보에 대한 낙관론과 함께 '철의 시대'가 도래했음을 알렸다.

프랑스 정부는 에펠탑을 프랑스 혁명 백 주년을 기념해 프랑스의 위상을 세계에 알리는 상징물로 여겼다. 게다가 1876년 필라델피아 만국박람회에서 미국이 기획했던 3백 미터 높이의 대형 철탑보다 더 높은 탑을 세워 기술력을 만방에

27 인부들이 공장에서 생산한 철근을 조합해 에펠탑을 세우고 있다.

28 에펠탑이 완공된 날 엔지니어들은 에펠탑 꼭대기에 국기를 게양했다.

29 에펠탑 밑에서 올려다보는 당시 시민들.

과시하겠다는 경쟁심이 더해지면서 313미터짜리 에펠탑이 결실을 맺은 것이다.

2년 2개월의 건설 기간 동안 단 250명의 인부만으로 완성한 이 철탑은 신기술이 어디까지 나아갈 수 있는지를 상징적으로 보여준 '문명의 바벨탑'이었다. 그것도 별다른 장식 하나 없이 오로지 철근과 나사만으로 세워진 19세기판 바벨탑이었다.[27~29] 이를 두고 모파상이나 뒤마 같은 당대의 문학 예술인들은 "도대체 이 추악한 괴물이 왜 루브르나 노트르담 성당이 자리한 문명과 예술의 도시 파리 한가운데에 등장해야 하느냐"며 반대의 기치를 올렸다. 반면 장 베로Jean Beraut나 조르주 쇠라Georges Seurat,[30] 피에르 보나르Pierre Bonnard, 에두아르 뷔야르Édouard Vuillard처럼 우뚝 선 철탑이 상징적으로 보여주는 새 시대의 풍경을 당장 화폭에 옮긴 화가들도 많았다.

30 조르주 쇠라, 〈에펠탑〉(1889년경). 파리 어디에서든 보이는 에펠탑은 시민들뿐만 아니라 작가들에게도 화제가 되었다.

신기술이 곧 20세기다!

20세기를 맞이하는 1900년의 만국박람회는 새로운 세기를 지탱해줄 새로운 에너지, 즉 '전기'를 주제로 정했다. 전기가 가진 모든 가능성을 한자리에서 보여준다는 기치 아래 산업관 부지에 세워진 '전기 궁전'은 길이가 410미터나 되는 거대한 가설 건축물이었다. 높이만 60미터에 달하는 으리으리한 입구에는 전기로 불을 밝힌 별 사이에서 용과 페가수스를 탄 '전기의 요정'이 등장해 관람객을 맞았다.

전기 궁전을 설계한 건축가 외젠 에나르Eugène Hénard는 전기와 가스의 차이를 명확하게 이해하고 있었다. 전기로 빛을 창조하고 나아가 창조한 빛을 조합해 놀라운 환상을 만들어낼 수 있음을 간파한 것이다.

이를 직관적으로 보여주기 위해 그는 궁전 외부에 열한 개의 대형 프로젝터를 설치했고, 여기서 쏜 빛은 전기 궁전의 전면에 붙은 초록, 빨간, 파란색의 유리판을 통과해 바닥부터 하늘까지 색색의 거대한 빛의 프리즘을 만들어냈다.[31] 요즘의 조명쇼처럼 이 빛이 움직이고 서로 섞이면서 다양한 색채의 장막을 관객들에게 선사했다. 그리고 궁전의 바닥에는 새 시대의 도래를 알리는 1900년이라는 숫자를 선명한 빨간 조명으로 새겼다. 여기에다 전기 궁전의 구석구석을 장식하고 있는 5천7백 개의 전구에 불이 켜지면 세상 그 어느 곳에서도 볼 수 없는 신비로운 빛의 판타지가 펼쳐졌다.

이런 조명쇼의 효과를 극대화하기 위해서 전기 궁전의 앞쪽에는 건축가 에드몽 폴랭Edmond Paulin과 함께 거대한 '물의 성'을 만들어 폭포와 분수가 어우러지는

31 인부들이 '전기 궁전' 외관에 조명을 달고 있다.

▲32 전기가 가진 가능성을 모두 보여준다는 기치 아래 만들어진 '전기 궁전'.

▼33 '전기 궁전'에서 매일 밤 펼쳐진 조명쇼는 파리의 밤을 환하게 밝혔다.

분수쇼를 펼쳤다. 관람객들은 조명에 물들어 색색의 빛으로 뻗어나가는 신기한 분수쇼를 보기 위해서라도 앞다투어 전기 궁전을 찾았고, 새 시대의 주역인 전기의 위대함에 경탄을 금치 못했다.[32·33]

눈부시게 발전해나가는 과학기술을 온몸으로 느끼기에는 '광학 궁전Palais d'Optique'도 빼놓을 수 없는 명소였다.[34] 여기에는 직경이 1미터 50센티미터에 이르는 천체 망원경이 설치되어 있었는데 당시로서는 세계에서 가장 뛰어난 성능을 자랑했다. 망원경 끄트머리에 있는 접안렌즈에 눈을 바싹 들이대면 달이 손에 잡힐 듯 가까이 보였다. 천체 망원경 외에도 광학 궁전에서는 신체 내부가 훤히 들여다보이는 이상한 빛인 엑스레이가 대중에게 첫선을 보였다. 미처 엑스선의 위험성을 몰랐던 사람들은 뼈가 선명하게 드러나는 기묘한 광선을 쬐어보겠다고 너도 나도 줄을 섰다. 심지어 무용단이 방사선 진단의 조영제造影劑로 쓰이는 바륨을 의상에 바르고 엑스선 아래에서 춤을 추는 공연까지 연출했다니, 현대인의 눈에는 다소 오싹한 풍경이 아닐 수 없다.

1900년 파리 만국박람회 기계관의 주인공은 바로 '자동차'였다. 푸조, 르노,

34 '광학 궁전'에 설치된 초대형 천체 망원경.

모르Mors(시트로엥의 전신) 등의 자동차 회사에서 출품한 2백여 대가 넘는 차량이 줄지어 늘어선 풍경은 그 자체로도 장관이었다.[35] 요즘의 모터쇼와 하등 다를 바 없이, 당시 기계관도 자동차 회사에서 공짜로 나눠주는 브로슈어를 들고 무슨 자동차를 살 것인지 진지하게 탐색하는 사람들과 신문물에 감탄사를 연발하는 관람객들로 발 디딜 틈이 없었다. 놀랍게도 시속 백 킬로미터를 주파할 수 있는 최신 전기자동차 '라 자메 콩탕트La Jamais Contente'(결코 만

35 1900년 파리 만국박람회의 자동차 전시장. 자동차는 만국박람회에서 가장 화제를 몰고 온 첨단 운송기계였다.

족하지 않는다는 뜻)가 처음 선을 보인 건 1899년이었다. 전기자동차는 미국이 선두주자였는데 베이커Baker, 컬럼비아Columbia 같은 회사들이 생산한 전기자동차는 요즘 자동차 업체들의 허풍 섞인 광고를 무색하게 할 정도로 실용적인 면에서 손색이 없었다. 친환경적인 자동차를 표방하며 전기자동차를 21세기의 자동차처럼 선전하고 있지만 실상 전기자동차는 19세기의 최첨단 자동차였던 것이다.

그렇지만 이 모든 신기술을 제치고 박람회에서 가장 많은 인기를 모은 것은 '움직이는 보도'(무빙워크)였다.[36] 방대한 전시장의 이곳저곳을 쉽게 둘러볼 수 있도록 고안된 '움직이는 보도'는 시간당 8킬로미터의 속도를 내는 빠른 보도와 4킬로미터의 속도를 내는 느린 보도 두 개가 나란히 붙어 있었다. 가만히 서 있어도 서서히 몸이 앞으로 나가는 신기한 체험은 당시 사람들에게는 몸으로 느낄 수 있는 신기술의 즐거움이었다. 더구나 건물 2~3층 높이에 설치된 '움직이는 보도' 위에 서 있으면 발품을 팔지 않고도 전시장 전체를 두루 내려다보며 구경할 수 있었다. 혹시나 추락하는 승객이 있을까봐 '움직이는 보도' 주변에는 작은 인조목을 빽빽하게 심었는데, 빨간색으로 칠한 인조목의 화려한 색감은 산책하는 즐거움을 배가시켜주었다. '움직이는 보도' 외에 일인당 50상팀의 요금을 받는 전기열차

36 무빙워크가 설치된 박람회장. 관광객들은 무빙워크 위에 올라가만히 서서 박람회장을 둘러볼 수 있었다.

도 박람회장 내부를 정기적으로 돌며 끊임없이 관람객들을 실어 날랐다.

산업관 및 기계관은 당시 산업계를 주름잡은 쟁쟁한 회사들에게는 기술의 경연장이자 다시없는 홍보의 무대이기도 했다. 박람회 측에서는 회사들의 참여를 독려하고자 수천 개에 달하는 각종 상을 만들어 분야마다 최고의 상품을 선정했는데, 만국박람회 수상작이라는 메달은 광고 효과가 엄청났다.

오늘날 미국 실리콘밸리의 첨단 기업 격인 슈나이더 사Schneider & Cie가 엄청난 돈을 들여 박람회장 내에 자체 전시관을 개설한 이유는 이 때문이었다. 세계 최첨단을 달리는 제강 및 기계 기술로 유명한 슈나이더 사는 아돌프 슈나이더, 외젠 슈나이더 두 형제가 제강 및 제련 관련 회사들이 모여 있는 프랑스 부르고뉴 지방의 르크뢰조Le Creusot에 세운 회사였다. 슈나이더 사는 만국박람회에 기중기, 용광로, 만 7천 마력에 이르는 모터 등의 다양한 동력장치, 세계에서 가장 거대한 대포 등 자신들의 첨단 기술력을 아낌없이 자랑할 수 있는 다양한 제품들을 전시해 관람객들의 찬사를 한 몸에 받았다.

멀리 일본 등 세계 각지에서 이들의 제품을 구입하러 온 바이어들은 특히 최첨단 금속 기술로 무장한 신무기에 지대한 관심을 보였다. 대형 대포를 비롯해 전시장에 줄지어 선 다양한 무기들은 세계로 뻗어나가는 유럽 제국주의의 힘이자 자랑이었다.[37] 동시에 슈나이더 사는 자기네 상품뿐만 아니라 자기네 회사를 은

퇴한 기술자들에게 제공한 집이며 직원 편의를 위한 각종 서비스, 직원 자녀들을 위한 학교 등 복지 시책도 적극 홍보하면서 기업 이미지를 한껏 높이는 데도 앞장섰다. 이렇듯 파리 만국박람회에서 슈나이더 사가 단연 두각을 나타내자, 르크뢰조 지역은 지방자치단체와 슈나이더 가문의 아낌없는 투자, 거기다 제1, 2차 세계대전의 특수에 힘입어 발전을 거듭했다. 지금도 이곳은 고속철도의 원조 격인 테제베 TGV를 생산하는 알스톰, 세계 최고의 원자력

37 슈나이더 사의 전시장에 출품된 대형 대포.

발전 기술로 유명한 아레바Areva 등 프랑스 첨단 회사들의 본사가 위치한 도시로 명성을 날리고 있다.

무엇이든 가장 앞서 나가는 신기술을 보여주겠다는 만국박람회의 취지는 건축물에서도 확연하게 드러났다. 이미 1851년 최초의 런던 만국박람회에서부터 하이드 파크 내에 세계 최초로 목재나 석재를 일절 사용하지 않고 유리와 강철만으로 '수정궁'을 지어 당대 건축의 첨단이 무엇인지를 만인에게 과시한 바 있었다. 그 뒤로 유리와 강철로 만든 건물은 만국박람회의 상징이 되었고, 1867년 파리 만국박람회에서는 3만 5천 톤이 넘는 강철이 동원된 원형 경기장 모양의 산업관이 등장했다. 내부 복도의 길이만 해도 74킬로미터에 이른 산업관은 가스와 수도 시설이 완비된 당대 최고의 가설 건물이었다. 한 번에 열 명씩 탈 수 있는 엘리베이터가 등장했고, 전시장 내 곳곳에 설치된 314개의 수도꼭지를 통해 언제든지 공짜로 식수를 이용할 수 있었다.

1900년 파리 만국박람회에서 선보인 건축물 중 화제작은 단연코 '그랑 팔레' 38·39와 '프티 팔레'였다. 지금도 센 강 옆에서 파리의 풍경을 장식하고 있는 두 건축물은 마치 거대한 식물원처럼 강철과 유리를 촘촘하게 엮은 돔 지붕을 올렸다.

38·39 그랑 팔레의 외관과 내부. 예술 전시관으로 쓰인 그랑 팔레와 프티 팔레는 그리스·로마 시대의 건축물 양식에 철근 돔이 조화를 이룬 건물이었다. 그랑 팔레에서는 주로 회화와 조각 작품이, 프티 팔레에서는 태피스트리와 가구 등이 전시되었다.

그랑 팔레와 프티 팔레는 1900년 만국박람회를 맞아 새로 지은 미술 전시관으로, 전시 후에도 철거되지 않은 공공 건축물이었다.

에펠탑에 들어간 것보다 많은 9천 톤의 강철을 45미터 높이로 세운 그랑 팔레의 내부 구조는 당시 건축계에서 최고의 화제를 불러 모았다. 단지 기술적인 면에서만 앞서간 것이 아니라 미술 전시관이라는 목적에 맞게 조형적으로도 아름다웠기 때문이다. 돔 지붕에서 쏟아져 내리는 자연광과 바닥을 가득 메운 모자이크 장식은 이 전시관에 출품된 모네의 〈아르장퇴유의 다리〉, 드가의 〈뉴올리언스의 면직물 회사 사무실〉[40], 시슬리의 〈생마르탱 운하〉 등의 작품과 어우러져 빛과 색채로 가득 찬 장관을 선사했다. 재미난 사실은 만국박람회를 기념해 그랑 팔레에서 열린 '프랑스 미술 100년전'에서 이들 인상파

40 에드가 드가, 〈뉴올리언스의 면직물 회사 사무실〉.

화가의 위치는 참으로 미미했다는 점이다. 1800년부터 1889년에 이르는 프랑스 미술의 진면목을 보여주겠다는 계획 아래 1,530점의 작품이 출품되었고 그중 대다수는 각 박물관에 소장되어 있는 관전 화가들의 작품이었다. 당시 인상파에 대한 사람들의 시선이 어떠했는지를 보여주는 대목이다.

첨단 금속 제련 기술을 아낌없이 보여주는 내부와 달리 외부는 이오니아식 기둥이 달린 그리스·로마 시대의 건축 양식으로 마감했다. 이 두 건물은 당시 만국박람회를 맞이해 함께 만들어진 알렉상드르 3세 다리가 보여준 고전적인 자태와 묘하게 어울리면서 지금까지도 낭만적인 파리 풍경의 일부가 되었다.

세계는 결국 하나의 거대한 테마파크

경이로운 신기술을 직접 눈으로 보고 느끼는 것이 만국박람회의 모든 것이었다면 결코 '만국'이라는 이름을 쓸 수 없었을 것이다. '산업박람회'라든가 '기술박람회' 정도로 충분했을 테니 말이다. 만국이라는 이름을 쓰는 이유는 세계 각지의 나라와 문화를 한자리에서 보고 체험할 수 있기 때문이었다.

1900년 파리 만국박람회에 참여한 41개국의 나라들은 센 강변을 따라 늘어선 '국가관의 길la rue des Nations'에 각기 고유의 전시관을 짓고 특유의 문화와 전통을 알렸다.[41~44] 만국박람회에 참가한다는 것은 독일이나 영국, 프랑스 같은 유럽 국가들과 어깨를 나란히 하는 당당한 독립 국가임을 세계에 선포하는 것이나 마찬가지였다. 제국주의가 득세한 시대답게 코트디부아르, 콩고, 인도 등 프랑스와 영국의 식민지 전시관이 에펠탑 맞은편의 트로카데로 성 앞에 따로 들어섰다.[45·46]

사실 만국박람회는 다양한 나라의 문화를 한 장소에 펼쳐놓고 즐길 수 있게 만들어놓은, 일종의 '19세기판 테마파크'였다. 국립도서관이나 고문서보관소 등

▲41·42 센 강변을 따라 이어진 '국가관의 길'에서는 만국박람회에 참가한 여러 나라의
전시관들을 볼 수 있었다.

▼◀43 베네치아의 건물 한 채를 통째로 옮겨온 듯한 이탈리아관.

▼▶44 기묘한 건축물로 시선을 모은 인도차이나관.

45 아프리카의 자연 환경을 재현해놓은 마다가스카르관.　　**46** 아프리카 원주민들의 생활상을 고스란히 보여준 콩고관.

에 보관되어 있는 당시 만국박람회의 사진을 보면 이토록 신기하고 다채로운 건물들이 지금은 다 어디로 사라졌을까 싶을 정도다. 만국박람회에 들어선 각국 전시관은 목재나 강철로 골조를 세운 가설 건물들로, 전시가 끝난 뒤에는 철거하기 쉽도록 만들어졌다. 겉으로는 다 진짜처럼 보이지만 실상은 모든 것이 가짜인 테마파크의 원형이 바로 만국박람회에 있었던 셈이다.

　고급 테마파크에 걸맞게 각국 전시관마다 보고 즐길 거리가 넘쳤다.[47~50] 이집트관은 입구에 거대한 스핑크스가 관람객을 맞이하는 피라미드를 올렸다. 천 평이 넘는 터키관은 콘스탄티노플의 모스크를 고스란히 옮겨놓은 듯한 이슬람 사원을 연출했다. 내부에는 예루살렘의 풍경이 그려진 그림을 넘겨가며 활동사진처럼 보여주는 파노라마가 펼쳐졌고, 실제로 터키를 찾아온 것처럼 진짜 터키 상인에게 현지 물산과 먹거리를 살 수 있는 아랍식 시장까지 등장했다. 인도관에서는 인도에서 생산한 각종 차들을 한자리에 모아놓고 인도인이 직접 서빙해주는 찻집을 운영했다. 은 식기, 보석, 인도 직물들로 단장한 우아한 인도 찻집은 박람회장 내에서 가장 인기 있는 만남의 장소로 꼽혔다. 아예 아프리카의 열대우림을 재현한 콩고관이나 일반 주민이 거주하는 주택과 동남아시아의 강과 식물까지 재현

▲47 오른쪽은 시암관이고 왼쪽은 일본관이다. 높이 솟은 동양의 탑이 인상적이다.

▼48 벚꽃이 가득한 일본식 정원을 꾸며놓은 일본관.

▲49 세네갈을 비롯한 아프리카관.

▼50 인도관의 찻집. 박람회장 내의 찻집은 다리쉼 장소로 인기가 높았다.

해놓은 라오스관 등 눈길을 돌리는 곳마다 이국적인 풍경들로 가득했다.

좀처럼 가볼 수 없는 극동의 세 나라, 중국과 일본 그리고 우리나라 역시 만국박람회에 참가했다. 우리나라로서는 1893년 시카고 만국박람회에 이은 두 번째 참가였다. 외세의 압력에 신음하고 있던 작은 나라 '조선'을 독립 국가로 인정받고자 한 고종 황제의 의지는 결국 만국박람회 참가로 꽃을 피웠다.

극동의 세 나라 중에서 일본은 가장 큰 규모의 전시관을 자랑했다. 옛 수도인 교토의 풍경을 고스란히 재현하는 데 초점을 맞춰 금각사를 비롯한 네 개의 사원과 미모사와 벚꽃이 가득한 광대한 정원을 조성했다. 일본 술과 차를 파는 찻집과

51 일본관의 일본 군악대.　　　**52** 자금성을 모델로 한 중국관.

종이, 도자기, 자개 등을 판매하는 일본 시장이 관람객들의 흥미를 돋웠다.**51**

　　흥미로운 사실은 19세기에 제작된 대부분의 박람회 안내서들이 일본을 극동에서 가장 문명화된 나라라고 소개하고 있다는 점이다. 19세기 유럽인들에게 문명화된 나라는 가장 유럽화된 나라, 서양의 문물을 가장 빨리 받아들인 나라였다. 타국의 문화에 놀라운 호기심을 보이면서도 철저하게 유럽의 관점에서 타국의 문화를 판단하고 이해한 제국주의적인 시각을 여지없이 보여주는 일화다.

　　중국관 역시 물량 공세로는 일본관에 못지않았다.**52** 높이가 무려 33미터나 되는 자금성의 입구를 고스란히 재현했을 뿐 아니라 만리장성을 본뜬 성벽과 중국식 정원을 지었다. 그림, 도자기 등의 중국 예술품과 함께 관람객들에게 가장 깊은 인상을 남긴 것은 중국 문화를 소개할 요량으로 전시관에 상주하고 있는 '진짜' 중국인들이었다. 자국 문화에 대한 자부심이 너무나 지나친 나머지 유럽인들을 깔보는 듯한 그들의 오만한 눈길과 도도한 말투는 유럽인들에게 충격을 안겨주었다. 과거는 화려했으나 현재는 한치 앞을 내다보기 어려운 미개한 국가라는 동양에 대

53 한국관. 당시 한국관에 대한 자세한 정보는 한불 수교 120주년을 기념해
프랑스에서 출판한 『서울의 추억 *Souvenirs de Séoul* 』(2006년)이라는 책에 실려 있다.
이 책은 한국관에 대한 가장 앞선 연구를 총체적으로 정리해놓았다.

한 유럽인들의 선입견을 일시에 깨버렸기 때문이다.

　많은 에피소드를 남긴 중국관과 일본관에 비해 우리나라 전시관에 대한 묘사는 극히 찾아보기 어렵다. 중국관과 일본관이 에펠탑을 마주 보고 있는 트로카데로 궁 앞에 여타의 국가들과 함께 자리 잡은 데 반해 우리나라 전시관은 에펠탑과 쉬프랑 대로^{avenue de Suffren}가 마주하는 구석에 마련되어 있었다.[53] 규모 역시 일본과 중국에 비해서는 약소하다 싶을 정도였다. 한국관의 지명^{指名} 건축가이자 책임자인 프랑스 건축가 유진 페레Eugène Ferret는 백 평 남짓한 전시관 부지에 기와와 단청으로 장식한 우리나라 전통 건물을 올렸다. 경복궁을 견본 삼아 치장한 내부에는 우리나라의 미술품들과 함께 태극기가 걸려 있었다. 안타까운 사실은 이러한 단편적인 정보 외에 한국관에 대한 진지한 연구를 찾아보기 어렵다는 점이다. 한국관의 전시 물품은 정확히 어떤 것이었을까? 누가 전시를 주관했으며 그때 전시된 물품들은 지금 어디에 있을까? 만국박람회가 끝난 후 자금이 달렸던 우리나라가 전시 물품을 회수하지 못하고 파리의 기메 박물관에 헐값으로 넘겼다는 이야기가 풍문처럼 떠돌고 있지만 과연 그것이 사실인지 아닌지는 확인할 길이 없다.

그야말로 박람회장은 쥘 베른이 『80일간의 세계 일주』(1873년)에서 흥미진진하게 펼쳐놓은 세계 일주를 한자리에서 즐길 수 있는 곳이었다. 관람객들은 생전 듣도 보도 못한 부하라Bukhara라는 왕국(지금의 우즈베키스탄)의 칸(황제)이 보내온 예술품들을 보았고, 중앙아시아의 사마르칸트 사막의 광경을 생생하게 전달해주는 그림에 감탄했으며, 가봉의 흑인들이 추는 신명나는 민속춤을 보고 넋을 잃었다. 여러 나라를 여행하는 데 드는 시간과 돈은 만국박람회장에서는 아무런 문제가 되지 않았다. 중국에서 길만 건너면 바로 알제리로 갈 수 있었고, 이집트 맞은편에는 갑작스럽게 일본이 펼쳐지는 작고도 큰 세계였다.

각 나라의 이름이 촘촘히 적힌 1900년 만국박람회장의 지도를 보고 있으면 19세기 유럽 열강들의 제국주의를 정당화하는 데 크게 기여한 '유니버설리즘universalism'이 어떤 것이었는지를 직감할 수 있다. 유니버설리즘은 우리말로는 흔히 '보편주의'라고 번역하지만 이런 모호한 표현으로는 본래의 의미가 쉽게 와닿지 않는다.

19세기 유럽인들은 자기네 입장에서 그들이 이 원대한 세계를 발견했노라고 믿었다. 유럽인들에게 메콩 강이나 사하라 사막, 마다가스카르 섬은 원래부터 그곳에 존재한 곳이 아니라 유럽인들이 발견함으로써 비로소 빛을 보게 된 세상이

54 에펠탑 옆에 설치된 거대한 천체 지구본. 19세기 유럽인들의 자신감 혹은 오만함을 상징한다.

었던 것이다. 결국 만국박람회의 관람객들이 경이로운 눈으로 바라본 것은, 엄청
나게 다채로운 나라로 가득한 세계와 고유의 문화가 아니라, 그것을 유럽식 지구
본에 새겨놓은 유럽 열강들의 능력이었다. 발견에 대한 열정만 있다면 못 갈 곳이
없고 못 해볼 일이 없을 정도로 당시 유럽인들에게 세계는 넓고도 좁았다. 당대 유
럽인들이 품고 있던 이런 자신감은 에펠탑 옆에 설치된 직경 46미터짜리 지구본
에서 극치에 달했다.[54] 하늘의 성좌를 다양한 그림으로 표현해놓은 지구본의 주
위로는 몽블랑 등 세계의 주요 산맥과 대서양 등 주요 대양을 그려 넣은 60미터가
넘는 대형 지도와 그림들이 펼쳐져 있었다.

프랑스의 과거사를 민속촌처럼 재현해놓은 '오래된 파리Le Vieux Paris'는 19세
기판 테마파크의 절정이었다.[55] 일러스트레이터로 유명한 알베르 로비다Albert

55 옛날의 파리를 재현한 위락 시설 '오래된 파리'.

Robida가 재현을 맡은 '오래된 파리'는 중세 시대부터 르네상스 시대를 거쳐 왕정 시대, 대혁명 이후 그리고 1900년까지 파리의 모습을 한 공간에 축소해 만든 놀이 공원이었다. '오래된 파리'로 입장하기 위해서는 마치 과거로 떠나는 시간여행의 출발지인 양 알마 다리 옆의 35번 문을 통과해야 했다.[56] 이 문을 들어서면 중세 음악이 울려 퍼지는 생미셸 문이 관람객을 먼저 맞았다. 이를 지나면 극작가 몰리에르와 중세 시대의 연금술사인 니콜라 플라멜Nicolas Flamel의 집이 재현되어 있었고, 이어서 중세 시대의 루브르 성이 눈앞에 나타났다. 그다음 16세기 옷을 입은 상인들이 물건을 파는 레알 시장을 지나면 돌과 나무만으로 된 중세 시대의 다리와 왕정 시대의 궁전이 펼쳐졌다.

　　사실 로비다는 역사에 충실한 인물은 아니었다. 그는 이 시대와 저 시대에서 그러모은 다양한 장식을 한 건물에 붙였고, 각 시대 건축물의 특징적인 형태만 남

56 '오래된 파리'로 들어가는 입구.

겨둔 채 디테일 등은 과감히 생략했다. '오래된 파리'는 과거를 재현하고 과거를 통해 무언가를 배우기 위한 진지한 장소가 아니라 로비다의 머릿속에 떠오른 과거에 대한 환상을 바탕으로 새로운 과거를 만들어낸 위락 시설이었던 것이다.

놀이공원답게 관람객의 주머니를 유혹하는 시설물도 다양했다. 중세 시대의 약국에서는 당시에 쓰던 약재를 살 수 있었고, 연금술사 니콜라 플라멜의 집에서는 그가 남긴 책과 판화, 그림 등을 복제해 팔았다. 프랑스 최초로 주간 정치신문 『가제트』를 창간한 테오프라스트 르노도Théophraste Renaudot의 집을 재현한 공간에서는 '오래된 파리' 안내서와 각종 기념품을 구입할 수 있었다. 거리에서는 중세와 고전 시대의 복식을 갖춘 공주와 기사, 상인들이 갖가지 먹을거리를 팔았고, 전시장 내에 들어선 극장에서는 매일 고전 오페라와 고전 연극이 상연되었다.

특히나 연극과 춤처럼 축제의 분위기를 한껏 돋우는 공연은 박람회장의 꽃이

▲57 다양한 쇼가 펼쳐진 '축제의 궁전'.

59 아쿠아리움.

▼58 일루미네이션 쇼.

었다. 반은 카지노로, 반은 역사극과 발레 등을 보여주는 공연장으로 꾸며진 '축제의 궁전Palais des fêtes'에서는 유럽 최고의 공연 예술인을 한자리에 모은 호화 프로그램을 선사했다.[57] 회당 입장권이 5프랑에 이를 정도로 비쌌지만 회당 1만 5천 명이 넘는 관객이 다녀갈 정도로 인기가 높았다. 굳이 축제의 궁전이 아니라도 전시장 곳곳마다 인도네시아 무용 공연, 가수들의 뮤직홀 공연, 발레, 인형극, 코미디극, 영화, 고전극 등 다양한 프로그램이 넘쳐났다.[58] 공연을 보다가 지치면 길이가 722미터에 이르는 아쿠아리움을 찾아가 세계 각국에서 가져온 희귀한 물고기들과 해양 생물을 비롯해 잠수부들의 댄스 공연까지도 볼 수 있었다.[59]

19세기판 테마파크 박람회장 내에는 타고 즐길 수 있는 새로운 놀이기구도 여럿 갖추고 있었다. 놀이공원 하면 먼저 떠오르는 대관람차는 백 미터 높이에서 박람회장을 비롯해 파리 시내를 내려다볼 수 있어서 한 시간 정도는 기본으로 줄을 서서 기다려야 할 정도로 단연 인기였다. 430명씩 탑승할 수 있는 객차 40량이 연결된 메가톤급 사이즈가 인상 깊었던지, 그 뒤로 대관람차는 런던이나 파리 같은 유럽 도시의 여름 축제를 장식하는 전통적인 놀이기구로 자리 잡았다.[60]

4253. PARIS
La Grande Roue

Haute de 100m – Construite
pour l'Exposition
Universelle de 1900

마찬가지로 파리 만국박람회에서 첫선을 보인 '마레오라마Maréorama'는 세계 여행을 떠나는 기분을 느낄 수 있게 해주는 19세기판 가상현실 장치였다.[61] 실물과 거의 흡사하게 만든 증기선에 오르면 진짜 배를 타고 바람과 파도를 가르는 것처럼 선체가 위아래로 요동쳤다. 배 양쪽으로는 마르세유를 출발해 이스탄불과 수에즈 운하를 거쳐 일본의 요코하마 항구에 이르는 항로를 묘사한 750미터가 넘는 두루마리 활동사진이 움직이며 파노라마가 펼쳐졌다. 비릿한 바다 냄새를 재현한 공기 순환 장치와 진짜 선원처럼 분장

60 박람회장을 한눈에 내려다볼 수 있어서 단연 인기를 끈 대관람차.

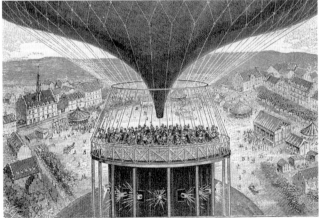

▲61 파리 만국박람회에서 선보인 19세기판 가상현실 장치인 마레오라마.

▼62 열 대의 영사기로 360도 영상을 투사하는 시네오라마.

한 배우들까지 있어서 관람객들은 실감나게 세계 항해를 즐길 수 있었다. 이처럼 신기한 시뮬레이션 장치를 두고 당시 언론들은 진짜 뱃멀미가 날 지경이라며 호들갑을 떨기도 했다.

또한 열 대의 영사기를 동원해 360도 전방위로 영상을 투사해 관객들이 실제로 기구를 타고 알프스를 넘어 바르셀로나까지 가는 듯한 장면을 연출하는 '시네오라마Cinéorama'라는 시뮬레이션 장치도 이때 첫선을 보였다.[62]

만국박람회는 최근 2015년 밀라노 만국박람회까지 지금껏 명맥을 이어오고 있지만 오늘날 19세기 사람들과 같은 열광으로 만국박람회를 찾는 이는 드물다. 도리어 기술과 문명의 지나친 발달을 걱정하며 반성과 회의懷疑의 시대를 살고 있는 현대인에게 유토피아라는 환상은 멀고도 멀기 때문이다. 반면 과학과 발전에 대한 믿음, 세계를 발아래 두고 있다는 자부심, 무엇이든 발견하고자 하는 열정의 시대를 살았던 19세기 사람들에게 만국박람회는 놀라운 시대를 살아가고 있다는 자부심의 표상이자 미래에 대한 환상 그 자체였다.

그러나 가장 19세기다운 만국박람회로 꼽히는 1900년 파리 만국박람회 이후로 그 화려함은 급속도로 빛이 바래기 시작했다. 20세기의 서두를 장식한 것은 19세기 사람들이 믿었던 아름다운 미래가 아니라 전쟁과 상처로 얼룩진 디스토피아의 역사였기 때문이다.

어쩌면 20세기의 역사는 19세기 사람들이 보여준 끝 모를 오만함이 만들어낸 당연한 결과일지도 모른다. 화려함의 이면에 가려져 있던 그들의 제국주의가 결국 제1차 세계대전을 불러왔고, 과학의 진보와 발전이 끝없이 계속되리라는 번영에 대한 맹목적인 믿음이 제2차 세계대전을 만들어냈으니 말이다. 지나간 것이 무엇이든, 남은 것이 무엇이든 어제의 승리는 내일까지 이어지리라며 만국박람회의 마지막 날에 비장한 시를 읊었던 시인 에드몽 프랑크는 19세기식 낙관주의의 마지막 세대였다.

7장

빛과 어둠의 맛,
미식

미식이 생활 철학으로 등장했던 19세기.

미식을 예술로 부르기를 주저하지 않았던
전설적인 이름들이 여기에 있다.

마리-앙투안 카렘, 그리모 드 라 레니에르……

역사상 최초로
진지하게 맛을 연구하고 탐구했던
19세기 미식가들이 불러온
맛의 신세계.

1 앙리 제르벡스,
〈레스토랑 아르메농빌의 저녁〉,
1905년, 카르나발레 미술관, 파리.

> 미식은 이제 그만의 규칙과 시 그리고 전문가를 거느린
> 하나의 예술이다.
> ─쇼세 당탱, 1814년

어둠이 내린 불로뉴 숲. 나폴레옹 3세 이래로 중세 시대 왕가의 사냥터에서 시민들의 휴식 장소로 바뀐 광활한 부지에는 호수, 정원, 유원지, 경마장 등이 들어서 있다. 이 숲속 가운데에 불을 밝힌 레스토랑 하나가 섬처럼 둥실 떠 있다.[2] 그리스 신전처럼 하얀 대리석으로 된 벽과 기둥이 잘 닦아놓은 램프처럼 눈부시다. 레스토랑 안에는 『아라비안나이트』에 나올 듯한 크리스털 샹들리에와 청동으로 된 줄기와 꽃잎을 두른 램프들이 밤에 피는 꽃처럼 은은하고 요염하게 빛난다.

식당을 가득 메운 손님들 역시 반짝반짝하다.[3] 거미줄처럼 섬세한 레이스와 풍성한 깃털, 실크와 새틴으로 만든 꽃 장식을 단 여인들이 백조처럼 레스토랑 안을 둥둥 떠다니고 있다. 우아한 자태의 여인들이 손을 들거나 목을 움직일 때마다 다이아몬드 목걸이와 반지가 눈부신 빛을 내뿜는다. 풀을 먹여 빳빳하게 다린 신사들의 와이셔츠는 눈처럼 하얗고, 검은 제비처럼 날렵한 연미복에서는 광택이 흐르고, 반질반질하게 손질된 구두는 식탁 아래 달린 조명등 같다. 그러고 보니 레스토랑 안의 풍경은 열대지방의 화려한 새들을 모두 한자리에 모아놓은 커다란 새장을 닮았다.[4]

2 아르메농빌 레스토랑 앞.

▲3 앙리 제르벡스, 〈쿼토 섬의 스포츠 사교 모임〉.

▼4 작자 미상, 〈불로뉴 숲속의 레스토랑〉.

19세기 사교의 중심지였던 레스토랑 풍경.

[그림 1]의 왼쪽 구석에는 이 럭셔리한 새장의 열쇠를 쥔 주인 레오폴 무리에 Léopold Mourier 씨가 보인다. 과시하기 좋아하는 손님들이야 그러거나 말거나 그는 기둥처럼 꼿꼿이 서서 실내를 빈틈없이 감시하고 있다. 그도 그럴 것이 오늘은 유럽 사교계의 연중행사 중 몇 손가락 안에 꼽히는 불로뉴 경마 개막전이 열리는 특별한 날이다. 불로뉴 숲의 경마장에서 멀지 않은 곳에 자리한 아르메농빌 Armenonville 레스토랑을 운영하는 오너 셰프이자 프랑스에서 손꼽히는 유명 요리사인 무리에 씨에게는 놓칠 수 없는 영업 호기인 것이다. 유럽 각지에서 몰려들 저명인사들을 위해 오래전부터 심혈을 기울여 특별 연회 요리 코스를 짰고, 덕분에 예약 리스트는 이미 몇 달 전에 마감된 상태였다.

19세기 유럽 사교계에 정통한 이라면 [그림 1] 속에 등장하는 몇몇 인물이 낯익을지 모르겠다. 막 여송연에 불을 붙이고 있는 카스텔란 Castellane 후작이 넉넉한 풍채를 자랑하는 디옹 Dion 후작과 같은 테이블에 앉아 있다. 디옹 후작은 옆자리 숙녀의 환심을 사려고 몸까지 돌려가며 시답잖은 이야기건만 열심히 듣는 체하고, 카스텔란 후작은 이 모습을 곁눈질로 바라보며 비웃고 있는 듯하다. 복도를 사이에 둔 옆 테이블을 차지하고 있는 것은 파리 카바레의 유명 댄서인 라 벨 오테로 La Belle Otero와 그의 새로운 애인인 뒬라크 장군 général Dulac이다. 오테로는 에밀 졸라의 대표작 『나나』의 주인공으로 성적 매력이 넘쳐 호색한들이 끊이지 않았다는 여배우 나나의 현신이다. 오테로 역시 소설의 여주인공처럼 하루가 멀다 하고 후원자를 갈아 치우는 것으로 유명하니 말이다. 그들의 뒤쪽으로는 유리바린 Uribarinne 백작과 마르셀 푸키에 Marcel Fouquier 백작이 뭇 여성들에게 둘러싸여 한창 수다를 떨고 있다. 그리고 멀리 오른쪽 창가 쪽으로 눈을 돌리면 당대의 댄디로 젊은이들에게 선망의 대상이 된 로베르 드 몽테스키외 Robert de Montesquiou 백작[5]이 보인다.

5 조반니 볼디니, 〈로베르 드 몽테스키외 백작〉.

6 뢴 공작 부부와 라드지빌 왕자 부부.
19세기 유럽 사교계를 주름잡은 귀족들의 모습.

7 카라망 시메 왕자와 공주.

이 레스토랑의 저녁 식사 풍경은 그야말로 마르셀 프루스트가 소설『잃어버린 시간을 찾아서』에서 펼쳐놓은 그대로다. 부르주아 집안에서 태어났어도 웬만한 전화번호부 두께에 달하는 많은 귀족 친구들을 두었던 프루스트는 이 그림 속에 등장하는 모든 인물들과도 안면이 있었다. 심지어 본인은 극구 부인했지만, 몽테스키외 백작을 모델로 이 소설에서 지극히 섬세한 대귀족이자 자신의 동성애적인 취향 때문에 괴로워하는 샤를뤼스 남작을 탄생시켰다. 또 고급 창녀인 로르 아이망Laure Hayman을 모델로 여러 남자와의 만남을 통해 끝내는 백작부인이 된 여인 오데트를 소설 속에 등장시켰다. 사실 그림 속에 나온 라 벨 오테로 역시 로르 아이망이나 오데트와 별반 차이가 없는 인물이 아닌가.[6·7]

8 프루스트가 친구와 모임을 가지곤 했던 리츠 호텔 레스토랑(1926년).
레스토랑은 프루스트의 소설과 인생에서 빼놓을 수 없는 공간이었다.

이들이 18세기 귀족들처럼 고관대작의 저택 살롱이 아니라 최고급 레스토랑에 모여 있는 것도 지극히 프루스트적이다. 음식을 즐기

9 앙리 제르벡스, 〈프레-카틀란에서의 무도회〉. 19세기는 프레-카틀란 같은 고급 레스토랑의 전성기였다.

지 않았지만 사교를 위해 매일 점심과 저녁 두 차례씩 파리에서 최고급으로 꼽힌 리츠 호텔 레스토랑에 드나들었던 프루스트가 아닌가.[8] 리츠 호텔의 요리사인 오귀스트 에스코피에Georges Auguste Escoffier가 당시 최고의 인기 공연인 푸치니의 오페라 〈나비부인〉의 상연을 맞아 선보인 일본식 샐러드를 맛보지 않고서는 사교계에 감히 발을 들일 수 없는 시절이었다.[9]

사실 19세기 레스토랑은 사람을 관찰하기에 안성맞춤인 장소였다. 살롱에 모여 문학을 논한 18세기 문학가들과는 달리 알렉상드르 뒤마 같은 19세기 소설가들은 레스토랑을 제집처럼 드나들었다. 뒤마는 『삼총사』나 『몽테크리스토 백작』 같은 히트작만 아니라 『요리 대사전Grand Dictionnaire de Cuisine』[10]이라는 요리책을 쓰

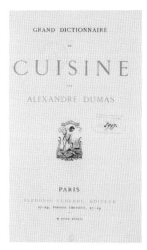

10 알렉상드르 뒤마, 『요리 대사전』
(1873년).

기도 했다.

섬세하기로는 뒤마에 뒤지지 않은 프루스트 역시 당대의 식사를 면밀하게 관찰해 자신의 소설 속에서 재현하곤 했다. 『잃어버린 시간을 찾아서』의 초반에 소설의 화자인 마르셀의 가족이 여름을 보내는 시골 콩브레에서 레오니 고모가 차린 저녁 식사 장면이나 대귀족인 게르망트 집안의 성대한 연회 장면만 보더라도 그렇다. 콩브레 지역에서 난 아스파라거스 요리, 노르망디산 혀가자미 구이, 젤라틴으로 굳힌 각종 고기 요리와 푸딩 등 다채로운 요리가 등장한다. 프루스트의 세계에서 음식은 단지 생활의 조역이 아니라 아슴아슴한 유년 시절의 그리움이며, 그저 그럴 수 있는 보통의 하루를 특별하게 기억하도록 해주는 중요한 단서가 된다. 라임꽃 차에 곁들인 마들렌 덕분에 소설의 화자는 레오니 고모부터 비본 강과 시골길까지 유년기의 모든 순간들을 생생하게 떠올린다.

미식의 탄생

프루스트의 생생한 묘사가 증언하듯 19세기 사람들에게 음식은 매우 중요한 문제였다. '미식'을 뜻하는 단어 '가스트로노미gastronomie'가 프랑스어 사전에 등재된 것은 1835년의 일이다. 『미각의 생리학*Physiologie du goût*』이라는 책을 써서 미식이 무엇인지를 알리는 데 지대한 공을 세운 요리사 장 앙텔름 브리야-사바랭Jean Anthelme Brillat-Savarin은 '미식'을 "먹거리에 대한 총체적이고도 종합적인 지식"이라고 정의했다. 그러나 19세기에 세상을 떠나기는 했지만(1826년) 정신적으로는 18세기 사람이었던 사바랭의 이 같은 정의는 일견 추상적이고도 광범위해서 언뜻 이해가 되지 않는다.

애매모호한 미식이라는 단어를 구체적이고 실제적인 예로 보여준 사람은 사바랭과 동시대를 살았던 그리모 드 라 레니에르Grimod de la Reynière였다. 레니에르는 1803년부터 1810년까지 모두 일곱 권에 이르는『식도락 연감L'Almanach des Gourmands』을 출판했다. 최초의 요리 평론서이자 19세기판『미슐랭 가이드』라 할 만한 이 책은 실생활에서 어떻게 '미식'을 구현할 수 있는지를 독자들에게 상세하게 안내한 가이드북이다.

1805년 피에르 카펠Pierre Capelle이 결성한 '카보 모데른Caveau Moderne'●이라는 미식 단체의 회원인 레니에르는 매주 화요일마다 협회 회원들과 '로셰 드 캉칼 Rocher de Cancale'이란 레스토랑에서 각 유명 레스토랑의 음식은 물론이고 노르망디의 이즈니산 버터 같은 각 지방의 특산 식재료 등을 시식하고 평가하는 회합을 가졌다.[11·12] 단순히 혀 위에서 느껴지는 달거나 짠 맛만을 평가한 것이 아니라 계절마다 다른 재료의 선택, 신선도, 입안에서 씹히고 녹는 질감, 고기마다 달라야 하는 굽기의 정도와 소스와의 어우러짐, 향, 곁들여지는 음식과의 조화 등을 종합적으로 고려했다.

▲11 1894년 미식협회 회원들의 연례 모임. 알렉상드르 뒤마를 비롯한 유명 인사들의 모습이 보인다.

▼12 로셰 드 캉칼 레스토랑.

당시 유명 레스토랑인 '베리Véry' 레스토랑에 대한『식도락 연감』의 평가 문구를 보면, 봄철 메뉴로 랭스나 보베 지방에서 생산된 양고기가 포함되어 있는지, 그렇다면 소스는 후추 소스인지 크림 소스인지, 곁들이 채소 요리로는 무엇이 나

● '카보Caveau'란 말은 18세기 초에 나타난 '카보회Société du Caveau'라는 모임에서 유래한다. 카보회는 노래를 짓고 요리와 술을 함께 즐길 목적으로 결성한 일종의 문학 서클이자 미식 클럽이다. 1729년에 제1기 카보회가 탄생한 이래 1759년에 결성된 제2기 카보회를 거쳐, 1805년에 결성된 '카보 모데른'을 보통 제3기 카보회로 평가한다.

13 19세기 레스토랑에서 제공한 음식을 엿볼 수 있는 베리 레스토랑의 메뉴판.

오는지, 어떤 부위를 써서 어떻게 조리했는지 등 재료와 조리 과정을 제대로 알지 못하면 평가할 수 없는 세세한 부분까지 낱낱이 적어놓았다.[13] 이런 전문가적인 미식 평가 결과, 생제르맹에 있는 '랑베르Lambert' 레스토랑에 서는 여름이면 꽃양배추 요리를, 겨울이면 가정식 렌즈 콩 요리를 주문해야 하며, 프티샹 거리에 있는 '그리뇽 Grignon'에서는 속을 채운 '볼로방Vol-au-Vent'과 함께 대 구 튀김을 주문하는 것이 좋고, 고기를 먹으려면 '로베르 Robert' 레스토랑으로 가는 것이 현명하다는 식의 요즘 맛집 안내서 못지않은 문구들이 탄생했다.

각 레스토랑의 강점을 간결하게 풀어놓은 덕에 『식 도락 연감』의 조언들을 따라서 먹어보니 과연 그러하다 는 독자들의 찬사를 얻게 되었다. 사실 『식도락 연감』은 오랫동안 레스토랑의 메뉴를 읽고 맛을 보며 시간을 보낸 평가단의 자기 고백이 나 다름없었다. 음식을 평가하기 위해서는 재료와 조리 방법에 대한 지식을 쌓아 야 하며, 동시에 오감을 민감하게 단련해 작은 것이라도 놓치지 않아야 한다는 것 을 몸소 보여준 것이다.

당시 레스토랑의 급수를 구분하는 방법 중 또 하나는 얼마나 다양하고 품질 좋

14 엘리제 궁 호텔의 와인 저장고.

은 와인을 보유하고 있느냐 하는 것이었다.[14] 이 때문 에 『식도락 연감』은 각 레스토랑이 보유한 와인 목 록을 가격과 함께 상세하게 실었다. 『식도락 연감』에 따르면, 당시 가장 훌륭한 레스토랑이 모여 있던 팔 레 루아얄 지역에서도 단연 명성을 날린 레스토랑 '프로방스의 세 형제Trois frères provençaux'는 677병의 샤토 마고, 898병의 생테밀리옹과 메도크, 332병의

15 '프로방스의 세 형제' 레스토랑.

포르토와 헤레스 와인, 148병의 말라가 와인을 보유하고 있었다고 한다. 이를 당시 가격으로 환산하면 레스토랑의 창업 자금인 6만 7,378프랑보다 네 배 이상 많은 28만 8,893프랑어치나 된다.

요즘은 대개 프랑스 보르도에서 만든 와인을 최고로 치지만 19세기의 인기 와인 산지는 부르고뉴 지방이었다. 일급 레스토랑이라면 응당 새로운 요리가 나올 때마다 거기에 어울리는 와인을 제공해야 했으므로 부르고뉴나 론 지방의 와인을 비롯해 얼마나 많은 외국산 와인을 손님에게 제공할 수 있는지 여부가 레스토랑의 등급을 정하는 중요한 잣대였다. 『식도락 연감』에서는 와인과 더불어 모에 샹동, 볼랑저, 뵈브클리코처럼 우리에게도 이름이 낯설지 않은 고급 샴페인이 주류 리스트에 포함되어 있는지 여부도 세세하게 살폈다.

또한 레스토랑을 평가하는 데는 실내장식이나 서비스, 위생 상태 같은 부가적인 측면 역시 놓칠 수 없는 포인트였다. 『식도락 연감』에서 레스토랑의 내부를

16 생오노레 가의 '보스케 카페'. 바 위에는 팁을 놓는
바구니가 있었다.

실제로 들어가본 듯 상세하게 설명해놓은 덕분에 지금도 이 책을 통해 19세기 레스토랑의 안쪽을 생생하게 엿볼 수 있다.

3층짜리 건물인 '프로방스의 세 형제' 레스토랑은 특히나 화려한 실내장식을 자랑했다.[15] 몸통은 자단목으로 만들고 상판은 대리석을 얹은 바가 1층을 점령하고 있었고 바 곁에는 검은색으로 칠한 마흔 개의 테이블이 놓여 있었다. 자단이나 마호가니 나무로 된 몸체에 청동 조각을 장식한 호사스러운 바는 요즘처럼 정식 좌석이 아니라 대기석 같은 공간이었다. 당시 유명 레스토랑이라면 좌석이 나기를 기다리면서 식전주를 마시는 손님이 많았던 탓에 대기석은 꼭 갖춰야 할 필수적인 공간이었다. 또한 바에는 으레 청동으로 만든 고급스러운 바구니가 놓여 있었는데 이는 종업원들에게 팁을 주는 용도로 쓰였다.[16]

2층은 좀 더 여유롭게 식사를 즐기기 위한 공간으로, 마호가니로 만들어진 카드 테이블과 여덟 개의 호두나무 테이블이 있었고, 역시 마호가니로 된 등받이 없는 소파Divan(디방)까지 갖추고 있었다. 3층에는 당구대를 비롯해 칸막이로 나뉜 작은 방들이 여럿 있어서 타인의 방해를 받지 않고 조용히 식사를 즐길 수 있었다.

요즘의 대형 레스토랑에 뒤지지 않는 규모도 놀랍지만 레스토랑 안에 당구대, 소파, 카드 테이블까지 겸비했다는 사실에서 알 수 있듯이 당시 레스토랑은 단순히 식사만 하는 곳이 아니라 사교와 모임을 위한 공간이었다. 고급 레스토랑이 갖춰야 할 덕목이 이러했기 때문에 당시 유행에 민감한 이들이 드나들던 인기 레스토랑인 '카페 앙글레Café Anglais'(영국 카페)는 실내장식에서 레니에르의 혹평을 받았다. 다름 아니라 테이블이 네모난 모양이라 다른 사람들과 격의 없이 식사하

▲ **17** 장 베로, 〈샹젤리제 대로의 글로프 제과점〉.

■ **19** 레스토랑에서는 식후 커피나 음료를 즐길 수 있었다.

▼ **21** 로통드 카페.

▲ **18** 장 베로, 〈지루함〉.

■ **20** 레스토랑에 마련된 당구대.

▼ **22** '폭포의 정자 Le Pavillon de la Grande Cascade' 레스토랑 앞 풍경.

23 1856년에 출간된 요리책 『클래식 요리』는 미식가들 사이에서 대단한 성공을 거두었다.

는 데 방해가 된다는 이유에서였다. 단순히 먹는 즐거움뿐 아니라 분위기나 대화, 예절 등 식사 중에 테이블 위에서 일어나는 모든 일들이 '미식'의 평가 대상이었던 것이다.[17~22]

『식도락 연감』이 인기를 얻으면서 『요리 아카데미 L'Académie Culinaire』, 『요리의 예술 L'Art Culinaire』, 『프랑스 요리 La Cuisine Française』 등 미식을 주제로 한 각종 음식 전문지와 『클래식 요리 Cuisine classique』[23], 『모든 나라의 요리 La Cuisine de tous les pays』 같은 유명 저서들이 연이어 등장하면서 바야흐로 식도락은 신사들의 고급 취미로 확고하게 자리 잡았다.

화학자, 미식가로 거듭나다

19세기 사람들에게 '미식'은 즐거움과 취미의 영역이기도 했지만 화학과 공학의 영역이기도 했다. 1824년 니콜라 카르노 Nicolas Léonard Sadi Carnot가 발표한 '열역학 법칙'은 우리의 신체 역시 기계처럼 연료를 태워서 에너지를 내는 기관이며, 음식은 바로 그 연료에 해당한다는 새로운 시각을 제시했다.

석탄이 없으면 기계가 돌아가지 않듯이 우리 몸 역시 연료에 해당하는 음식이 필요하다는 설명은 기계에 대한 관심이 지대했던 19세기 사람들에게 커다란 설득력을 발휘했다. 당시 의사와 과학자들은 『과학의 시대 L'Année Scientifique』 같은 저서를 통해 사람이 하루에 먹어야 하는 음식의 종류와 양이 매일 기계에 공급해야 하는 에너지의 용량처럼 나이와 성별에 따라 정해져 있다는 이론을 설파했다. 이에 따라 따뜻하고, 차고, 축축하고, 마른 재료의 성질에 따라 음식을 구분한 중세 시대의 관념 대신 몸속에서 연소됐을 때 발생하는 탄소, 질소, 지방질, 무기질의 정도에 따라 식재료를 구분하는 새로운 방식이 등장했다.

균형 잡힌 영양소 섭취가 폐병뿐 아니라 만병을 예방할 수 있다고 믿은 유스투스 폰 리비히Justus von Liebig 같은 화학자는 자연 재료에서 필요한 화학적 요소들을 추출해 응집시킨 새로운 종류의 음식을 개발하기도 했다. 고기와 채소에서 추출한 엑기스를 건조시켜 네모난 초콜릿 조각처럼 만든 이런 신종 음식들은 요즘에도 수프나 파스타 등 서양 음식을 만들 때 기본 육수 재료로 많이 쓰는 치킨 스톡의 원조라고 할 수 있다. 마기maggi나 큐브cube, 화학자 리비히의 이름을 딴 리비liebig 등 다양한 상표를 단 이런 새로운 음식들은 물만 넣고 끓이면 하루에 섭취해야 하는 영양소를 한 번에 해결할 수 있다는 요란한 선전 문구로 사람들의 호기심을 자극했다.

화학으로 가난한 사람들의 배고픔을 단번에 해결하고자 한 과학자들은 일찍이 듣도 보도 못한 신기한 음식 재료들을 연이어 만들어내기도 했다. 값비싼 버터를 대체할 수 있는 마가린[24], 올리브유 대신 누구나 기름을 쉽게 섭취할 수 있도록 해준 면실유, 고급술인 코냑의 향을 첨가한 옥수수술[25]이 시장에 등장한 것도 바로 이때였다. 그중에서도 가장 인기를 끈 것은 사카린으로 만든 '환상의 잼Confitures Fantaisie'이었다. 1879년 독일의 화학자 콘스탄틴 팔베르크Constantin Fahlberg가 개발한 인공 감미료인 사카린은 자연산 설탕의 4분의 1 이하의 가격에도 불구하고 당도는 2백~3백 배를 넘었기 때문에 '모든 이들을 위한 설탕'이라는 은혜로운 별명을 얻었다. 이 사카린을 한천에 넣어 단맛을 내고 과일 향을 첨가한 인공 잼이 바로

▲24 네프마르셰의 버터 광고(1876년).

▼25 '알코올 중독에 대항하는 국립연맹' 포스터. 대량 생산된 값싼 옥수수술은 많은 알코올 중독자를 양산했다.

현재 우리가 알고 있는 유명한 식품 브랜드들은 19세기에 탄생한 것들이 많다.

▲26 과자 가게 쇼윈도를 들여다보는 아이들. 유럽인들에게 친숙한 제과 상표 '루LU'(르페브르 위틸Lefèvre Utile의 약자)가 처음 등장한 것도 19세기였다.

◀27 아르누보를 대표하는 화가 알퐁스 뮈샤가 디자인한 '루'의 과자 상자 라벨.

■28 페르노 비스킷 광고. 잘 건조되어 오래 보관할 수 있는 페르노 비스킷은 세계 각국으로 수출되었다.

▶29 지금도 유명한 코코아 상표인 반호텐Van Houten의 1897년 홍보 포스터. 앙리 프리바-리브몽Henri Privat-Livemont이 일러스트를 담당했다.

'환상의 잼'이었다. 지금 같으면 식품위생법 위반으로 시판조차 못 할 수준의 가짜 잼이지만 1킬로그램에 단돈 40상팀으로, 진짜 과일로 만든 잼의 3분의 1밖에 안 되는 가격이어서 서민들에게 인기가 높았다. 이외에도 사카린을 넣어 단맛을 보강한 비스킷, 값비싼 코코아 대신 사카린으로 만든 초콜릿 등 다양한 간식거리가 속속 등장했다.[26~29]

가공할 만한 기술 발전에 대한 두려움과 매일같이 쏟아져 나오는 새로운 식재료들에 아연실색한 나머지 이를 우려한 지식인들도 적지 않았다. 19세기의 삶과 과학의 발전을 면밀히 관찰해 일러스트로 남기기도 한 알베르 로비다 같은 이는 『철과 화학의 소화불량 Gastro de fer et de chimie』이라는 저작에서 "먹거리를 비롯한 모든 것이 가짜인 인공적인 세상이 도래했다"면서 "지식만을 추구하는 잘못된 과학에 중독되어가고 있다"고 한탄했다. 어쩐지 가짜 두부, 가짜 고춧가루처럼 요즘 신문에도 등장하는 각종 가짜 식재료 사고가 떠오르지 않는가.

사실 화학에 대한 맹신 탓에 기겁할 만한 오남용 사례도 많았다. 보기 좋은 초콜릿색을 내기 위해 산화철을 넣었고, 밀가루를 하얗게 만들기 위해 석회를 썼으며, 소금 대신 나트륨을 써도 된다고 믿는 등 가히 범죄 수준에 이르는 유해 식품들이 버젓이 판매되기도 했다. 기록에 따르면, 1856년 프랑스 마른 지방에서는 소금에 첨가된 요오드와 비소에 중독돼 무려 4백 명이 일시에 사망하는 참변이 벌어지기도 했다.

이런 부작용에도 불구하고 과학의 발전은 '미식'에서 과거에는 감히 상상하지 못했던 혁신을 가져왔다. 예컨대 레니에르는 『식도락 연감』에서 2월에도 막 딴 완두콩을 살 수 있고 9월에도 탱탱한 딸기를 맛볼 수 있는, 롱바르 거리의 '아페르 Appert' 상점을 입에 마르도록 칭찬한 바 있다. 각종 식재료를 병에 넣고 밀폐한 뒤 공기를 빼고 열을 가해 소독함으로써 식품을 오래 보관할 수 있는 병조림 방법을 고안한 주인 니콜라 아페르Nicolas Appert 덕분에 이 상점은 계절을 뛰어넘는 미각의 기쁨을 선사하는 곳으로 식도락가들 사이에서 유명했다. 사시사철 아무 때나 원래 모양이 고스란히 살아 있는 살구나 복숭아를 비롯한 과일 병조림과 아스파라거스나 완두콩 등 다양한 채소 병조림을 구할 수 있었던 것이다.

아페르가 개발한 기술 덕분에 아페르의 병조림들은 신선 식품에 비해 가격이 몇 배나 비쌌다. 요즘은 통조림 음식을 신선 식품에 비해 낮게 치지만 당시에는 정반대였던 것이다. 상류층의 회합으로 유명했던 자키 클럽Jockey-Club에서는 단체로 자동차 여행을 떠나면서 굳이 모든 음식을 병조림으로 준비했을 정도였다. 여행 길목 길목마다 고급 레스토랑에 들러 특산물을 맛볼 수 있는 주머니 넉넉한 회원들이건만 신선한 음식보다 병조림을 더 고급스럽게 생각했기 때문이다.

그러다 19세기 중반에 접어들면서 저온 탈수 건조법이나 살균 소독법이 일반화되기 시작했다. 콩고산 파인애플 병조림, 프로방스산 토마토 병조림, 페리고르산 트뤼프(송로버섯) 병조림 같은 채소 과일류뿐 아니라 소고기는 물론이고 푸아그라(거위 간), 가자미, 바닷가재 같은 고급 식재료들도 통조림이나 병조림 상태로 시장에 나왔다. 제1차 세계대전으로 황폐해진 유럽을 먹여 살렸다는 서민 음식의 대표 주자인 정어리 통조림이 처음 등장한 것도 바로 이때였다.[30·31]

과학의 발전은 미식에서 계절이라는 시간적 장벽뿐만 아니라 거리라는 지리

30 앙리-귀스타브 조소Henri-Gustave Jossot의 정어리 통조림 광고.
정어리 통조림은 19세기 후반만 하더라도 고급 음식에 속했다.

31 1890년대 정어리 통조림업자들이
사용한 용기 컬렉션.

32 프랑스 전역의 특산물이 표시된 1852년의 미식 지도.

적 장애물까지 없었다. 기차와 선박 등 운송수단의 발달로 프랑스 북서부의 브르타뉴산 꽃양배추나 중부 내륙산 토마토는 물론이고 브라질산 파인애플, 콩고산 바나나와 망고, 카리브해산 양배추 등 직접 찾아가지 않으면 먹어볼 엄두조차 내지 못한 다양한 과일과 채소들을 파리의 시장에서 만날 수 있었다.[32] 바다와 멀리 떨어져 있는 내륙 지방에서도 프랑스 남서부의 대서양 연안에 위치한 굴 산지인 아르카숑산 굴과 북서부의 디에프 항구에서 잡아 올린 신선한 생선들을 살 수 있는 시대가 열린 것이다.[33~36]

그러다보니 포르투갈에서 가져온 굴로 입가심을 하

33 "항구에서 집까지 바로 배달해드려요." 아드리앵 바레르Adrien Barrère의 어패류 광고 포스터. 교통의 발달은 식품 유통에 혁신을 가져왔다.

▲34 빅토르 가브리엘 질베르, 〈파리 중앙시장의 청과물점〉.

◀35 장 외젠 오귀스트 아제, 〈파리 중앙시장의 어패류점〉.

▶36 장 외젠 오귀스트 아제, 〈파리 중앙시장의 정육점〉.

고, 우루과이나 아르헨티나에서 냉동시켜 배로 싣고 온 소고기를 맛본 뒤, 당시 '과일의 왕'으로 불린 바나나를 후식으로 먹는 호사를 누릴 수 있었다.

19세기 레스토랑에서 만찬을

그렇다면 불로뉴 경마 개막전이 열린 이날, 무리에의 레스토랑을 가득 채운 사교계 인사들은 과연 무엇을 먹었을까?

[그림 1]을 보면 창밖에 어둠이 내린 것으로 보아 저녁 식사가 한창인 듯하다. 19세기 초반까지만 하더라도 18세기와 마찬가지로 오전 6시경 조반을 들고 낮 1시경 점심을 먹고 해가 지기 전인 오후 5시경 저녁 식사를 했다. 양초를 아끼기 위해 지인들을 집으로 초대하거나 공식 모임을 갖는 식사 자리는 대부분 점심때 열렸다. 이로 인해서 파리 시내에서는 점심 식사 시간 즈음에는 마차를 잡기 어려웠고, 거리에는 잘 빼입은 사람들을 하루 중 가장 많이 볼 수 있었다. 밤의 유흥을 즐기는 부류들은 오페라나 연극이 끝난 밤 9시경에 '수페souper'라는 야식을 즐겼다.[37·38]

37 뤼송의 광고 포스터. 늦은 저녁에 들러 야식을 즐길 수 있는 미국식 바 레스토랑이 인기를 끌었다.

38 J. 펄콕, 〈밤의 파리〉.

39 저녁 식사는 손님을 초대해 즐기는 공적인 사교의 장이었다.

그러나 19세기 중후반을 넘어서면서 가스등이 점차 보편화되고 전기등까지 등장하면서 저녁 식사 시간은 점점 뒤로 늦춰졌다. 오늘날처럼 저녁 6시경 일을 끝내는 회사들이 늘어나면서 자연히 저녁 식사는 밤 7~8시쯤으로 자리 잡았다.[39] 이에 맞춰 오페라나 연극 같은 야간 문화를 주도한 각종 공연들도 밤 9시에 시작해 11시가 넘어서야 끝났다. 아침은 차나 커피에 빵을 곁들여서 먹는 듯 마는 듯 간단하게 건너뛰고 점심과 저녁 식사를 성대하게 차려 먹는, 오늘날과 비슷한 식사법이 자리 잡았다.

안타깝게도 [그림 1] 속 이날의 메뉴는 남아 있지 않지만, 대체적인 19세기 연회 메뉴를 통해서 대략 추측은 해볼 수 있다. 19세기 레스토랑의 메뉴판은 기묘한 암호문과 비슷하다. 그도 그럴 것이 큰 종이 두 장을 가득 채울 만큼 메뉴의 길이가 긴데다 서양에서는 전식, 본식, 후식의 순서로 식사를 진행한다는 일반적인 상식만으로는 도저히 이해할 수 없는 복잡다단한 코스 요리가 등장하기 때문이다.[40]

40 쥘 셰레가 그린 에펠탑 레스토랑의 저녁 메뉴판. 19세기의 예술적인 메뉴판에는 복잡하고 다양한 코스 요리가 등장한다.

19세기에 격조를 갖춘 저녁 식사나 연회는 두 종류의 수프(포타주Potage)로 시작되었다. 새우를 이용한 해산물 수프, 맑은 닭고기 수프, 채소와 쌀을 섞어 만든 크레시Crécy풍 쌀 수프 등 다양한 식재료를 이용한 수프는 고급 요리와 일반 요리를 구분하는 척도이기도 했다. 식재료에 따라 굽고 끓이는 복잡한 조리법을 거쳐 엑기스만을 추출해 수프의 기본이 되는 프랑스

41 앙투안 카렘의 다양한 식전 요리 스케치.

식 육수인 부용bouillon을 만드는 일부터가 쉽지 않은 일인데다 각종 재료를 얼마나 창의적으로 활용해 특별한 맛을 내느냐가 관건이었기 때문에 일반 대중식당에서는 '포타주'라고 부르는 수프 메뉴를 찾아보기 힘들었다. 19세기 중반에 인기를 끈 양배추 수프만 하더라도 최소 이틀간 향신료에 절여둔 양고기를 구워서 닭과 함께 넣고 끓여 국물을 만들고, 여기에 알자스산 소시지, 양배추, 베이컨 등을 넣어 다시 한 번 오래 끓여내야 만들 수 있는 그야말로 인내심을 시험하는 까다로운 요리였다.

수프 코스에는 수프만 달랑 나오는 것이 아니라 우리네 반찬처럼 함께 곁들이는 음식이 따라 나왔다. 요즘 레스토랑에서 흔히 식전에 입맛을 돋우기 위해 나오는 작은 파이 종류를 일컫는 '오르되브르hors-d'œuvres'와 그 하나만으로도 어엿한 한 끼 식사가 될 법한 고기와 생선 요리 코스인 '플랑flancs'이 그것이다.[41] 요즘은 전통에 충실한 고급 프랑스 레스토랑에서도 찾아볼 수 없는 플랑은 입맛을 살려주기 위해 강한 향신료를 친 고기 요리들로 구성되는 경우가 많았다. 아마도 이

날 무리에 씨의 레스토랑을 찾은 손님들은 네 가지 정도의 오르되브르에다 몽모랑시풍으로 구운 작은 닭고기, 루이 15세풍의 꼬치 요리, 홀란드(네덜란드)풍의 소스를 곁들인 가자미 요리나 로스트비프 등 서너 가지의 플랑을 맛봤을 것이다.

시작부터 거나한 수프 코스가 끝나면 그다음에는 본격적인 식전 음식인 '앙트레entrées' 코스 요리가 나온다. 트뤼프 소스를 친 닭튀김, 툴루즈풍의 쌀 요리, 몽펠리에산 버터를 곁들인 연어 구이 같은 음식들이 작은 접시에 담겨 한꺼번에 서빙되는 앙트레는 테이블에 앉은 손님 수에 따라 대략 16~18가지 음식들로 구성되었다. 19세기 초반 앙트레 코스의 꽃은 감자 요리였다. 감자는 18세기 중엽에야 본격적으로 재배되기 시작한 터라 고급 작물 대우를 받았다. 그러다 19세기 후반에 접어들면서 대구, 혀가자미, 농어 같은 생선들이 감자의 자리를 대신했다.

고급 레스토랑이나 연회에서 즐길 수 있는 본격 고급 요리인 '오트 퀴진haute cuisine'과 일반 가정식 요리의 차이는, 고급 재료와 레시피만으로도 너끈히 서너 페이지를 채우는 복잡한 요리법뿐만 아니라 각 요리들을 얼마나 격식에 맞춰 내느냐에서도 극명하게 나타났다. 앙트레 코스에서도 '차가운 앙트레'와 '따뜻한 앙트레' 요리로 나뉘었고, 이 두 요리 사이에 같은 재료를 중복해서 쓰는 것은 격에 맞지 않는 것으로 여겨졌다.

앙트레가 끝나면 그다음으로는 식사의 꽃인 고기 요리 및 곁들이는 다양한 음식이 서빙되는 '앙트르메entremets' 코스가 시작된다. 거위, 닭, 양, 돼지, 송아지, 소고기 등 육류를 구워서 소스를 곁들인 고기 요리는 19세기 식사의 메인으로서, 이 고기만 굽는 전문 요리사가 따로 있을 정도로 극진한 대접을 받았다. 비프스테이크나 로스트비프 같은 소고기 요리는 19세기 내내 인기였지만, 정작 가장 비싸고 고급으로 친 것은 양고기 요리였다. 그 밖에도 특권층의 취미라는 사냥의 이미지에 힘입어 자고새, 메추라기, 오디새, 사슴 등 사냥으로 잡은 야생 고기 요리들도 인기가 많았다.

연회의 규모에 따라 다르지만 앙트르메에는 보통 네 가지 정도의 주연급 구이

42 앙투안 카렘에게 요리를 배운 쥘 구페Jules Gouffé의 파이 디자인.

요리에다 32가지 정도의 조연급 요리들이 한꺼번에 테이블에 올랐다. 여기에는 절인 오이나 크림 소소를 친 감자 같은 채소 요리에다 지금은 '디저트'로 여기는 과자와 초콜릿까지 포함되어 있었다. 즉 디저트 코스가 따로 있는 것이 아니라 앙트르메에서 고기 요리와 디저트까지 함께 먹으면 식사가 끝나는 것이었다.[42]

기나긴 식사, 복잡한 서빙

과연 다 먹을 수 있을까 싶을 이 어마어마한 식사는 장장 두서너 시간에 걸쳐 계속되었다. 과식은 건강의 적이며 동시에 식탐은 부끄러운 일이라는 관념에 사로잡혀 있는 현대인에게는 절로 죄책감이 들게 하는 식사 코스다. 모두 합치면 백여

43 19세기에 대식과 미식은 사회적, 경제적 지위의 상징이었다.

가지가 넘는 요리가 등장할 정도로 한 끼 식사가 복잡하고 긴 데는 여러 가지 이유가 있었다.

우선 19세기 사람들은 대식을 부끄러워하지 않았다. 많이 먹는 것이 신체를 더욱 건강하고 활기차게 해준다고 믿었기 때문이다.[43] 군인 출신인 나폴레옹이 황제가 된 이후로 19세기 프랑스인들에게 군인은 모두가 선망하는 대표적인 직업의 하나였고, 군인으로서 갖춰야 할 덕목인 강인한 체력과 왕성한 식욕은 19세기 남자의 보편적인 미덕이기도 했다. 일례로 매일 스무 개의 굴을 곁들여 와인을 다섯 병이나 마셨다는 오라스 드 비엘-카스텔Horace de Viel-Castel 남작은 날마다 저녁 식사 값으로만 당시 일반 노동자의 일 년치 수입에 맞먹는 5백 프랑을 썼다. 러시아산 캐비아와 트뤼프를 곁들인 비프스테이크 등 오십 가지 정도의 요리로 이루어진 저녁 식사 한 끼에 이만한 거금을 쓴 것이다.

프랑스 문화 특유의 음식 서빙 방법도 식사 메뉴가 복잡해지는 데 일조했다. 당시 유럽에서 일반적으로 통용된 '프랑스식 서빙법'에 따르면, 우리네 한정식처럼 모든 음식을 한꺼번에 한 테이블에 올렸다. 큰 연회의 경우에는 큰 상판을 단 '뷔페'라는 테이블에 백여 개의 음식을 한꺼번에 차려놓고 덜어 먹는 방법을 썼지만, 부르주아 가정에서 손님을 초대한 일반적인 식사에서는 크게 세 가지 코스,

즉 수프와 곁들이 음식, 앙트레, 구이와 앙트르메의 순서에 따라 음식을 냈다.

아무리 맛있는 찌개나 국이 있어도 반찬이 없으면 밥 상이 썰렁해 보이듯이 두 사람 앞에 음식 접시가 하나씩은 돌아가야 했기 때문에 손님 수에 따라 많은 곁들이 음식과 앙트레, 앙트르메로 테이블을 풍성하게 채워야 했던 것이다. 즉 열여섯 명의 손님을 초대했다면, 코스별로 두 사람 앞에 음식 접시가 적어도 하나씩은 돌아가도록 여덟 가지의 앙 트레와 앙트르메를 각각 마련해야 한다는 계산이 나온다.

식탁에 올라가는 은 식기 일습이 갖춰진 로스차일드 남작부인의 식기 세트가 무려 112개의 식기로 이루어진 것 은 이러한 프랑스식 서빙 방법의 독특함 때문이다. 음식을 한꺼번에 한 상에 올려야 했으므로 필요한 식기의 개수가 많을 뿐 아니라 아스파라거스, 연어, 소고기, 가자미 등 재료의 모양에 따라서 쓰이는 그릇도 달랐다. 와인도 산지 별로 서로 다른 와인과 샴페인 등 통상 네 가지 종류를 서빙 했기 때문에 식사 때 필수로 갖춰야 하는 와인 잔만 네 종류 였고, 요리마다 사용하는 포크며 칼이며 스푼의 종류까지 각각 달랐다.[44~46]

이 때문에 한 번 식사할 때마다 테이블 위는 그야말로 그릇 전시장을 방불케 했다. 전통적인 유럽식 테이블 세팅 법에서는 식탁 위에 식기 이외에 꽃 같은 장식을 일절 놓지 않는데, 이는 꽃향기나 여타의 장식이 미각을 방해한다는 이유도 있지만 무엇보다 식탁 위에 식기 외에 다른 것을 놓 을 자리가 없기 때문이었다.

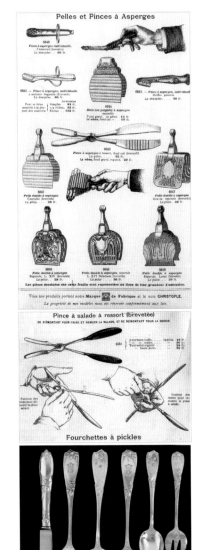

▲44 아스파라거스를 자르고 집는 도구 사용 설명서.

■45 샐러드를 섞거나 덜어 먹는 도구 사용 설명서.

▼46 크리스토플 사에서 막심 레스토랑을 위해 제작한 은제 커트러리.

47 러시아식 서빙법이 유행하면서 식탁 위의 풍경도 변화하기 시작했다.

그런데 수많은 그릇과 곁들이 음식을 한꺼번에 내놓는 프랑스식 서빙 방법에는 문제가 있었다. 우선 식탁을 가득 채운 많은 음식들을 아무리 손님들끼리 돌려가며 먹어도 음식 모두를 맛보기란 거의 불가능에 가까웠다. 하지만 그보다 더 결정적인 단점은 바로 식탁 위에 한꺼번에 올라온 음식들이 시간이 지나면서 맛이 떨어진다는 것이었다. 풍성하게 거품을 낸 달걀흰자를 올려 구워낸 수플레는 금세 폭삭 주저앉았고, 기름기가 많은 소스는 고기 위에 엉겨붙었으며, 마카로니 등 19세기 중반 이후로 유행한 이탈리아식 파스타는 시간이 조금만 지나도 불어터지기 일쑤였다.

음식을 코스에 따라 순차적으로 주방에서 조리하고, 먹을 때에 맞춰 순서대로 내놓은 음식을 사이드 테이블 위에 올려놓고 별도의 서빙 담당자가 손님 사이를 돌며 차례차례 덜어주는 '러시아식 서빙법'이 19세기 중반부터 인기를 끈 것은 이 때문이었다.**47** 그러니까 오늘날 우리가 서양식 레스토랑에서 먹는 식사법은 프랑스로 대표되는 전통 유럽식 식사법이 아니라 사실은 러시아식 식사 방법인 것이다. 러시아식 서빙 방법은 주방에서 갓 만든 요리를 따뜻하거나 차가운 상태 그대로 먹을 수 있고, 모든 음식을 적절히 순서대로 즐길 수 있다는 장점이 있었다. 게다가 요리가 나오는 사이사이 리듬을 타며 적당히 담소를 나눌 수 있다는 것도 무시할 수 없는 이점이었다. 이런 러시아 스타일을 유럽에 퍼트린 당사자는 바로 '요리사의 왕'으로 불리며 19세기 초를 주름잡은 요리사인 마리-앙투안 카렘Marie-Antoine Carême(1784~1833년)이었다.

요리사, 스타로 떠오르다

1813년 파리 시내 한복판의 방돔 광장을 지나던 파리 시민들은 앙투안 카렘의 과자점 진열창 앞에 서서 넋을 잃곤 했다. 나폴레옹 황제 밑에서 외무부 대신으로 재직한 샤를-모리스 드 탈레랑-페리고르Charles-Maurice de Talleyrand-Périgord의 전속 요리사이자 이 과자점의 주인인 앙투안 카렘의 명성 때문만은 아니었다. 굴에 관해서는 모르는 것이 없다는 요리사 알렉시 발렌Alexis Balaine이 세운 레스토랑 '로셰 드 캉칼'처럼, 당시에도 유명한 셰프가 자신의 이름을 걸고 레스토랑을 내는 것은 일반적이었다. 사람들의 관심은 카렘의 유명세가 아니라 카렘이 선보인 갖가지 과자와 디저트였다.

카렘은 회색과 검정색 대리석으로 상판을 얹은 테이블을 진열창 앞에 나란히 늘어세우고 여기에 매일 새로이 만든 창작 과자를 선보였다. 천 겹의 파이를 겹쳐 만든 페스추리, 가볍게 부풀어 오른 껍질이 흩날리는 바람 같다고 해서 '볼로

48 앙투안 카렘은 음식 안에 작은 받침대를 넣어 음식을 층층이 쌓아 올린 창의적인 형태의 요리를 만들었다.

49 카렘이 디자인한 플라망Flammang **빵집을 위한 장식 진열대.**

방'이라는 이름이 붙은 카렘의 특제 파이, 딸기 크림을 얹은 누가, 갖가지 고급 과일을 얹은 파이가 겹겹이 쌓인 커다란 파이 피라미드, 무너진 그리스 신전 모양으로 만들어낸 과일 절임과 달걀흰자와 설탕을 섞어 거품을 내 만든 머랭 과자 등 보기만 해도 혀가 녹아내릴 듯한 고급 디저트들이 사람들을 매혹시켰다.[48]

『아라비안나이트』에 나오는 궁전처럼 호사스러운 레스토랑 안으로 들어서면 먼저 바닐라며 아몬드, 살구, 감초 냄새가 정신을 몽롱하게 만들었다. 카렘은 손님들에게 과자의 신전에 들어온 듯한 느낌을 선사할 수 있도록 가게 진열창을 금칠한 청동으로 장식한 것을 비롯해, 화려한 르네상스풍의 조각을 단 램프부터 과자를 담는 조가비 모양의 은 그릇 등 가게 내부 일체를 직접 디자인했다. 손님들은 초록색 벨벳을 씌운 고급 의자에 앉아 점원의 응대를 기다리며 보석처럼 진열되어 있는 과자들을 구경했다. 과자점의 성공에 힘입어 카렘은 심지어 다른 제과장들의 부탁을 받아 경쟁자인 여타 과자 가게의 실내 디자인을 해주기도 했다.[49]

카렘의 가게에서 파이를 주문하면 점원은 특별히 제작한 여신 모양의 저울에 조심스럽게, 마치 금덩어리를 대하는 듯한 자세로 파이를 달아 판매했다. 사실 카렘의 과자에는 금덩어리나 다름없는 최고급 식재료들이 아낌없이 들어가 있기도 했다. 그는 온갖 종류의 소스로 원재료의 맛을 가려버리는 중세식 요리법 대신 재료 그대로의 맛을 최대한 살리는 요리법을 유행시켰다. 파이를 만드는 밀가루는 한 자루에 25프랑 정도 하는 일반 제품이 아니라 60프랑이나 하는 최상품만 고집했다. 그가 사용한 과일 역시 영국에서도 일부러 찾아올 만큼 고급 과일을 파는 것으로 유명한 식자재 가게 '라메종 슈베La Maison Chevet'에서 납품받았다.

아울러 카렘은 작은 주방도구 하나까지도 모두 자신이 특별히 고안한 것을 만들어 썼다. 다 구운 파이를 꺼낼 때 깨지지 않도록 만들어진 특제 파이 틀이며 머랭 과자를 만들 때 쓰는 구리 냄비 등은 모두 손수 디자인해서 제작을 의뢰해 만들어낸 발명품이기도 했다.

그러나 뭐니 뭐니 해도 카렘의 최고 발명품은 단연 독창적인 과자였다. 견습생 시절부터 도서관에 드나들며 옛날 판화와 도안집을 들춰 보면서 그림을 베꼈던 카렘은 요리를 접시 위의 건축물처럼 만들어 눈으로도 즐길 수 있도록 했다. 소클socle이라는 작은 받침대를 속에 층층이 넣어서 2층, 3층짜리 대형 케이크를 만든 뒤 가벼운 크림과 과일로 문양을 만들어 아름답게 장식하는 것이 그의 주특기였다. 과자는 입안에서도 감미로워야 하지만 먼저 눈으로 보아서도 아름다워야 한다는 것이 그의 신념이었다. 베네치아 곤돌라 모양의 과자, 바다를 오가는 갤리선 형태의 파이, 과일 바구니를 들고 있는 모양의 누가로 만든 여신상 등 그의 상상력은 끝이 없었다.

카렘은 당시의 요리사로서는 최초로 여러 나라로 초대를 받아 직접 가서 요리를 해주고, 방문한 나라의 토속적인 요리를 다시 응용해 새로운 요리를 만들어내는, 바야흐로 국제적인 활약을 펼친 인물이었다. 나폴레옹이 실각한 이후 카렘은 영국으로 건너가 조지 4세의 요리사로 근무하며 영국에 프랑스 요리를 유행시켰다. 러시아의 차르 알렉산드르 1세의 초대를 받아 상트페테르부르크를 방문한 뒤에는 유럽 대륙에 러시아식 음식 서빙법을 전파했다. 스스로 외교관을 자처할 만큼 요리사로서 자부심이 남달랐던 카렘이 '왕들의 요리사, 요리사들의 왕'이라는 별명을 얻게 된 것은 이 같은 화려한 경력 때문이었다.

현대 요리사의 모델을 만들다

50 19세기 요리사들의 모습.

그리고 카렘은 지금 우리가 알고 있는 '요리사'의 모델을 만들어낸 인물이기도 하다. 일례로 중세 시대 동업조합에서 비롯된 요리사의 전통 복장인 하얀 가운과 납작한 하얀 모자 대신 긴 원통형의 모자인 '토크toque'와 목둘레에 매는 스카프를 처음 착용한 이가 바로 그였다. 우리가 일반적으로 생각하는 셰프(조리장)의 기본 복장이 바로 2백 년 전에 카렘이 고안한 복식인 것이다.[50]

특히 카렘은 요리를 혁신시키기 위해서는 어깨너머로 요리를 배우는 도제 시스템부터 고쳐야 한다는, 당시로서는 혁명적인 생각을 가지고 있었다. 19세기의 주방은 군대나 다름없는 엄격한 규율과 철저한 분업으로 돌아갔다. 총주방장인 셰프 아래로 소스 및 조림과 찜 요리를 책임지는 소시에saucier, 수프와 앙트르메를 만드는 앙트르메티에 entremetier, 비프스테이크 등 각종 구이를 전담하는 로티쇠르rôtisseur, 과자와 디저트를 책임지는 파티시에patissier가 있었다. 다시 그 밑으로는 고기를 불에 그슬려 햄을 만들고, 식재료를 매입하고 손질하는 가르드-망제garde-manger가 있었다. 열네 살 전후로 주방에 들어가 설거지와 심부름으로 도제 생활을 시작해 일을 배우면 보통 15년이 지나서 나이 서른이 넘어야 간신히 셰프에 오를 수 있었다.

이렇게 도제식으로 전수되는 요리는 배우는 것이 아니라 답습하는 것에 가까웠다. 이런 교육 시스템으로는 창의성이 자라나지 못한다고 여긴 카렘의 예리한 지적은 상상력을 바탕으로 한 요리를 만들어 성공한 그의 경험에서 우러나왔을 것이다. 그에게 요리는 과학적인 레시피를 기본으로 배워 익히는 기술이면서 요리사의 창의력이 발휘되는 예술의 영역이었다. 그래서 그는 주방에서 십 년 넘게 곁눈질로 배워야 터득할 수 있는 기본 요리법들을 체계적으로 정리해 공개했다. 그동안 입에서 입으로 구전된 소스 요리법을 네 가지로 구분해 정리하고, 자세하고도 실질적인 레시피와 함께 각 요리의 단계마다 상세한 그림을 곁들인 책『19세기 요리의 예술*L'Art de la cuisine au XIXe siècle*』은 그런 취지에서 출판된 역작이다. '기름진 부용, 가벼운 부용, 에센스, 프랑스식 수프와 외국식 수프, 큰 생선과 소스, 조림과 곁들이 음식, 큰 덩어리 고기와 햄, 닭과 사냥 고기를 다루는 기본적인 처치법'이라는 긴 부제에서 느껴지듯이 이 책은 말 그대로 19세기 요리를 집대성한 방대한 요리책이다.

51 앙투안 카렘, 『파리 왕실풍 과자』(1815년) 초판 표지.

그 밖에도 테이블 세팅에도 관심이 많아서 자신이 고안한 유명 연회의 메뉴를 빠짐없이 실은 『프랑스식 시종장*Le Maître d'hôtel français*』이라는 책도 냈으며, 128개의 세세한 도판이 딸린 『이국적인 과자 *Le Pâtissier pittoresque*』, 40개의 도판과 함께 레시피를 실은 『파리 왕실풍 과자 *Le Pâtissier royal parisien*』 같은 불후의 명작을 집필했다.[51]

말년의 카렘은 파리의 가게를 접고 당시 유럽을 주름잡은 은행가인 제임스 메이어 로스차일드의 개인 요리사로 들어갔다. 당시 상류층 부르주아들의 개인 요리사는 일주일에 두 번씩 열리는 큰 연회를 도맡아야 하는 막중한 노동에 비해 보수는 그다지 좋지 않았다. 그러나 과시욕이 넘치는 부르주아들이라 요리에도 자유롭게 창의력을 발휘할 수 있는데다 일급 재료들을 마음껏 사용할 수 있다는 장점도 있어서 요리사들이라면 한 번쯤 탐을 내는 자리였다. 이 때문에 프랑스 주방장협회 회장이자 오스트리아 대사의 요리사 빅토르 미숑Victor Michon, 알퐁스 제임스 드 로스차일드의 요리사 레온 바레Léon Barré 등 당시의 많은 유명 요리사들이 상류 부르주아의 개인 요리사로 일했던 것이다.

아직도 프랑스 요리사에 이름이 남아 있는 '현대적인 샹보르의 잉어Carpe à la

Chambord Moderne'라는 카렘의 작품은 이때 만들어진 것이다. 40개의 가자미 필레에 트뤼프, 소테른 와인 두 병과 마데이라(포르투갈의 섬) 와인 한 병을 섞어 만든 이 요리는 그 무게만 해도 9킬로그램에 달하는 거대한 요리다. 압도적인 크기에 여러 재료를 섞은 창의성, 보는 이의 감탄을 불러일으키는 모양새로 인해 아직까지 요리사들 사이에 회자되고 있다.

로스차일드 가문의 주방에서 카렘은 자신의 대를 이어 프랑스 요리계를 평정할 또 다른 유명 요리사를 탄생시키기도 했다. 리츠 호텔 식당에서 근무하며 프루스트를 비롯한 사교계 인사들의 열렬한 지지를 받은 오귀스트 에스코피에 역시 카렘의 수제자였다. 카렘의 장식적인 요리 스타일을 고스란히 이어받은 에스코피에는 자신의 스승처럼 열두 권에 달하는 요리책을 집필해 고급 음식을 대중화시키는 데 앞장섰다.

아직까지 카렘에 대한 연구서와 전기가 집필될 정도로 카렘의 이름이 회자되는 이유는 요리를 기술이 아닌 예술로 끌어올렸기 때문이다. 동시에 그는 당시 요리사로서는 드물게 글로 자신의 생각을 전하는 능력을 발휘해 19세기의 요리가 어떤 것이었는지를 우리 눈앞에 생생하게 펼쳐놓았다.

화려한 미식의 무대 연출가

19세기의 문필가들은 식사를 한 편의 연극으로 묘사하기를 즐겼다. 이 연극의 총감독인 '메트르 도텔maître d'hôtel', 즉 서빙 책임자의 지휘 아래 펼쳐지는 이 연극의 주연은 요리였으며, 초대객들은 화려한 조연으로 연극을 빛냈다. 한 편의 연극이 상연되려면 무대 밖에 보이지 않는 많은 스태프들이 있어야 하듯이 보이지 않는 주방에서는 수십 명의 요리사들이 개미처럼 분주히 일하고 있었을 것이다.[52·53]

요리를 근대화시키고 체계적인 요리법을 정리해 책으로 출판한 카렘 같은 19세

▲**52** 작자 미상, 〈라투르 다르장 레스토랑에서 오리 고기를 써는 프레데리크〉.

▼**53** 〈엘리제 궁 호텔의 요리사들〉(1900년).

식사를 총괄하는 감독인 메트르 도텔의 모습과 요리사들.

기 요리사들의 생활은 사실 고달프기 그지없었다. 당시 요리사들은 석탄 오븐에서 쏟아져 나오는 70도의 열과 증기로 가득 찬 부엌에서 하루 열네 시간이 넘도록 서서 일해야 하는 중노동에 시달렸다. 또한 19세기의 요리사는 곧 알코올 중독자라고 할 정도로 요리사 중에는 알코올 중독자를 적잖게 찾아볼 수 있었다. 그 이유인즉슨 화장실에 갈 시간조차 없어서 주방 구석에 비치해둔 요강에서 일을 봐야 하는 참혹한 근무 환경을 견디기 힘들었기 때문이다. 당시 요리사들은 부종, 화상, 감염에 시달렸고 42퍼센트의 요리사가 삼십대를 넘기지 못하고 세상을 떴다. 당대 유럽의 최고 요리사로 꼽힌 카렘조차 훗날 자신이 겪은 도제 시절을 악몽으로 회상할 정도로 현실은 녹록지 않았음에도, 19세기 후반까지 몇몇 스타 셰프를 제외하고는 대부분의 요리사가 당당한 전문 직업인으로 인정받지 못했다.[54·55]

　　[그림 1]에서 반짝이는 신사 숙녀들을 오늘 밤 펼쳐지는 무대의 주인공으로 탄생시킨 그들, 그림 속에 등장하지 못한 그들에게도 이 밤은 아름다웠을까. 화려한 레스토랑의 뒤편에서 한 편의 연극 같은 밤을 선사하기 위해 동분서주했을 사라진 19세기 요리사들에게 박수를 보내고 싶다.

54·55 1900년 엘리제 궁 호텔의 요리사들.
19세기의 요리사들은 열과 증기로 가득한 열악한 환경에서 일해야 했다.

토네트의 14번 의자

19세기는 역사상 최초로 카페와 레스토랑, 주점, 카바레 같은 대중 식음료 영업 공간이 사람들의 생활 속에 자리 잡은 시대다. 아침이 되면 단골 카페에서 커피를 마시고, 직장 동료들과 레스토랑을 찾으며 낯선 사람들과 어깨를 나란히 맞대고 술을 마시는 오늘날 유럽인들의 일상은 19세기인들이 발명해낸 것이다. 그렇다면 19세기에 태어난 대중 식음료 영업 공간에서 필요했던 가구는 어떤 것이었을까?

의자나 테이블 같은 가게의 가구들을 떠올려보자. 우선 가벼워야 한다. 이리저리 자리를 옮기는 손님은 물론이거니와 영업이 끝난 후 정돈하기 수월하도록 들어 나르기 쉬워야 한다. 그러니 통나무로 된 의자나 테이블, 나무 조각 장식이 많아서 장정 서너 명이 들어도 버거운 중세풍 가구들은 제외될 수밖에 없다. 튼튼할수록 좋다. 기왕이면 한 부분이 고장나더라도 즉석에서 뚝딱뚝딱 고칠 수 있을 정도로 간단하면 금상첨화다. 살짝 움직이기만 해도 흠집이 나서 니스를 칠해야 하거나 접합점이 많아 한 부분이 흔들리면 전체가 균형을 잃어버리는 섬세한 가구들은 가정용으로는 괜찮을지 몰라도 영업용으로는 적합하지 않다. 즉 19세기 내내 가정용으로 인기를 끌었던 루이 15세나 루이 14세 스타일은 안 된다는 말이다. 또 손질이 쉬워야 한다. 손님이 커피 한 방울만 쏟아도 얼룩이 선명하게 드러날 천으로 마감한 소파형 의자는 간수하기 어렵고 좌석 회전율을 떨어뜨린다. 마지막으로 가격이 저렴해야 한다. 19세기 레스토랑 업자들은 이러한 특성을 갖춘 가구를 찾아내느라 골머리를 앓았다.

미하엘 토네트Michael Thonet의 전설적인 의자 14번이 단박에 히트 상품으로 떠오른 것은 바로 이 때문이었다. 토네트는 라인 강 근처의 보파르트 지방에서 작은 공방을 운영

토네트의 14번 의자.

한 가구 장인이었다. 주로 라인 강 주변에서 쉽게 구할 수 있는 너도밤나무를 이용한 가구를 만들어 팔았다. 1841년 왕실의 초청으로 빈에 다녀오면서 토네트는 산업용 가구에 눈을 뜨게 된다. 빈의 여기저기에 우후죽순으로 생긴 카페와 레스토랑은 거대한 블루 오션이었다. 그는 쉽게 휘어지는 너도밤나무의 성질을 이용해 휘어진 나무판자를 대량으로 생산하는 기술을 착안해냈다. 적당한 두께로 자른 너도밤나무 판자를 휘어진 철판 위에 넣고 오랜 시간 열과 증기를 가하면 판자는 철판의 모양대로 휘어진다. 토네트는 이 기술에 쉽게 대량으로 의자를 생산할 수 있는 그만의 독창적인 아이디어를 덧붙였다.

우선 의자 구조를 크게는 등받이와 뒷다리가 붙어 있는

뒷부분, 안장, 앞다리 두 개로 단순화했다. 여기에 앉는 사람의 등을 편안하게 지지해주는 작은 등받이를 달고 다리와 다리 사이를 이어주는 가로대를 추가하면 단 여섯 부분만으로 완성할 수 있는 간단한 의자가 탄생한다. 제각각 떨어져 있는 각 부분들을 연결하는 데 쓸 여덟 개의 나사못만 있으면 누구나 쉽게 의자를 조립할 수 있었다.

토네트의 공장에서는 이 의자를 구성하는 각 부분들을 따로따로 생산했다. 자연히 분업화로 인해 생산성이 높아져 대량 생산이 가능했음은 물론이고 가격까지 대폭 낮출 수 있었다. 이렇게 생산된 의자의 각 부분들을 하나로 묶어 쉽게 운반할 수 있도록 패키지로 판매했다. 결과는 그야말로 놀라웠다. 사방 1미터짜리 상자 하나에 36개의 의자를 넣을 수 있었으므로 전 유럽 어디에든 쉽게 배달이 가능했다. 이쯤 되면 성공은 당연지사다. 카페와 레스토랑에 이보다 안성맞춤인 의자가 있을까!

토네트의 14번 의자는 1859년 생산이 시작된 이후로 꾸준히 베스트셀러 자리를 지켰고 오늘날까지 가장 성공적인 조립식 가구 모델로 꼽힌다. 토네트의 혁명적인 아이디어는 오늘날까지 이어져 전 세계 가구 시장에서 최강자의 자리를 지키고 있는 이케아IKEA 역시 이런 토네트의 조립식 가구에서 아이디어를 빌려 왔다.

토네트는 이 14번 의자를 변형시킨 안락의자, 흔들의자, 소파 등을 시리즈로 만들어 그야말로 토네트의 의자 왕국을 건설했다. 의자에 사용된 기술과 역사에 대해 더 알고 싶은 독자들은 니콜라이 드 기르Nicolai de Gier의 『의자 공학 Chairs' Tectonics』이라는 책을 참고하기 바란다. 현대 의자 디자인에 대해 이보다 명쾌하게 정리해놓은 책은 찾아보기 어렵다.

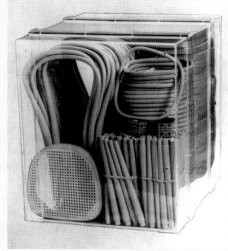

▲ 조립 패키지.

▼ 1859년 토네트의 의자 카탈로그.

8장

인상파,
여자를 그리다

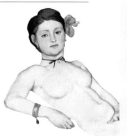

미술사상 가장 유명한 인상파의 그림 속에는
그들과 동시대를 살아간
수많은 이름 모를 여인들이 숨 쉬고 있다.

여자는 여자로 태어나는 것이 아니라
여자로 만들어진다고들 흔히 말하지만
여자로 '태어날' 수밖에 없었던 19세기 여인들.

춤추고 노래하고 사랑하면서
여자라는 굴레 속에 살아간
그녀들의 속삭임에 귀를 기울여보자.

19세기의 드미-몽뎅, 메리 로랑
p. 310~320

1 에두아르 마네, 〈가을: 갈색 모피 망토를 입은 메리 로랑의 초상〉,
1882년, 낭시 미술관.

여자들은 태생적으로 즐거움을 위한 존재다.

—장-에티엔-마리 포르탈리스,

『민법 작성을 위한 토론서』(1801년) 중에서

1882년 프랑스 예술부 장관인 앙토넹 프루스트Antonin Proust는 에두아르 마네에게 사계절을 주제로 한 여인 초상화 시리즈를 주문했다. 이미 나이가 50세인데다 지병인 매독으로 인해 몸을 가누기조차 힘든 운동 실조증에 시달리고 있던 마네는 〈봄〉과 〈가을〉만 그리고 연작을 미처 다 마치지 못한 채 이듬해인 1883년 4월 세상을 떠났다. 그래서 〈가을〉([그림 1])은 작품 자체로는 완성작이지만 연작이라는 측면에서 보면 영원히 미완성으로 남은 셈이다.

애초부터 연작 중 하나로 구상된 작품답게 〈가을〉의 여주인공은 가을을 닮은 여인이다. 하늘색 바탕에 은사와 금사로 수를 놓은 일본 옷감을 배경으로 모피 망토를 입고 고개를 살짝 돌린 흑조 같은 여인의 자태는 가을 숲처럼 고혹적이고 신비롭다. 이 그림은 마네가 세상을 떠난 뒤 치러진 유작 경매에서 1,550프랑이란 가격에 낙찰되었다. 그림의 새 주인은 바로 이 작품의 모델, 메리 로랑Méry Laurent이었다.

고운 피부에 눈부신 금발 머리를 가진 메리 로랑은 어디를 가나 눈에 띄는 사교계의 미녀였다. 예쁘건 못났건 여자만 있으면 얼굴색이 달라질 정도로 여색을 밝혔다는 마네가 자기 그림의 주인공으로 택할 만큼 그녀의 미모는 예술가들 사이에서도 정평이 나 있었다. 특히 마네가 말년에 가장 아낀 모델이 바로 그녀였다. 1878년부터 그리기 시작한 파스텔 누드화는 물론이고 〈검은 모자를 쓴 메리

2 에두아르 마네, 〈검은 모자를 쓴 메리 로랑〉.

3 에두아르 마네, 〈폴리베르제르의 바〉.

로랑〉², 〈토크를 쓴 메리 로랑〉, 〈모피 외투를 입은 메리 로랑〉 등 메리 로랑을 주인공으로 한 파스텔화 연작을 제작했다. 〈폴리베르제르의 바〉³ 같은 대작에서도 메리 로랑은 어김없이 등장한다. 금발 머리의 미녀 하면 단박에 메리 로랑이 떠오를 정도로 유명했으니 이 그림을 본 19세기 파리 사람들은 거울 속에 비친 폴리베르제르의 바 2층에서 하얀 드레스를 입고 아래를 내려다보는 그녀의 모습을 단번에 알아볼 수 있었을 것이다.

　메리 로랑이 언제 어떻게 마네를 만나게 되었는지에 대해서는 정확한 기록이 남아 있지 않지만, 미술사가들은 그녀가 1876년 봄 무렵부터 파리 시내의 생페테르부르Saint-Pétersbourg 가에 있는 마네의 아틀리에에 드나든 것으로 추측하고 있다. 그 이후로 여색을 밝히기는 했으나 점잖은 부르주아 가문 출신답게 예의를 차리는 데에도 빈틈이 없었던 마네가 부인을 제외하고 유일하게 편지에서 '너^{tu}'라는 호칭을 쓸 정도로 그녀와 격의 없는 사이가 되었다.⁴ 유명 화가의 사생활에 대해 궁금증이 많은 후세인들로서는 얼마나 격의 없었는지 자못 궁금해지는 대목이다.

4 마네가 메리 로랑에게 보낸 편지. 그녀를 '너'라는 친근한 어투로 불렀다.

19세기판 섹스 심벌 메리 로랑

당시 사교계에서 제법 영향력을 과시한 메리 로랑은 전속 화상처럼 마네의 작품을 여기저기에 팔아주었다. 앙토냉 프루스트가 남긴 기록에 따르면, 메리 로랑은 그에게 마네의 〈카페에서〉(1878년)⁵를 사라고 적극적으로 권하며 우격다짐으로 작품을 안겨주었다고 한다. 당시 파리에서 부자 동네로 꼽힌 8구에 집을 갖고 있을 만큼 부유했던 메리 로랑은 마네가 세상을 떠날 때까지 종종 선물을 보내기도 했고, 마네의 장례식에도 참석해 에밀 졸라, 말라르메, 베르트 모리조, 모네 등 많은 예술가 지인들과 함께 그의 죽음을 애도했다. 또한 1900년 그녀 자신이 세상을 떠날 때까지 해마다 마네의 기일이 되면 라일락 꽃을 들고 파리의 파시 공동묘지에 있는 마네의 무덤을 찾았다고 하니 그에 대한 애정이 각별했음을 짐작할 수 있다.

5 에두아르 마네, 〈카페에서〉.

물론 메리 로랑은 시대를 풍미한 미녀답게 마네와만 교분이 있었던 것이 아니라 그 밖에 많은 유명인들을 친구로 두었다. 앞서 7장에서 본 아르메농빌 레스토랑을 그린 화가 앙리 제르벡

스의 그림 모델이자 친구였으며, 동시에 앞서 이야기한 '공작새의 방'을 만든 영국 출신 화가 제임스 휘슬러와도 가까운 사이였다.

또한 마네의 막역한 지우였던 시인 말라르메 역시 메리 로랑의 팬임을 자처했다. 그녀를 두고 "영원한 젊음은 그녀에게 있다"는 낯간지러운 시까지 바친 말라르메는 메리 로랑이 시골 별장을 구입하자 집 안을 장식할 가구며 그림과 조각을

6 메리 로랑의 거실. 말라르메, 제르벡스, 메리 로랑이 함께 앉아 있다.

고르는 데 함께 골몰했을 만큼 특별한 사이였다.[6] 그뿐만 아니라 메리 로랑은 드가, 르누아르같이 당시 현대 미술을 주도한 여타의 인상파 화가들과도 돈독한 친분을 쌓았다.

예술가들과 어울려 살롱에서 미술과 문학을 논하는 우아한 부인. 이런 프로필 때문에 사람들은 흔히 그녀가 남 부러울 것 없는 상류 부르주아나 귀족 집안에서 태어나 문학과 예술에 대해 남다른 교육을 받은 고상한 엘리트였으리라 추측한다. 그런데 과연 그랬을까?

메리 로랑이 태어난 낭시의 고문서관에 남아 있는 그녀의 출생증명서는 우리의 예상을 단박에 깨트린다. 1849년생인 메리 로랑은 아버지가 누군지 모르는 사생아인데다 어머니는 세탁부였다. 세탁부의 딸로 태어났으면 세탁부가 되어야 하는 것이 당연시된 19세기에 메리 로랑은 탁월한 미모와 남자를 홀리는 특출한 능력 덕택에 그런 운명을 피할 수 있었다.[7]

어리다면 어리다고 할 수 있는 열세 살 때부터 낭시에 주

7 외젠 디스데리가 찍은 메리 로랑.

둔하고 있던 군사령관 프랑수아 세르탱 드 캉로베르François Certain de Canrobert의
정부 노릇을 시작했고, 추문을 두려워한 캉로베르의 강권으로 열다섯 살에 열일
곱 살이나 나이가 많은 낭시의 식료품 상인 장-클로드 로랑Jean-Claude Laurent과
결혼했다.

하지만 이미 세력가의 정부로서 사치의 달콤함을 맛본 메
리 로랑에게 식료품상의 아내란 당치도 않은 일이었을 것이다.
7개월 만에 결혼생활을 박차고 나온 그녀는 혈혈단신 파리로
상경했고, 그 뒤로 여러 극장을 전전하며 몇몇 코미디 뮤지컬에
서 단역을 맡았다. 자칫 무명 배우로 평생을 마칠 뻔한 그녀는
1872년 〈금 달걀의 정부La Poule aux œufs d'or〉라는 수상한 이름
의 코미디 뮤지컬에서 비너스 역을 맡아 시쳇말로 팔자를 고쳤
다. 사랑의 여신으로 분해 금빛으로 치장한 조가비에서 거의
나체나 다름없는 모습으로 등장한 그녀는 관능의 화신이었으
니 남성 관객들의 시선을 사로잡은 것은 당연지사였다.[8·9] 몇몇
평론가들이 "대사를 입으로 하는 것보다 몸으로 하는 것이 낫
겠다"며 비꼬건 말건 그녀는 이 공연으로 단박에 당대 최고의
섹스 심벌로 떠올랐다.

메리 로랑이 나폴레옹 3세의 부인 외제니 황후의 주치의
인 치과의사 토머스 에번스Thomas W. Evans를 만나게 된 것도 그
런 인기 덕분이었다.[10] 오스만의 도시 재개발이 한창인 시절에
부동산에 투자해 막대한 이득을 챙긴 에번스는 공무원 연봉이
2천 프랑 남짓한 당시 그녀에게 매달 만 5천 프랑씩 생활비를 대
준 든든한 후원자였다. 게다가 자기 집 근처인 로마 가 52번지에
호화로운 저택을 따로 마련해주었을 뿐 아니라 마차를 비롯해
다이아몬드나 사파이어 같은 보석도 여러 점 선물했다.

▲8 그리스 여신 같은 포즈로 찍은 메리 로랑의
누드 사진.
▼9 샤를 뢰틀랭저, 〈의자에 걸터앉은 메리
로랑〉.
메리 로랑은 당대의 섹스 심벌이었다.

든든한 스폰서를 만나면서 에로 배우 노릇을 집어치운 메리 로랑은 가정교사를 초빙해 본격적으로 미술과 문학을 공부하기 시작했다. 왕실의 주치의답게 지성적인 남자인 에번스는 독일 시인 하인리히 하이네에 대한 평론서를 출판할 만큼 문학에 조예가 깊었고, 17~18세기 프랑스 화가들의 작품을 비롯해 신고전주의 풍경화로 유명한 장-바티스트-카미유 코로Jean-Baptiste-Camille Corot나 서민들의 일상생활을 주로 그린 프랑수아 봉뱅François Bonvin 등 19세기 동시대 화가들의 작품을 수집하는 등 미술에도 관심이 많았다. 이런 고급스러운 문화적 소양을 갖춘 에번스와 보조를 맞추기 위해서라도 그녀는 문학과 예술을 공부해야 했을 것이다.

결국 메리 로랑이 〈크리스털 화병에 담긴 꽃과 빵〉, 〈폭풍치는 날의 아르카숑〉 같은 마네의 작품을 소장하고 그의 작품을 팔아줄 수 있었던 것도 따지고 보면 모두 에번스 덕택이었다. 정확하게 말하자면 에번스의 돈이 메리 로랑으로 하여금 천박한 과거사를 말끔히 세탁하고 예술가와 문학가들이 드나드는 살롱의 여주인 역할을 할 수 있게 해준 것이다.[11]

그렇다면 마네를 비롯해 말라르메, 모리조 등 메리 로랑과 가깝게 지낸 예술가 지인들은 과연 그녀의 정체를 알고 있었을까? 그들 모두 에번스와 메리 로랑이 주최한 저녁 만찬에 기꺼이 참석할 정도로 돈독한 관계를 유지했다. 더구나 에번스와 늘 동행하다보니 메리 로랑도 신문에 이름이 오르내릴 정도로 유명 인사가 되었다. 사교계에 관심이 많은 파리 시민 중에서 메리 로랑이 에번스의 정부라는 사실을 모르는 사람은 없었다. 메리 로랑 역시 재력가의 정부라는 사실에 전혀 부끄러움을 느끼지 않았으며, 에번스 또한 미모의 정부를 둔 사실을 공공연

▲10 샤를 뢰틀랭저, 〈에번스와 메리 로랑〉.
메리 로랑은 에번스를 만난 이후 섹스 심벌의 이미지를 벗어던졌다.

▼11 샤를 뢰틀랭저, 〈서 있는 메리 로랑〉.
귀부인같이 정숙한 포즈를 취한 메리 로랑.

히 자랑하기도 했다. 속마음은 어땠을지 모르지만 적어도 겉으로 아무런 티를 내지 않기는 에번스의 본부인도 마찬가지였다.

19세기판 연예인, 정부의 세계

라 파이바La Paiva, 블랑슈 당티니Blanche d'Antigny, 안나 데슬리옹Anna Deslions 등 당대의 권력자나 대부르주아의 정부였던 여인들의 이름은 19세기 내내 신문지 상에 오르내렸다. 현대인으로서는 권력자의 첩 이름이 공공연히 매체에 등장하는 상황에 아연실색할 것이다. 황색 언론이 아니고서야 그런 기사를 쓰거나 또 그런 기사에 대놓고 열광하거나 하면 이상한 사람으로 취급하는 세상이 아닌가.

그러나 19세기 그녀들은 오늘날의 유명 연예인과 비슷했다. 할리우드 스타들에 버금가는 화제를 뿌리며 대중적인 인기를 누린 19세기판 스타였던 것이다. 세간에서는 그녀들을 가리켜 '반쪽짜리 사교인'이라는 뜻인 '드미-몽뎅demi-mondain'이라고 불렀다. 귀족으로 태어나지 않으면 사교계에 발가락도 넣지 못했던 18세기에 비해 돈만 있으면 번듯한 사교인으로 행사할 수 있는 19세기의 신풍조를 비꼬아 부른 말이었다.

이런 유명 정부들에게는 몇 가지 공통점이 있었다. 우선 그녀들은 누구나 동경할 만한 호화로운 생활의 주인공들이었다.[12~15] 한결같이 빌리에Villiers 거리나 트로카데로 거리 같은 파리의 부촌에 살고 있었고, 하인은 물론이고 웬만한 부자가 아니면 부리지 못하는 마부를 비롯해 여섯 필 이상의 말과 마차까지 갖고 있었다. 생활방식 역시 남달랐다. 미모를 가꾸는 일 외에 그녀들의 하루 일과 중에서 가장 중요한 것은 사교계의 일원으로 처신하는 일이었다. 예컨대 오후 4시쯤이면 번쩍번쩍하는 사치스러운 마차를 타고 불로뉴 숲을 산책했고, 저녁에는 각종 전시회의 개막식에 참석했으며, 밤에는 유명 극장에서 열리는 공연과 오페라에도

▲**12** 베르트 모리조, 〈화장하는 젊은 여인〉.

■**14** 쥘 앙투안 브아랭Jules Antoine Voirin, 〈불로뉴 숲에서의 산책〉.

▼**16** 에두아르 마네, 〈오페라 극장의 가장무도회〉.

▲**13** 장 프레데리크 바지유, 〈몸단장〉.

■**15** 에두아르 마네, 〈부채를 든 여인, 니나 드 카이아스〉.

▼**17** 피에르-오귀스트 르누아르, 〈관람석〉.

화려한 생활을 자랑한 드미-몽뎅의 일상은 수많은 그림으로 남았다.

얼굴을 내밀었다.[15~17] 루이 15세 스타일이나 루이 16세 스타일의 귀족풍으로 꾸며놓은 호사스러운 집으로 문필가나 예술가들을 초대해 접대하는 것도 빼놓을 수 없는 일과였다. 새벽에는 고급 사교장으로 알려진 폴리베르제르 같은 뮤직홀에 들러야 하니 요즘의 영화배우 뺨치는 바쁜 일정이었다.

카페에서도 춤과 음악을 즐길 수 있다는 콘셉트로 1869년 문을 연 최초의 뮤직홀 폴리베르제르는 파리의 밤 문화를 지배했다. 19세기판 나이트클럽이라 할 수 있는 폴리베르제르 같은 뮤직홀에서는 원칙적으로 남성을 동반하지 않은 여성은 애당초 입장할 수 없었다. 그런데도 폴리베르제르에서는 세간에 회자되는 유명한 드미-몽뎅이나 여배우들을 선정해 언제라도 혼자 입장이 가능한 멤버십 카드를 은밀히 보냈다. 이른바 수질을 관리하기 위해 매달 15일마다 멤버를 새로 선정해 회원 카드를 재발급하는 약삭빠른 관리 덕에 폴리베르제르는 최고의 뮤직홀이라는 명성을 유지할 수 있었다.

일단 미모로 사교계에 이름을 알린 정부들이 점점 더 부자가 되는 것은 사실 식은 죽 먹기였다. 유명세를 보고 몰려드는 돈 많은 남자들과 시간을 정해 데이트를 해주고 엄청난 부수입을 챙길 수 있었기 때문이다. 이런 식으로 정부를 직업으로 삼아 천문학적인 재산을 벌어들인 여인들은 오늘날의 연예인에 버금가는 스캔들을 몰고 다니며 스타 대접을 받았다. 일례로 에밀 졸라의 소설 『나나』의 모델●이자, 졸라와 각별한 사이였던 마네의 그림 모델이기도 한 발테스 드 라 비뉴Valtesse de La Bigne[18]는 페리고르 지방에 거대한 영지를 소유한데다 프루스트의 소설 『잃어버린 시간을 찾아서』에 등장하는 게르망트

● 에밀 졸라는 블랑슈 당티니, 발테스 드 라 비뉴, 오르탕스 슈나이더 등을 모델로 '나나'라는 주인공을 탄생시켰다.

18 에밀 졸라의 소설 『나나』의 모델이자 마네의 그림 모델이었던 발테스 드 라 비뉴.

19 에밀 졸라에게 큰 인상을 남긴 발테스 드 라 비뉴의 침대.

20 폴 세잔, 〈모던 올랭피아〉. 당대의 현실을 담담하게 그렸지만 저속하다는 비난을 받기도 했다.

공작의 모델이기도 한 대귀족인 사강 왕자prince de Sagan(보종 드 탈레랑-페리고르)를 파산하게 만든 팜 파탈로도 유명했다. 폴란드 귀족인 루보미르스키 왕자prince Lubomirski의 정부 노릇을 하고 있으면서도 양다리를 걸친 발테스는 사강 왕자에게 파리 상류층이 몰려 사는 말셰르브 가boulevard Malesherbes에 저택을 지어달라고 졸랐다.

이렇게 해서 유명 건축가인 쥘 페브리에Jules Février가 지은 말셰르브 저택은 당대의 사치를 한데 모아놓은 작은 궁전이었다. 현재 파리 장식미술 박물관에 보관 중인 발테스의 침대를 보면 환락의 궁전을 다스리는 여왕 폐하의 옥좌처럼 느껴질 정도다.[19] 길이가 4미터에 넓이가 2.6미터나 되는 어마어마한 크기에다 르네상스 스타일을 본뜬 기둥, 하늘을 찌를 듯한 12개의 청동 도자기 장식이 달린 알코브alcôve, 하늘을 상징하는 초록색 벨벳이 겹겹이 흘러내리는 침대 앞에 서면 누구나 입이 벌어지게 마련이다. 게다가 금칠한 청동과 나무로 만든 침대 머리는 발테스를 상징하는 V자 모양의 문양으로 장식되어 있어 중세 어느 왕비의 침소 같은 착각을 일으키게 한다.

일반적인 선입견과는 달리 정부를 둔 19세기 유력자들은 자기 애첩이 다른 남자를 만나는 등 그녀의 은밀한 사생활에 대해서는 비교적 관대한 편이었다. 대부분 어엿한 부인이 있는 유부남이었기 때문에 양다리로 자신의 부담이 적어지는 것을 내심 반가워했고, 덤으로 사람들의 입방아에 오르내리는 미녀를 정부로 두고 있다는 자부심까지 누릴 수 있었기 때문이다. 정부를 두는 것은 당시 부르주아 남성에게는 당연한 권리이자 부와 권력의 상징이었고, 이 때문에 19세기 런던이나 파리 같은 대도시에서 첩을 두는 것은 흔한 일이었다. 메리 로랑, 발테스 드라 비뉴처럼 마네, 르누아르, 드가, 세잔의 그림 속 주인공으로 아직까지 우리 곁에 살아 있는 '반쪽짜리 사교인'들은 여성에 대한 19세기 특유의 시선이 만들어낸 그림자였던 것이다.[20]

일하는 여성들, 그녀들의 일생

사법권의 적용을 받지 않는 자들은 미성년자, 유부녀, 범죄자, 정신지체자이다.

1804년 나폴레옹이 제정한 민법은, 위의 인용문에서 보듯이 여성에 대한 당대의 시각이 어떠했는지를 단적으로 보여주는 거울이다. 프랑스 혁명으로 봉건적 신분제가 타파됐다지만 그것은 남성에게만 해당됐을 뿐 19세기 여성의 법적 신분은 크게 달라지지 않았다.

당시 민법에 따르면 여성은 남성에게 보호받아야 할 하등한 존재였다. 이에 따라 여성에게 적용된 법적 제한은 셀 수 없이 많았다. 투표를 비롯한 어떤 정치적 권리도 행사할 수 없는 것은 물론이고 고등학교나 대학교 등 고등교육기관에는 출입조차 할 수 없었다. 여성은 경제적으로도 금치산자 취급을 받았다. 자기 이름으로 어떤 계약을 체결할 수도 없었고 자기 재산을 처리할 수도 없었다. 심지어 은행 계좌조차 개설하지 못했다.

그러나 19세기에도 먹고살기 위해 일을 해야 하는 여성들이 있었다. 뛰어난 미모에다 운까지 타고나서 유명한 정부가 되는 여성은 극소수였고, 당시 서민층 여성의 삶은 지난 세기에 비해 고달프기 이를 데 없었다.

농민이나 노동자의 딸로 태어난 여성들에게 당시에 가장 만만한 일자리는 하녀였다. 1896년 기록에 따르면 열 집당 하녀의 수가 평균 여덟 명이었다. 경제적인 여유가 있건 없건 간에 대부분 부르주아 계층의 집에는 적어도 한 명 이상의 하녀가 있는 셈이었고, 귀족들 중에는 열 명 이상의 하인을 두는 경우도 많았다. 이렇게 웬만한 집에서도 하녀를 많이 부릴 수 있는 데에는 이유가 있었다. 먹여주고 재워주기만 하면 따로 월급을 주지 않아도 되었기 때문이다. 하녀의 수요가 많았으니 가진 게 몸뚱이밖에 없는 서민의 딸들은 어릴 때부터 이 만만한 취업처로 몰려들었다[21]

그러나 하녀는 일 년 365일 24시간 근무하는 고된 노동직이었다. 청소와 빨래 등 잡다한 집안일을 도맡아하고, 음식을 준비하고, 아이를 돌봐야 하는 것은 물론이거니와 관례상 그릇을 깨트리거나 빨래를 하다 옷이나 시트 등을 손상시키면 오히려 제 돈을 주고 변상해야 했다. 게다가 먹여주고 재워준다는 이유로 월급조차 변변치 않았건만 이들은 보통 집의 맨 꼭대기에 좁은 복도를 따라 다닥다닥 붙어 있는 작은 방에 기거했다. 복도에 공용 화장실이 달랑 하나 딸려 있는 하녀의 거처는 겨울에는 난방이 제대로 되지 않아 '결핵의 온상'이나 다름없었다.

21 카미유 피사로, 〈어린 시골 하녀〉.
피사로는 당시로는 흔치 않게 하녀를 그림의 주인공으로 삼았다.

사실 하녀로 일한 여성들 대부분이 글을 읽고 쓸 줄 모르는데다 하녀에 대한 부당한 처우가 당연시된 시대이다보니 그녀들의 실생활이 어땠는지에 대해서 동시대인이 남긴 기록은 의외로 매우 드물다. 그나마 남아 있는 자료는 대부분 성적인 추문이나 각종 스캔들을 바탕으로 한 가십성 기사나 몇몇 소설이 고작이다. 결혼 전 여자는 순결을 지켜야 했지만 남자에게는 오히려 다양한 성적 경험을 쌓는 것이 권장된 시대였다. 그러다보니 사귀기는 하지만 결코 결혼은 하지 못할 가난한 여자들을 가리켜 '기다리는 동안 즐기는 여자들'이라는 뜻의 '팜 다탕트Femme d'attente'라는 일반명사가 등장했을 정도였다. 이런 시대에 한 지붕 밑에서 같이 사는 하녀는 남자들이 부담 없이 관계를 맺을 수 있는 손쉬운 대상이었다.

19세기 내내 버려지는 아이들의 수가 어마어마했던 데에는 바로 이런 사정이 있었다. 일례로 파리에서 1880년에 태어난 5만 6천 명의 영아 중에서 무려 만 4천 명이 사생아였고, 그중 3천 명 이상이 태어나자마자 버려졌다는 기록이 남아 있다. 성당에서 운영한 몇몇 고아원 외에는 이렇다 할 사회 복지 시설이 드물었던 당시에 교회나 병원에 버려진 아이들은 짐짝처럼 마차에 실려 정부 보조금을 받는 전문적인 유모의 손에 맡겨졌다. 유모라는 말이 따뜻한 느낌을 주지만 실상은 전혀 그렇지 않았다. 밥벌이 삼아 아이를 맡아 키우는 직업적인 유모들에게 아이들은 정부 보조금을 한 푼이라도 더 타내기 위한 상품이나 다름없었기 때문이다.

생활고에 시달려 자식을 키울 수 없는 엄마와 혼외로 태어난 자식을 자식으로 절대 인정하지 않았던 비정한 아버지가 만들어낸 비극은 위험천만한 민간 낙태 요법을 유행시켰다. 낙태는 법으로 금지되어 있었지만 노간주나무 즙이나 깨껍질, 납으로 된 알약 등 천태만상의 민간요법은 19세기 내내 입에서 입으로 전해졌다. 19세기 중후반이 되면 낙태를 시도한 여성은 6~10년간 실형에 처한다는 법이 무색할 정도로 낙태는 약사, 마사지사, 수의사, 약초 판매상 등 다양한 직업군에서 짭짤한 수입을 보장해주는 어엿한 산업으로 자리 잡았다. 주로 역이나 백화점 주변의 번화가에 터를 잡은 불법 낙태 시술소들은 손님을 끌기 위해 버젓이 신

22 에드가 드가, 〈집 안 풍경〉. 당대의 풍속을 적나라하게 묘사한 드가의 이 작품에는 '강간'이라는 부제가 붙었다.

문 광고까지 냈다.

어두운 방 안에서 하얀 살결을 드러내고 등을 돌려 앉아 외면하는 여자, 그리고 문 앞에 버티고 서서 그런 여자를 냉정히 바라보는 남자가 등장하는 드가의 〈집 안 풍경〉²²이라는 그림에 동시대인들이 '강간'이라는 부제를 붙인 이유는 당시 누구나 이런 현실을 잘 알고 있었기 때문일 것이다. 철제 침대가 놓인 천장이 낮은 그림 속의 방을 본 19세기 사람들은 누구나 하녀의 방을 떠올렸고, 속옷만 입은 여자와는 달리 검은 양복을 차려입은 남자는 거부할 수 없는 처지인 하녀의 몸을 탐하러 온 주인 남자라고 봐도 이상할 것이 없었다. 그리고 그런 성적 폭력이 지나간 자리에 남은 희생자는 오로지 여자였다.

세탁부 역시 하녀만큼이나 흔한 일자리였다. 방직 산업의 발달로 냅킨이나 침대 시트 등 가정용 직물 제품과 의류에 대한 수요가 폭발적으로 증가한 19세기

23 에드가 드가, 〈다림질하는 여인〉.　　　　24 에드가 드가, 〈셔츠를 다리는 여인〉.

에 세탁부는 생활에 없어서는 안 될 직업이었다. 주로 도시 근교나 강변에 자리 잡고 있던 세탁업체에서는 옷을 빨고, 표백하고, 다림질할 여성 인력을 상시로 모집했다.[23·24] 세탁부 중에서도 코르셋이 달린 드레스나 고급 실크 천을 다리는 일은 오랜 경험이 필요했고 전문 기술자는 일감이 많을 때면 월 60프랑 정도를 벌 수 있었다. 하지만 세탁부는 하루 종일 증기와 열기를 뿜어내는 세탁실에서 거의 헐벗은 채 서서 일해야 하는 고단한 직업이었다.

　　세탁부들은 보통 열 살 때부터 나무로 불을 지펴 물을 데우고 물통을 나르는 일을 시작했다. 면직물을 방망이로 두들긴 뒤 삶아 빨고, 얼룩을 지우고, 석탄에 불을 붙여 다림질을 했고, 감자 껍질에서 우려낸 전분으로 옷에 풀을 먹여 빳빳하게 만드는 등 새벽 5시부터 저녁 8시까지 쉴 새 없이 일했다. 하루에 한 시간 남짓한 점심시간 외에는 주말이나 휴일도 없는데다 일감이 떨어지면 당장 해고되는

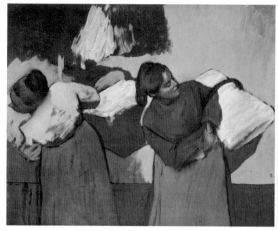

25 에드가 드가 〈세탁물을 운반하는 두 세탁부〉.　　　　　　　　**26** 에드가 드가, 〈다림질하는 여인〉.

드가는 세탁부, 모자 파는 여인 등 일하는 여성을 주제로 다양한 작품을 남겼다. 세탁부들의 고단함이 그림 속에 묻어난다.

비정규직이었다. 산업용 표백제와 열악한 노동 환경에서 일했던 여성 세탁부들은 요통과 결핵 등 각종 감염 질환으로 고통을 겪다가 평균 40세를 넘기지 못하고 세상을 떠났다.[25·26]

　공장 역시 열악한 노동 환경으로는 세탁부에 못지않았다. 특히 면직 공장은 8~9세 된 여자아이들의 주된 일터였다. 방직 기계 밑에 들어가 실이나 북을 기계에 거는 일부터 천을 짜는 일까지 면직 공장의 모든 일은 늘 부상의 위험을 안고 있었다. 아침 8시부터 밤 10시까지 장기간 근무하다가 자칫 졸기라도 하면 팔이나 손가락을 기계에 잘리기 일쑤였고, 기계 안에서 장시간 노동을 하다가 종창에 시달리거나 곱사등이 되기도 했다.

　1840년에 이런 공장을 방문해 노동자들의 실상을 파악한 경제학자이자 의사인 루이-르네 비예르메Louis-René Villermé가 남긴 보고서에는 마르고 창백한 여자들, 맨발에다 공장에 가득 쌓인 먼지 때문에 끊임없이 기침하는 공원들에 대한 증언이 줄을 잇는다. 방직 공장이 밀집한 밀루즈Mulhouse를 방문한 비예르메는 열

27 폴 시냐크, 〈여성용 모자 제조인〉.　　　**28** 에바 곤잘레스, 〈여성용 모자 제조인〉.

명이나 되는 한 가족이 단칸방 하나를 차지하고 사는 벌집 같은 노동자 숙소와 부엌 시설이라고는 오직 난방을 겸한 석탄 난로가 고작인 시설을 둘러보면서 "노동자들 사이에 알코올 중독이 만연한 것은 당연한 결과"라는 결론을 내렸다.

비단 공장의 공원만 술에 찌들어 산 것은 아니었다. 19세기는 먹고살 돈을 한 푼이라도 더 벌기 위해 몸을 던져 일해야 했던 여성들이 술을 마시지 않고 맑은 정신으로 살아가기 힘든 시대였다. 재봉틀의 보급으로 백화점에서 반*기성품을 판매하면서 폭발적으로 증가한 여성 보조원이나 앞서 본 백화점 여직원들도 사정은 비슷했다.[27·28]

학자들은 1870년대 근로 여성의 통상적인 연 수입을 대략 5백 프랑 정도로 추산하고 있다. 백 프랑이 넘는 일 년치 집세와 의류비, 난방비 등을 제외하면 순전히 식비로 쓸 수 있는 가용 예산은 대략 연 215프랑, 즉 하루로 환산하면 59상팀 정도에 불과하다. 당시 통닭 한 마리에 5프랑, 서민적인 식당의 한 끼 밥값이

29 에드가 드가, 〈여성용 모자 제조인〉.

10프랑 내외인 점을 감안하면 1프랑도 안 되는 하루 식비로 어떻게 생계를 연명했을지 언뜻 답이 나오지 않는다. 그래서 일하는 여성 대부분은 우유와 빵만으로 끼니를 해결했고, 그러다보니 빈혈과 결핵을 비롯한 '가난한 자들이 걸리는 병'에 쓰러져갔다.

하녀들과 마찬가지로 공원이나 세탁부로 일한 19세기 여성들의 실제 삶의 모습도 베일에 가려져 있기는 마찬가지다. 당시 공장에서 일하는 아이들이나 면, 양모, 실크 공장에서 일하는 노동자들의 실태를 조사해 보고서를 남긴 비예르메 같은 몇몇 의사의 기록과 여기에 첨부된 몇 장의 사진이 거의 전부다. 그녀들의 삶을 다룬 문학이나 미술작품 역시 극히 드물다. 여성을 신화 속 여신이나 성모 마리아 등 성스러운 이미지로만 표현한 기존 화가들에 반기를 들고 현실 속에서 살아 숨 쉬는 여성을 모델로 그림을 그린 인상파 화가들 역시 별반 다를 바 없었다. 세탁부나 모자 파는 점원을 화폭에 담은 드가[29]나 폴 시냐크 등 몇몇 화가를 제외한 여타의 인상파 화가들은 19세기 산업 현장에서 자기 몸을 소진하며 가까스로 삶을 연명했던 여성들은 주인공으로 삼지 않았다.

그림으로 남은 여자의 청춘

앞 장에서 본 백화점 판매원을 비롯해 카페나 레스토랑, 뮤직홀, 극장 같은 서비스업에 여성들이 몰려든 것은 다른 직업에 비해 마음만 먹으면 적잖은 수입을 올리며 조금은 편안하게 일할 수 있는 유일한 업종이었기 때문이다. 그러나 이런

19세기의 서비스업은 매춘으로 가는 지름길이기도 했다. 사람들은 카페나 레스토랑에서 근무하는 여급들을 '술 따르는 여자'라는 의미의 베르쇠즈verseuse라고 불렀다.

여급들은 대개 가게에서 먹고 자면서 고정된 급여 없이 오로지 손님들이 주는 팁으로만 생활을 유지했다. 오히려 가게에서 먹고 자는 비용으로 하루에 50상팀씩 주인에게 내야 하는 경우가 다반사였다. 심지어 담배를 피우는 손님에게 불을 붙여주는 데 쓰는 성냥 값이나 가게에서 일할 때 입어야 하는 의상비 등 각종 비용까지 부담해야 하는 경우가 많았기 때문에 자연히 팁을 한 푼이라도 더 받기 위한 경쟁은 치열할 수밖에 없었다. 손님의 테이블에 동석해 술을 마시면서 업주의 매상을 올려주고, 틈틈이 주인이 가게 뒤편에 마련해놓은 내실에서 은밀한 접대를 하기도 했다. 19세기판 룸살롱 아가씨나 다름없던 베르쇠즈는 하기에 따라 하루에 적어도 5프랑에서 많게는 20프랑까지 벌 수 있는 고소득 직업군이었다.[30~32]

마네의 대표작 중 하나인 〈폴리베르제르의 바〉의 주인공인 쉬종Suzon(311쪽 참조)이 초점을 잃은 눈으로 멍하니 사람들을 바라보는 데에는 다 이유가 있었던

30 에두아르 마네, 〈카페 콘서트에서〉.　　　**31** 작자 미상, 〈특별한 방에서의 점심 식사〉.　　　**32** 앙리 드 툴루즈-로트레크, 〈기쁨의 여왕〉.

19세기에는 성을 사고파는 것이 사회적으로 용인되었다.

것이다. 새벽 2시가 넘은 시각, 베르쇠즈인 쉬종은 하염없이 손님을 기다린다. 폴리베르제르에서 일하는 여성들의 유니폼인 검은 드레스를 입고, 앞가슴에는 장미꽃을 단 그녀는 화장으로 얼굴을 꾸미지 않았는데도 청초할 정도로 젊다. 당시 베르쇠즈의 평균 연령이 15~18세의 앳된 소녀인 것을 감안하면 당연한 일이다. 그녀들의 청춘은 이렇게 술과 담배 연기로 얼룩진 현기증 나는 바에서 시작되어 매춘으로 끝나기 일쑤였다.

술을 마시면서 춤을 추는 여자 댄서나 가수의 공연을 볼 수 있는 카페 뮤직홀이 19세기 중반부터 유행하면서 바야흐로 공연 예술 업종이, 앞서 본 메리 로랑의 경우처럼 여성들에게 떠오르는 직종으로 자리 잡았다.[33·34] 당시 공연에 오른 댄서나 가수들의 계약서를 보면 그녀들이 전문 공연인을 가장한 매춘부였음을 한눈에 알 수 있다. 대부분의 계약서에는 손님이 부르면 언제든지 테이블에 동석해야 하며, 공연이 끝난 후 새벽 2시부터 5시까지는 손님과 함께 야식을 먹어야 한다는 수상쩍은 의무 조항이 명시되어 있었기 때문이다.

19세기 후반부터는 '서정적인 대리인agent lyrique'이라는 야릇한 이름으로 성을

33 에드가 드가, 〈카페 콘서트에서: 개의 노래〉.
노래를 부르는 여인은 테레사로 더 잘 알려진 엠마 발라동이다.

34 장 베로, 〈오페라 복도 뒤편〉.
공연 예술 업종에 종사하는 여인들에게 후원자는 생활을 위해 필수적인 존재였다.

파는 여성을 전문적으로 소개해주는 일종의 콜걸 서비스
업과 소위 '만남의 집maison de rendez-vous'(메종 드 랑데부)이
라는 은밀한 윤락업소가 런던과 파리 등 대도시에서 활개
치기 시작했다. 수요와 공급의 법칙에 따라 가진 것이라고
는 몸뚱이밖에 없는 배고픈 여성들이 이런 매춘 산업으로
대거 몰렸고, 이로 인해 19세기 말의 유럽은 바야흐로 매
춘의 천국이 되었다.

특히 여자들이 많이 드나드는 백화점이나 버스 정류
장 주변에 자리 잡은 '만남의 집'은 간판도 내걸지 않아
서 그야말로 아는 사람만 드나드는 은밀한 장소였다. 이
름 그대로 '만남의 집'은 여성의 몸을 찾는 남자와 '랑데

35 테오필 알렉상드르 스탱랑,
〈어린 여인들에 대한 요구〉.

부'해서 경제적인 도움을 받고자 하는 여자라면 누구나 출입할 수 있는 곳이었
다. 하녀, 여배우, 이혼녀, 과부, 백화점 여직원 등 직업과 생활 환경이 서로 다른
여자들이 오직 남자를 구하기 위해 '만남의 집'에 드나들었다.[35~37]

이곳의 실내는 19세기 사람들이 매춘 하면 떠올린, 화려한 천을 덮은 안락한
소파나 일본풍의 사치스러운 인테리어 대신 건전한 부르주아 집의 편안한 거실처

36 앙리 드 툴루즈-로트레크, 〈소파〉.

37 에드가 드가, 〈사장님의 잔치〉.

럼 꾸며져 있었다. 노골적으로 남자 손님을 유혹하는 여타의 매춘업소들에 비해 도덕적인 냄새를 풍겼고, 그 덕택에 누구나 거리낌 없이 드나들 수 있는 장소로 자리 잡게 되었다. 이곳이 가장 붐비는 시간은 여자들이 남의 이목을 신경 쓰지 않고 쉽게 출입할 수 있는 오후 2~4시였다.

19세기 매춘을 연구하는 학자들마다 당시 매춘부 수를 추정하는 데 엄청난 차이를 보이는 이유가 바로 여기에 있다. 직업적인 매춘부 외에도 경제적으로 쪼들리는 여자라면 누구나 쉽게 웃음과 미모, 젊음과 몸을 팔 수 있는 시대였기 때문이다. '만남의 집' 말고도 당시 여염집 여성이 윤락할 수 있는 방법은 많았다.

해가 지고 거리에 가스등이 켜지는 시간이 되면 파리의 중심지인 팔레 루아얄 지역이나 세바스토폴 대로, 바스티유나 마들렌 지역의 카페와 거리에도 여성

들이 진을 쳤다. "밤거리로 나온 여자들 때문에 도대체 길거리를 제대로 걸어 다닐 수가 없다"는 한탄이 나올 정도로 거리로 나온 여성의 수는 어마어마했다. 일정한 거처가 없어 하룻밤 재워줄 수 있는 남자를 찾는 여자들이거나 술집이나 카페 등 업소에서 일하기에는 나이가 많은 여자들이 대부분이었다. 그녀들은 카페에 앉아 하룻밤을 청할 남자 손님을 초조하게 기다리거나 거리에서 헤픈 웃음을 던지며 지나는 남성들을 유혹했다.[38~40]

내일이 어찌 될지 알 수 없는 삶을 살아가는 이런 여성들은 비싼 돈을 주고 어엿한 모델을 고용할 수 없었던 젊은 인상파 화가들에게 좋은 모델이기도 했다. 마

▲◀38 테오필 알렉상드르 스탱랑, 〈심야〉, 『르 리르Le Rire』, 1896년 2월 1일자.

▲▶39 장 베로, 〈루아얄가〉.

▼40 에드가 드가, 〈밤의 카페 테라스의 여인〉.

19세기의 밤거리에서 몸을 파는 여자를 만나는 건 어렵지 않았다.

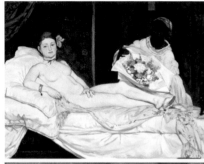

▲41 에두아르 마네, 〈올랭피아〉(빅토린 뫼랑).

▼42 피에르-오귀스트 르누아르,
〈누워 있는 누드의 여인〉(가브리엘 르나르).

43 피에르-오귀스트 르누아르,
〈고양이와 함께 잠든 소녀〉(마리 뒤퓌).

44 피에르-오귀스트 르누아르,
〈부지발의 무도회〉(수잔 발라동).

가난한 인상파 화가들에게 카페나 거리에서 만난 여인들은 좋은 모델이 되었다.

네의 걸작 〈풀밭 위의 점심 식사〉와 〈올랭피아〉의 모델이었던 빅토린 뫼랑Victorine Meurent⁴¹, 열다섯 살 때 몽마르트르 거리에서 르누아르를 처음 만난 가브리엘 르나르Gabrielle Renard⁴², 클리시 거리에서 빵을 팔던 소녀인 마리 뒤퓌Marie Dupuis⁴³, 세탁부의 딸로 서커스단에서 일했던 수잔 발라동Suzanne Valadon⁴⁴⋯⋯.

'행복을 그린 화가'라는 별칭답게 르누아르는 청춘의 한가운데에서 행복을 만끽하는 여성들의 모습을 담은 그림을 많이 남겼다. 근심을 잊은 듯한 여성들의 발그스레한 뺨, 반짝이는 눈, 만져보고 싶은 통통하고 부드러운 살결 그리고 더없이 화사한 미소 등 그림만 보면 그녀들은 아무 걱정 없이 행복의 절정을 살고 있는 듯하다.

르누아르의 대표작 〈물랭 드 라 갈레트의 무도회〉(1876년)⁴⁵에는 나무 그늘 아래에서 화창한 오후를 만끽하며 남자들과 춤추는 발랄한 아가씨들로 가득하다. 특히나 그림 한가운데에 줄무늬 옷을 입고 남자와 대화를 나누고 있는 잔 사마리Jeanne Samary와 몸을 기울여 살포시 동생의 어깨에 손을 올리고 있는 에스텔Estelle의 모습은 르누아르가 그린 그 어떤 여성 못지않게 아름답다. 몽마르트르에 사는 열여섯 살 소녀 잔은 그렇게 르누아르의 그림 덕분에 영원히 우리 곁에 남아 있는 뮤즈가 되었다. 훗날 르누아르는 검은 눈에 갈색 머리, 아무것도 바르지 않아도 생생하게 붉은 입술을 가진 소녀 잔을 회고하면서, 바늘에 찔려 손끝이 자주 부어 있던 그녀의 고단한 인생을 가슴 아파했다. 그녀는 백화점에 납품할 옷을 바느질하는 '시다'였고 내일을 알 수 없는 인생을 살았다.

　적나라한 매춘의 풍경을 다큐멘터리처럼 낱낱이 묘사한 앞서 툴루즈-로트레크의 그림들 속 여인처럼, 무도회가 끝나면 다시 고달픈 노동으로 생을 이어가며 일그러진 얼굴로 살아갈 수밖에 없었던 그녀들은 이름만 남긴 채 사라졌다. 아마

45 피에르-오귀스트 르누아르, 〈물랭 드 라 갈레트의 무도회〉.

도 잔의 마지막은 그녀의 아름다움을 찬양한 르누아르의 말처럼 "눈부시게 빛나지" 못했을 것이다. 오늘도 오르세 미술관에서 르누아르의 그림 앞에 선 관람객들이 그녀의 미소 뒤에 숨겨진 애잔한 인생을 상상하지 못하는 것처럼 말이다.

조신한 일등 신붓감으로 키워지기

19세기 부르주아의 집 안에는 앞서 본 거리의 여자들과는 전혀 다른 부류의 여성들이 살고 있었다. 마찬가지로 르누아르의 모델이었던 마르그리트 샤르팡티에Margueritte Charpentier처럼 상류층 집안의 여자들은 태생부터 거리의 여자들과는 크게 달랐다.[46]

마르그리트의 아버지는 방돔 광장에서 큰 보석상을 운영하고 있는 부유한 상인이었다. 그 시절 모든 상류층 집안의 여성들이 그러하듯 그녀 역시 어릴 때부

46 피에르-오귀스트 르누아르, 〈샤르팡티에 부인과 아이들의 초상〉.
부르주아 집안의 부유함이 확연히 드러나는 실내 분위기와 옷차림이 인상적이다.

터 어머니의 훈육 아래 고결한 부인이 되는 교육을 받았다. 13세 이하의 아동은 남녀를 불문하고 초등학교에 의무적으로 다녀야 한다는 쥘 페리 법Lois Jules Ferry이 1882년에 제정되기 전까지 여자아이를 학교에 보내는 것은 수치스러운 일이었다.

태어나자마자 유모에게 맡겨지고 어린아이가 되면 수도원에 보내져 시집가기 전까지 부모와 떨어져 살았던 18세기의 여성들과는 달리 19세기 부르주아 집안의 딸들은 부모의 슬하에 머물 수 있었지만 오로지 살롱에 머무는 '귀여운 소공녀' 역할에 만족해야 했다.[47] 네 살이 되면 바람에 머리가 날리지 않도록 곱게 묶는 법, 옷을 깨끗하게 간수하고 주름지지 않게 입는 법 등 여성스러운 몸가짐을 익히기 시작했다. 밤에 입는 파자마와 코르셋을 비롯한 속옷, 만찬용 예복처럼 시간대별로 갈아입어야 하는 의상들, 손수건과 액세서리 등 상류층 여성에게 필요한 복장들이 일습으로 구비된 인형 옷 세트는 여자아이들의 장난감이자 동시에 중요한 교육용 도구이기도 했다.

일곱 살이 되면 읽기와 쓰기, 셈하기 같은 기본적인 공부와 자수, 뜨개질, 바느질 등 정숙한 가정주부가 되기 위한 필수적인 덕목들을 하나씩 익혀나가기 시작했다.[48] 넉넉한 집안에서는 따로 개인교사를 고용해 그림이나 성악, 영어 등을 가르치기도 했지만, 아무리 상류층에서 태어났다고 해도 여자가 수학, 철학, 문학, 지리, 과학처럼 남성만의 영역으로 여겨온 고등교육을 받는 것은 상상할 수 없는 일이었다.

1850년대 들어서면서부터는 조신한 여성의 덕목으로 피아노 연주가 추가되었다. 당시 피아노는 750프랑 정도 하는 값비싼 악기였지만 보급 속도는 놀라웠다. 엘리트 남성이라면 라틴어를 할 줄 알아야 하듯 곱게 자란 여성이라면 피아노를 칠

▲47 카롤루스 뒤랑, 〈마르그리트와 로베르 드브로이〉.

▼48 메리 커샛, 〈정원의 소녀〉.
부르주아 집안의 여자아이들은 어려서부터 몸가짐 교육을 받았다.

줄 알아야 한다는 공식이 상식처럼 통용되었기 때문이다. 피아노는 좋은 집안 출신이라는 상징물이자 동시에 남자를 유혹하는 가장 정숙한 방법이기도 했다. 혼기를 앞둔 딸을 둔 부모들은 점심 식사나 저녁 만찬에 손님을 초대해 피아노를 능숙하게 치는 딸을 자랑했고, 이를 통해서 자연스레 딸을 주변 사람들에게 선보일 수 있었다.[49]

피아노 외에도 시나 그림이나 성악 등 예술에 대해 적당한 교양을 쌓는 것은 권장할 만한 덕목이었으나, 그렇다고 전문적인 예술가가 될 수 있을 정도로 재능을 보이는 것은 곤란한 일이었다. 예를 들어 소피 로스토프친, 세귀르 백작부인Sophie Rostopchine, comtesse de Ségur의 회고록을 보면 욜란드Yollande라는 유명 오페라 가수를 선망의 눈으로 바라보는 어린 소피에게 그녀의 할머니가 이렇게 나무라는 대목이 나온다. "욜란드 양은 교육

49 제임스 티소, 〈피아노 앞의 숙녀〉.
피아노는 여성스러움을 뽐낼 수 있는 수단으로 인기가 높았다.

도 제대로 받지 못한데다 종교도 지성도 없는 여자"라고 일러주면서 "지금은 유명 배우로 칭송받고 있지만 결국에는 병원에서 비참하게 죽을 게 틀림없다"며 지레 겁을 준 것이다.

이처럼 당시 상류층 여자들에게 예술적 재능은 기구한 팔자를 부르는 저주나 다름없었다. 공부는 등한시하고 온갖 패션 잡지를 챙겨 보면서 외모 가꾸기에만 정신을 팔고 있으면 집안의 근심거리가 되는 요즘과는 달리 19세기 부모들은 공부나 예술같이 진지한 분야에 관심을 갖는 딸보다 부지런히 몸단장에 힘쓰고 유행에 뒤처지지 않도록 애쓰는 딸을 더 좋아했다.[50]

첫 영성체를 준비하는 열한 살 무렵이 되면 부모들은 슬슬 신랑감을 물색하기 시작한다. 당시의 결혼은 로맨틱한 사랑의 결실과는 거리가 멀었고, 지위 고하

50 제임스 티소, 〈L. L.양의 초상〉.
예쁘게 단장한 19세기의 숙녀.

를 막론하고 지참금 액수를 낱낱이 명시한 계약서가 따라붙는 가족과 가족 간의 계약에 가까웠다. 집안은 어떤지, 지참금으로는 얼마를 가져올 수 있는지, 유산은 얼마 정도를 받을 수 있는지 등등 수많은 정보를 수집해 결혼을 저울질했다. 이 때문에 19세기의 신랑과 신부는 그야말로 끼리끼리 만날 수밖에 없었다. 직공은 직공과, 상인은 상인과, 부르주아는 부르주아와 만났다. 이처럼 비슷한 사회적, 경제적 지위를 지닌 사람들끼리 맺어져야 별 탈 없이 혼인이 진행될 수 있었다.

열네댓 살 때쯤 사교계에 출입하기 시작해 이런저런 만찬이나 파티에 딸을 선보이기 시작하면 대개 삼 년 내로 딸을 시집보내야 했기 때문에 부모들은 일찌감치 신랑감을 찾는 작업을 시작해야 했다. 사교계에 발을 디딘 지 삼 년이 되어도 결혼을 못 하면 공공연히 노처녀 취급을 받았고, 지참금이 모자라거나 집안에 문제가 있는 것이 아니냐는 쑥덕거림에 시달렸다.

여자의 미모나 개성, 재능이나 능력은 결혼에 그다지 큰 영향을 미치지 못했다. 가장 중요한 것은 지참금이었기 때문이다. 현금뿐 아니라 자산 가치가 있는 부동산 및 미래의 유산을 모두 포함한 지참금의 규모는 적게는 농민 집안의 소 한 마리부터 많게는 대부르주아 집안의 몇백만 프랑까지 다양했다. 혼인 전에 양가 부모 사이에 지참금에 대한 협상이 완료되면 공증인을 불러 계약서에 서명하고, 가족과 지인을 초대해 결혼을 축하하는 무도회를 열었다.

사실상 지참금 계약으로 결혼이 성립되는 것이나 마찬가지였기 때문에 결혼식 자체의 비중은 상대적으로 그리 높지 않았다. 별도의 예식 없이 구청에 가서 혼

▲51　밀레, 〈성당에서의 결혼식〉.

▼52　파스칼 아돌프 다낭-부브레, 〈사진가의 스튜디오에서 열린 결혼 파티〉.

19세기의 결혼식 풍경. 당시의 결혼은 그야말로 가족의 결합이었다. 사진이 보편화되면서 결혼 기념 사진을 촬영하는 문화가 생겨났다.

▲53　알베르 오귀스트 푸리, 〈이포르에서의 결혼식 만찬〉.

▼54　스탠호프 알렉산더 포브스, 〈건강한 신부〉.

시골에서의 소박한 결혼식.

인 서약서를 낭독하고 혼인 신고를 마치는 것으로 간단하게 끝내는 경우도 많았다. 형편이 좀 더 좋은 집안에서는 성당에서 결혼식을 올렸다.[51] 오늘날의 결혼식장처럼 성당의 결혼식은 10프랑에서 4천 프랑까지 예산에 따라 세밀한 등급으로 나뉘어 있었으며 유명한 성당일수록 결혼식비가 비싼 것은 당연했다. 통상 결혼식 비용은 신랑 측에서, 식사를 비롯한 손님 접대 비용은 신부 측에서 부담했다. 신부 측에서는 지참금 외에도 혼수를 마련해야 했는데, 당시 혼수는 대부분 신부가 입고 쓸 리넨을 비롯한 직물과 옷이었다. 모피 코트, 캐시미어 숄, 레이스가 달린 드레스처럼 가지고 오는 옷이 화려하고 비쌀수록 집안의 위세를 과시하는 호화 혼수인 것은 물론이었다.[52~54]

앞서 등장한 마르그리트는 1872년, 19세기 관습으로는 다소 늦은 나이인 스물세 살에 아버지로부터 출판사를 이어받은 전문 출판인인 조르주 샤르팡티에 Georges Charpentier와 결혼했다. 남편이 된 샤르팡티에는 십대 시절에는 내로라하는 한량으로 이름을 날리기도 했지만 당대의 현실을 투명한 시선으로 담아낸 플로베르의 『보바리 부인』이나 에밀 졸라의 『목로주점』 같은 화제작들을 연달아 내놓으면서 출판사를 성공으로 이끈 유능한 편집자였다. 남편이 에밀 졸라나 알퐁스 도데, 모파상 같은 작가들을 만나 작품에 대해 논의하는 동안 마르그리트는 당시 여느 여성들이 그러했듯이 집안을 돌보았다.

가정이라는 이름의 새장

애당초 사랑이 아니라 협상으로 맺어진 결혼인 만큼 신랑과 신부는 남편과 아내로서 서로의 맡은 바 의무를 성실히 수행해야 하는 일종의 동업자나 마찬가지였다. 19세기의 이상적인 기혼 여성에게 부여된 의무는 일터에서 돌아온 남편이 편안하게 쉴 수 있도록 집 안을 완벽하게 가꾸는 것이었다. 집 안 정리와 청소,

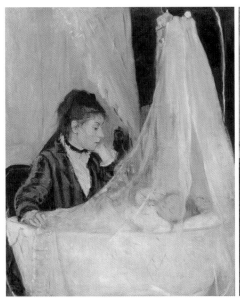

▲55 베르트 모리조, 〈요람〉.

▼56 오도아르도 보라니, 〈붉은 셔츠를 바느질하는 여인들〉.

부르주아 여인들의 일상생활은 오로지 집 안에서 이루어졌다.

▲57 베르트 모리조, 〈화가의 어머니와 여동생〉.

▼58 클로드 모네, 〈점심 식사〉.

빨래 같은 잡다한 가사노동을 비롯해 집 안을 장식하고, 하인을 부리고, 아이들을 교육시키며, 친족들과 원활하고 매끄러운 관계를 유지하기 위해서 방대한 일가친척들을 챙기고, 남편의 사회생활에 도움이 될 수 있도록 인맥을 형성하고 유지하는 등 복잡다단한 모든 일들이 엄마이자 부인인 기혼 여성의 의무였다.

특히 한 집안의 안사람으로서 언제 감사 편지를 보내야 하는지, 저녁 초대의 메뉴는 어떤 것으로 해야 하는지 등 체면을 세우기 위해 배워야 하는 격식과 예절이 어찌나 방대했던지, 19세기 중엽부터 등장한 『여성을 위한 매뉴얼북 *Petit manuel de la femme*』, 『집 안 살림의 예술 *L'art au foyer domestique*』 같은 책들이 수십 판씩 쇄를 거듭하며 엄청난 인기를 누리기도 했다.

가정은 결혼한 여자가 안온하게 머물 수 있는 유일한 장소였다.[55~58] 동네 가게나 갈까 집 외에는 갈 곳이 없었던 19세기의 현숙한 가정주부들은 대부분 거실을 중심으로 집 안에 틀어박혀 살았다. 주부라면 으레 남편을 동반해 사교 행사에 가거나 티타임 시간에 맞춰 친척들을 방문하는 것 외에는 외출을 삼가는 것이 미덕이었다. 혹자들은 주부를 집안의 여왕이자 모두의 어머니라며 추어올렸지만 그 이면에는 결혼한 여자는 여자가 아니라 어머니이며 집안의 얼굴이라는 사회적 억압이 숨겨져 있었다.

59 메리 커샛, 〈차〉.

새장 속의 새처럼 집 안에 갇힌 여자가 할 수 있는 취미라고는 차를 마시며 가벼운 책을 읽거나, 피아노를 연주하거나, 몸단장하는 일이 거의 전부였다.[59·60] 결혼한 여자는 남편의 허락 없이는 여행을 갈 수 없었고 바깥일을 할 수도 없었다. 설령 집 밖에서 일을 한다고 해도 월급은 남편의 이름으로만 수령할 수 있었다.

60 장 프레데리크 바지유, 〈가족 모임〉.
그림 속의 모든 이들이 남녀 한 쌍이다. 부르주아 여인들은 혼자 외출하는 일이 드물었다.

　　반면 남편의 권리는 특권이라 해도 좋을 정도로 어마어마했다. 남편은 부인의 개인적인 편지까지 거리낌 없이 볼 수 있었고, 심지어 부인의 인간관계를 조정하고 감독할 수 있었다. 부인은 어떤 경우라도 남편에게 복종해야 할 의무가 있었다. 정부를 집으로 들이지 않는 한 따로 애첩을 두는 것이 용인됐으며, 설령 남편이 동성애자라 할지라도 정신적인 문제가 있는 사람이 아닌 한 부인이 먼저 이혼을 청구하기란 불가능했다. 심지어 바람을 피웠다는 이유로 부인을 살해한 남편을 재판하면서 살인의 이유와 살인의 과정으로 상처받은 것을 위로한다며 달랑 삼 년의 가벼운 징역형에 처한 당시 판결문을 보고 있노라면 실소가 나온다.

　　이런 사회적 분위기 때문인지 울화병과 더불어 히스테리가 19세기 기혼 여성들 사이에서 가장 흔한 병이었다. 19세기 의사들은 히스테리를 여성의 자연적인 특성, 즉 어린아이같이 유치하고 나약한 정신에서 오는 자연스러운 증상 중 하나로 여겼고, 이 때문에 히스테리는 여성성의 상징으로 자리 잡았다. 오죽하면 히스

61 윌리엄 퀼러 오처드슨, 〈정략결혼〉.

테리를 부리는 여자는 그렇지 않은 여자보다 훨씬 여성스러운 여자라는 속설이 널리 퍼졌을까.[61]

　　마르그리트 역시 다른 상류층 주부들처럼 집으로 손님을 초대하는 만찬을 즐겼다. 그녀가 초대하는 손님들은 주로 졸라나 모파상처럼 남편과 일하는 쟁쟁한 작가들이거나 르누아르를 비롯한 신진 화가들이었다. 이 때문에 샤르팡티에 가문의 저녁 모임은 당대 문화인의 살롱으로 널리 알려졌다. 르누아르의 그림 〈샤르팡티에 부인과 아이들의 초상〉(334쪽)에서 보듯이 그녀는 당시 최고의 명성을 날린 영국 출신의 디자이너 찰스 프레더릭 워스Charles Frederick Worth가 만든 드레스를 입고 있는데, 이 드레스는 웬만한 노동자의 일 년치 급여와 맞먹는 최고급품이었다. 그녀는 이런 명품 드레스를 입고, 저녁마다 예술인들과 환담을 나누었을 것이다.[62·63] 그러나 살롱의 안주인 노릇을 한 마르그리트가 졸라와 플로베르가 그린 집 밖의 세계, 치열한 세상사와 욕망이 교차하는 거리의 삶을 과연 이해할 수 있었을까?

인상파 화가 중 한 명인 귀스타브 카유보트는 1880년 창문 앞에 서 있는 여자의 뒷모습을 그린 〈창가의 여자〉[66]를 발표했다. 그림 속에서 창밖을 바라보는 주인공은 늘 남자였던 전통을 깨고 그 자리를 여성으로 대체한, 당시로서는 파격적인 그림이었다. 그림 속의 여성은 팔짱을 낀 채 집 안 창문 너머의 번화한 거리를 내다보고 있다. 분주히 오가는 마차와 활기차게 걸어가는 도시의 사람들을 멍하니 바라보는 그녀의 뒤편으로는 안락의자에 편안히 앉아서 신문을 읽고 있는 남편의 모습이 눈에 띈다. 두 사람은 가까이 있지만 각자 다른 세계를 살고 있는 듯 서로에게 냉담해 보인다.

레이스와 파란색 벨벳 커튼이 드리워진 안락한 집에서 정결하게 머리를 손질하고 안주인 노릇을 하고 있는 그녀는 창문 밖을 내다보면서 무엇을 찾고 있었던 것일까. 아마 그것은 남편의 보호 아래에서는 절대 누릴 수 없는 자유가 아니었을까. 어머니와 아내, 여자라는 이름을 벗고 그저 한 인간으로서 누릴 수 있는 자유와 권리를 찾고 싶었던 것은 아니었을까.

▲62 장 베로, 〈막간극〉.
▼63 장 베로, 〈무도회〉.
화려한 살롱 한가운데에서 안주인 노릇을 했던 그녀들은 과연 행복했을까?

64 귀스타브 카유보트, 〈창가의 여자〉.

장 베로, <1889년 '주르날 데 데바Journal des débats'의 편집실>.

19세기의 남자

19세기의 남자는 여러모로 17, 18세기의 남자와는 판이
하게 다른 세상을 살았다. 우선 19세기에 접어들면서 직업
과 일을 바라보는 관점에 큰 변화가 일어났다.

중세 시대부터 18세기 말엽까지 유럽인들에게 '일'과 '직
업'은 일을 해야만 먹고살 수 있는 신분을 뜻했다. 달리 말하
면 영주나 귀족, 왕족 등 영지에서 나오는 수입과 여타의 부
수입만으로 풍족한 일생을 영위할 수 있는 계층은 대개 놀고
먹으며 유유자적하게 평생을 보내는 경우가 허다했고 그것
은 전혀 부끄러운 일이 아니었다.

법관, 변호사, 의사 등 건실한 직업인으로 구성된 18세기
의 부르주아들이 19세기에 접어들어 정치, 사회, 경제를 좌
지우지하는 실력자로 떠오르면서 직업은 한 개인의 사회적
인 능력을 나타내는 척도가 되었다. 즉 장인의 아들로 태어
나면 장인이 되고, 귀족의 자제로 태어나면 별다른 노력을
하지 않아도 사회적인 능력을 보장받을 수 있었던 18세기
의 남성들과는 달리 설사 귀족 신분이라 할지라도 스스로 외
적 매력을 가꾸고 능력을 증명해야만 대접받으며 살 수 있는
경쟁의 시대가 도래한 것이다.

직업적인 성공을 위해서는 전문적인 기술과 일반적인
교양을 두루 익혀야 했다. 부르주아 집안 출신의 청년들
은 사립 명문고인 루이 르그랑Louis Le Grand이나 콩도르세
Condorcet에 입학하기 위해 여덟 살 때부터 코르네유나 라
신, 몰리에르의 고전 작품을 읽고 라틴어와 그리스어를 배웠
다. 고등학교 졸업장에 해당하는 '바칼로레아baccalauréat'

의 소지 여부는 상류 부르주아와 일반인을 구별하는 척도이자 동시에 고급 엘리트가 되는 출발점이기도 했다. 바칼로레아를 받은 뒤 대학의 법학부나 의학부로 진학하거나 이공대학, 고등사범대학, 국립광산학교, 토목학교, 상업학교에 들어가는 것이 전문 직업인이 되는 가장 빠른 길이었다.

층층이 의자로 둘러친 대학의 원형 강의실은 오로지 지성과 배경을 두루 갖춘 남자 중의 남자들만을 위한 장소였다. 학맥과 인맥 외에도 카바레나 카페, 술집을 비롯해 남성 전용 사교 클럽에 드나들며 '그들만의 리그'를 형성하는 것은 출세에 필수적인 요소였다. 학업 중에는 우리의 군대처럼 최소 일 년에서 오 년 동안 의무적으로 군복무를 마쳐야 했다. 19세기의 청년들은 학교와 군대를 거치면서 규율과 질서, 복종과 헌신, 강인한 체력과 사회 규범에 걸맞은 건전한 정신 같은 남성으로서의 필수 덕목들을 몸에 익혔다.

출세의 필수 코스인 살롱이나 무도회 등 사교계에서 환영받는 인사가 되기 위해서는 외모 관리가 중요했다. 18세기 남자들이 가발에 집착했다면 19세기 남자들은 수염으로 남성미를 과시했다. 수염에 대한 당시 남성들의 집착은 우리의 상상을 초월한다.

수염은 소년에서 남자로 새로 태어나는 상징이었기 때문에 청소년들은 수염이 나기 시작하면 이발소로 달려가 오십 가지가 넘는 수염 모양 중에서 하나를 골라 멋지게 손질하고 싶어 안달했다. 남자로 거듭난 이날을 기념하기 위해 가족끼리 축하 행사까지 열 정도로 첫 이발소 방문은 남자의 인생에서 매우 중요한 날이었다. 특히 잘 다듬어진 콧수염은 고급 장교나 관료의 상징으로 사회적인 지위를 구별하는 척도였다. 이렇듯 수염이 사회적인 남자를 상징하는 핵심 요소였던 만큼 "네 수염을 잡아 뜯어버리겠어"라든가 "콧수염 무게만큼도 못한 놈"이라는 말은 당시 남자들에게 성과 관련된 욕설과도 비교할 수 없을 만큼 엄청난 모욕이었다.

19세기 남자의 패션 아이콘은 수염과 함께 품위 있고 활동적인 양복이었다. 하지만 남성 수트는 색깔도 어둡고 디자인도 밋밋한 탓에 그 자체로 패셔니스타로서의 매력을 보여주기는 쉽지 않다. 그래서 깨끗한 흰색의 기본 셔츠 외에 목둘레에 큼직한 주름 장식이 달린 블라우스, 앞가슴 부위와 소맷부리에 레이스 주름을 단 셔츠 등을 받쳐 입었다. 그리고 하얀 실크 장갑 등 다양한 액세서리로 포인트를 주었다. 호수에 비친 자신의 모습에 반한 그리스 신화 속의 인물 나르키소스처럼 자신의 겉모습을 가꾸는 데 전심을 다하는 일단의 남자들을 일컫는 '댄디dandy'라는 단어가 등장한 것도 19세기였다.

댄디즘의 창시자이자 19세기를 통틀어 전 유럽에서 제일가는 멋쟁이라는 찬사를 한 몸에 받았던 로베르 드 몽테스키외 백작은 가는 곳마다 수십 명의 파파라치를 몰고 다녔을 만큼 인기 있는 당대의 스타였다.

◀ 장 베로, <야회복을 입은 자화상>.

▶ 쿠르탕보 성에 있는 로베르 드 몽테스키외.

9장

"예술을 개혁하라", 아르누보

현대인들이 도시를 '디자인'하고
산업을 '디자인'하듯
19세기인들은 '모던'에 집착했다.

매일의 삶을 뚜렷이 새겨 넣은 그 어떤 것,
바로 오늘을 호흡하는 최신의 그것.

오늘의 숨결이 담겨 있는 예술,
디자인과 모던 사이에 다리를 놓은 예술 혁명,
그것이 바로 아르누보이다.

1 빅토르 프루베, 〈에밀 갈레의 초상〉,
캔버스에 유채, 1892년, 에콜 드 낭시 박물관, 낭시.

예술을 위한 예술은 아마도 아름다울 것이다.

그러나 진보를 위한 예술은 보다 더 아름답다.

—빅토르 위고, 『윌리엄 셰익스피어』(1864년) 중에서

우리가 모두 함께 화로에 불을 붙일 수만 있다면 그것은 절대로 꺼지지 않을 것입니다. 우리가 살고 있는 지금 이 사회는 메로빙거 왕조 시대(481~751년, 프랑스 중세 암흑기—인용자)에 비하면 엄청나게 나아졌지만, 아직도 곳곳에 빙하 시대의 냉기가 남아 있습니다. 선입견과 구태의연한 사고방식을 버리기 위해 우리는 아직도 엄청난 석탄이 필요합니다!

벌써 우리는 우스꽝스러운 예술가들의 선입견을 떨쳐버리고 부르주아에 대항했습니다. 이 길을 계속 걸어가야 합니다. 낭시의 미래를 위해서 로렌의 예술가와 장인, 산업인과 지식인, 시인들은 예술이라는 이름하에 하나로 모여야 합니다. 춥고 어두운 밤을 밝혀줄 그 무엇이 되어야 합니다. 아름다움을 추구하는 우리의 작업을 통해 아름다움을 사랑하고 노동자와 시민, 예술가들 사이에 연대를 형성하며, 그리하여 아름다움 안에서 하나로 뭉치는 장인이 되는 것, 그것이 제가 이야기하고자 하는 우리의 목표이자 정책입니다.

프랑스 낭시에 있는 시립고문서관에 가면 1900년부터 1905년까지 간행된 『로렌의 예술가 *La Lorraine artistes*』라는 잡지를 열람할 수 있다. 지방에서 간행된데다 재정 사정이 썩 좋지 않았던지 발행일자가 들쭉날쭉하다보니 프랑스 국립도서관에서도 열람이 쉽지 않은 자료다. 1901년에 발간된 이 잡지 통권 2호에는 '에콜 드 낭시Ecole de Nancy'라는 이름으로 로렌 지방의 공예가와 예술가들의 모임을 공식 발족시킨 유리공예가 에밀 갈레Émile Gallé(1846~1904년)[2]의 연설문이 실려 있다.

2 에밀 프리앙, 〈에밀 갈레의 초상〉.

페이지를 한 장 한 장 넘길 때마다 책 먼지가 수북이 피어오르를 만큼 낡은 잡지 속에서도 유독 갈레의 목소리는 백여 년의 세월을 단번에 뚫어버릴 만큼 힘차게 울려 퍼진다.

햇빛이 가득한 아틀리에에 앉아 한 손에는 유리 화병을 들고 다른 손에는 붓을 쥔 채 차분히 작업에 몰두하고 있는 이 가녀린 신사의 몸 속 어디에 이런 혁명가 같은 열정이 숨어 있었을까. 밤바다를 닮은 유리병과 땅의 따스한 기운을 품은 노란 유리병, 슬쩍 보아도 진귀해 보이는 동양 난과 정원에서 꺾어 온 친근한 꽃들, 직접 그린 데생에 둘러싸인 [그림 1] 속의 갈레는 견고한 자신만의 세계 속에서 행복해하는 예술가 같다. 그런 갈레가 이렇게 열정적이고 설득력 넘치는 말을 할 수 있는 남자였다니.

독창적이고 아름다운 유리 공예로 프랑스의 아르누보 Art Nouveau 운동을 이끈 핵심 인물 중 하나로 꼽히는 그는 사람들에게 도대체 무슨 말을 하고 싶었던 것일까?

갈레의 유리병, 그 전설의 시작

에밀 갈레는 1846년 낭시에서 유리 제품과 도자기를 업으로 하는 집안의 외동아들로 태어났다. 아버지 샤를 갈레는 다 망해가는 처가의 식기 사업을 이어받았다. 처가의 가업은 직접 공장을 운영해 유리 제품이나 도자기를 생산하는 것이 아니라 주문을 받아 디자인을 구상하고 이 디자인을 하청 공장에 넘겨 제작한 뒤 상표를 붙여 파는 일종의 중개상이었다.

재미난 점은 갈레 집안의 도자기 상표를 보면 처가와 사위의 관계가 손바닥

보듯 훤히 보인다는 것이다. 아무래도 처가의 입김이
셌던 사업 초기에는 돌아가신 장인 대신 가장 노릇을
하던 장모의 이름을 앞에 넣은 '과부 렌메르와 갈레
Veuve Reinemer et Gallé'라는 상표를 썼지만 사업이 점차
안정되면서 관계가 역전돼 1857년부터는 '갈레-렌메
르Gallé-Reinemer'라는 이름을 쓰기 시작했다.[3,4] 사업
에 남다른 재주가 있었던 샤를 갈레는 1855년 파리에
서 열린 만국박람회에 왕실의 상징인 N자가 새겨진
유리잔을 출품했고, 그 덕분에 나폴레옹 3세가 지정
하는 왕실납품업자의 자리를 꿰찰 수 있었다.

아직까지 남아 있는 첫 번째 왕실 주문서를 보면
왜 당시 대부분의 상인들이 18세기와 마찬가지로 왕
실납품업체 자리를 따내려고 동분서주했는지 쉽게 짐
작할 수 있다. 튀일리 궁, 콩피에뉴 성, 생클루 성, 퐁텐
블로 성 등 왕실 거처에서 사용하는 유리잔 일체를 독
점으로 조달하다보니 전체 수량과 금액이 엄청났던
것이다. 샤를 갈레는 왕실이 발주한 첫 번째 주문에만
와인용 유리잔 150개를 비롯해 물병과 와인병 130개,
샴페인병 110개, 술병 30개를 납품해 일 년치 매상에

▲3 갈레-렌메르 사에서 제작한 '꽃과 나비가
있는 접시들.
▼4 갈레-렌메르 사의 모든 제품에는 상표와 사인,
일련번호가 적혀 있었다.

해당하는 2천 프랑의 금화를 일시에 벌어들였다. 이를 계기로 1868년까지 쉴 새
없이 이어진 왕실 주문 덕에 샤를 갈레는 로렌 지방에서도 몇 손가락 안에 꼽히는
중개상으로 변신했다.

빈틈없는 상인이었던 만큼 샤를 갈레는 아들에게 후계자 교육을 시키는 데에
도 철저했다. 당시 낭시에 한 곳밖에 없던 왕립고등학교에 진학한 아들 에밀 갈레
는 빅토르 위고나 샤토브리앙 등의 문학작품을 읽고 라틴어로 시를 지을 만큼 교

▲5 1870년의 에밀 갈레. 갈레는 일찍부터 부친의 사업을 잇기 위한 후계자 교육을 받았다.

▼6 19세기 후반 마이젠탈 유리 공장의 숙련된 기술공들.

양이 풍부했으며, 열아홉 살이 되는 해에 문학으로 대학 입학 자격인 바칼로레아를 취득했다.[5] 아버지는 대학 교수나 선생이 되려고 상급학교인 고등사범학교École Normale Supérieure에 지망한 아들을 설득해 가업을 잇게 할 요량으로 독일의 바이마르로 유학을 보냈다. 당시 바이마르는 18세기 이후부터 '화학과 광물학의 아카데미'라고 알려질 정도로 공업이 발달한 도시였다. 유리나 도자기 산업은 화학과 광물학의 발전에 영향을 받기 마련이다. 게다가 바이마르는 1860년부터 샤를 갈레의 주 고객이 된 바이마르 공작이 살고 있는 곳이기도 했다.

공식 문서나 자세한 기록이 남아 있지 않아 에밀 갈레가 바이마르에서 정확히 무엇을 했는지는 알려져 있지 않지만, 개인적인 편지나 정황으로 유추해볼 때 이곳에서 본격적으로 가업을 물려받기 위한 준비를 시작했던 듯하다. 바이마르에서 돌아온 직후 그는 갈레 회사에 유리잔을 납품하던 마이젠탈Meisenthal이란 회사에서 견습생 생활을 하면서 본격적으로 유리 공예를 배우기 시작했다.[6] 마이젠탈은 오늘날에도 명성이 높은 독일제 최고급 세라믹과 유리를 생산하는 회사다. 마이젠탈에서 에밀 갈레는 회사에서 판매하는 상품의 종류와 만드는 방법을 배우는 것은 물론이고 그것을 어떻게 팔아야 하는지를 몸으로 익혔다. 1867년에는 파리에서 열린 만국박람회에 아버지를 대신해서 참가했고,[7] 이후 1871년에는 런던을 방문해 직접 거래선과 상담을 벌이고 손님을 대하는 사업가로서의 업무를 익혔다.

이렇듯 에밀 갈레는 예술가라기보다 대량 생산이 무엇인지를 이해한 사업가에 가까웠다. 그가 여타의 아르누보 예술가들과 전혀 다른 행보를 걸었던 것은 바로 이런 이력 때문이었을 것이다.

7 1867년 만국박람회에 참가한 갈레-렌메르 사의 전시관 풍경.

예술이 해결하지 못하는 숙제

19세기 후반 예술가들이 해결해야 할 가장 큰 숙제는 별 볼 일 없는 19세기의 '짝퉁' 취향이었다. 새로운 시대가 왔음에도 불구하고 아직까지 겉모습은 18세기의 그것 그대로였다. 건축가나 장식미술가, 예술가들은 19세기를 대표하는 디자인, 19세기를 표상하는 장식을 구상하고 창작하는 대신 루이 14세, 루이 15세 시대의 디자인을 부끄러움 없이 베꼈다.

온 유럽의 돈을 다 쓸어 모았다는 소문을 몰고 다닌 거부, 로스차일드 가문 출신의 퍼디낸드Ferdinand de Rothschild 남작은 잉글랜드 중남부에 위치한 버킹엄셔에 프랑스 루아르 지방의 고성을 본떠 르네상스풍의 저택을 지었다. 저택이 위치한 동네 이름을 따라 워데스던 저택Waddesdon Manor이라고 불린 이 장원 저택은 프랑스의 샹보르 성을 고스란히 영국에 옮겨놓은 것 같은 외관으로 오늘날까지도 유명한 관광 명소이다.[8] 프랑스의 성을 고스란히 베낀 저택을 베벌리힐스에 짓는 요즘 할리우드 스타들의 우스꽝스러운 행보는 퍼디낸드 남작에게 영향을 받은 것이 아닐까?

재미난 사실은 껍데기만 프랑스의 고전풍을 베꼈을 뿐 실상 워데스던 저택은 당시 최첨단을 달린 건축물이었다는 점이다. 르네상스풍으로 만든 창문과 지붕 속에는 강철 뼈대가 숨겨져 있었고, 중앙 난방장치를 비롯해 더운물과 찬물이

8 영국 버킹엄셔의 워데스던 저택. 프랑스의 샹보르 성과 모양새가 거의 비슷하다.

완벽하게 공급되는 상하수 시스템, 끝이 보이지 않을 정도로 넓은 프랑스식 정원의 모든 나무를 하나하나 밝혀주는 전기선이 가설되어 있었다. 18세기 프랑스산 가구, 도자기, 태피스트리로 꾸며진 집 안에서는 빅토리아 여왕까지 참석한 성대한 연회가 열렸고, 초대 손님들은 하인을 부르는 벨까지도 전기로 작동되는 놀라운 최첨단 르네상스 저택에 찬사를 아끼지 않았다. 19세기 부자들의 취향은 생활에 불편함이 없도록 최첨단 시스템으로 무장한 르네상스 시대의 주택이었던 셈이다.

비단 로스차일드 가문만 19세기식 부자의 취향을 과시한 것은 아니었다. 엄청난 영지를 바탕으로 각종 산업에 투자해 일 년에 10만 금화프랑이나 되는 천문학적인 수입을 올린 하트퍼드Hertford 후작은 베르사유 성에서 유출된 프랑스 왕실 가구와 17~18세기 예술작품을 구입하는 데 사력을 다했다.

'월리스 컬렉션'으로 알려진 하트퍼드 후작의 컬렉션은 루이 14세의 가구 장인인 앙드레-샤를 불André-Charles Boulle의 작품을 비롯해 샤를 크레상Charles Cressent, 앙투안 로베르 고드로Antoine Robert Goudreau의 작품 등 로코코 시대의 가구가 망라된, 전 세계에서 가장 화려한 프랑스 가구 컬렉션으로 평가받고 있다. 또한 월리스 컬렉션은 내셔널 갤러리에 버금가는 영국 최고의 그림 컬렉션으로도 유명한데, 렘브란트의 〈검은 모자를 쓴 자화상〉이나 루벤스의 〈무지개가 있는 풍경〉 같은 그 이름만 들어도 황송해지는 대가들의 작품을 비롯해 프랑수아 부셰의 〈비너스〉, 장-오노레 프라고나르의 〈그네〉 같은 프랑스 로코코 시대 작품들까지 망라되어 있다.

그러나 모두가 한목소리로 이들 부자들이 좋아한 복고풍 취향을 예찬한 것은 아니었다. 몇몇 19세기 사람들은 과학과 기술의 발전에는 그토록 열정적으로 진보를 추구하면서도 유독 스타일에 관해서만은 극도로 보수적인 당대의 취향에 의문을 제기했다.

예컨대 중세 시대에 지어진 베즐레Vézelay 수도원을 비롯해 카르카손Carcassonne 성벽, 노트르담 성당 등 굵직한 문화재 복원에 참여한 복원 전문 건축가이자 당대 최고의 중세 건축 연구자인 외젠 비올레-르-뒤크Eugène Viollet-le-Duc는 1873년 발간한 『집의 역사Histoire d'une maison』라는 저서를 통해 비가 많이 오고 추운 프랑스 북부에 이탈리아식 빌라를 짓고, 프랑스에서 가장 더운 지방에 속하는 해변의 도시 니스에 스위스식 샬레Châlet가 들어서는 우스꽝스러운 당대의 취향을 통렬하게 비판했다. 촛불에 맞게 고안된 18세기 샹들리에에 기어이 전기선을 달아 개량하려는 이상한 고집, 이탈리아 르네상스 시대나 그리스 시대, 18세기 귀족의 거처를 고스란히 베낀 집에 들어앉아 생활만은 현대적 스타일을 고수하는 행태 등 과거에 대한 맹목적인 추종과 유행에 대한 과도한 집착이 결국 예술과 건축의 발전을 저해하고 있다는 것이다.

"스타일을 만들어내는 것은 겉모양이 아니라 기능과 그 기능의 자리"라는 그의 주장은 언뜻 20세기 현대 디자인의 산실인 바우하우스Bauhaus의 기능주의를 연상시킬 만큼 파격적이다.

부자 취향의 예술 벗어나기

19세기를 통틀어 이렇듯 정체된 예술, 시대와 호흡하지 못하는 건축에 대해 나름의 해결책을 제시한 이들도 있었다. 1851년 런던 만국박람회에 참석한 레옹 드 라보르드Léon de Laborde 백작은 이에 대한 감상을 『런던 만국박람회 보고서 Rapport sur l'exposition universelle de Londres』란 책으로 펴내면서 "예술과 산업, 과학의 미래는 이들의 조합에 있다"는, 당시로서는 경천동지할 만한 발언을 남겼다.

당시 보통의 19세기 사람들은 예술에 대해서 매우 고풍스러운 선입견을 가지고 있었다. 그들에게 예술이란 그리스·로마 시대부터 내려온 전통에 입각한 창작 행위여야 했다. 예술은 고상하며 지적인 활동인 반면 산업은 많은 이를 대상으로 한 대량 생산에 불과했다. 그러니 19세기 사람들에게 산업과 예술의 연계란 도저히 융합할 수 없는 북극과 남극이었고 이 둘을 이어 하나로 만들겠다는 것은 그야말로 얼토당토않은 소리였다.

라보르드 백작은 굳이 멀리서 찾을 것도 없이 당대인들 사이에서 가장 위대한 거장으로 꼽힌 르네상스 시대의 예술가 첼리니와 라파엘로를 예로 들었다. 조각가인 첼리니는 생활 소품을 만들었으며, 화가인 라파엘로는 당시 교황인 레오 10세의 명에 따라 태피스트리의 밑그림을 그린 적이 있었다. 르네상스 시대의 예술가들은 가구나 태피스트리 같은 생활용품을 만드는 것을 주저하지 않았고, 깃발부터 벽화까지 생활의 모든 것을 아름답게 채색하는 일을 부끄럽게 여기지 않았다. 당시의 미술은 박물관이나 살롱전에서 볼 수 있는 경외의 대상이 아니라 일상생활에서 살아 숨 쉬는 생활의 일부였다. 유머 감각이 남달랐던 라보르드는 르네상스 시대의 예술가들을 동원해 바티칸을 치장한 교황 레오 10세가 바티칸에 산업관을 만들 생각을 했다면 다빈치, 미켈란젤로, 라파엘로 등 르네상스 예술가들이 모두 한자리를 차지하려고 아귀다툼을 벌였을 것이라는 상상을 펼쳤다. 라보르드는 예술이 산업과 연관되는 것은 부끄러운 일이 아니며 대량 생산 및 대량 소비 시대에 맞는 새로운 예술을 추구해야 한다고 생각했다.

세속과 거리를 둔 고매한 예술의 존재를 부정한 라보르드의 주장은 엄청난 반향을 낳았다. 고전주의 예술의 수호자를 자처한 장-오귀스트-도미니크 앵그르 같은 화가는 특히나 미술학교인 에콜 데 보자르에 요즘으로 치자면 산업 디자인에 해당하는 데생 수업을 신설하자는 라보르드의 제안에 분기탱천했다. 앵그르의 입장에서 보면 아폴론의 신전이나 다름없는 신성한 미술 아카데미에서 산업 데생을 공식적으로 가르친다는 것은 도무지 격에 맞지 않는 일이었다. 예술가의

9 쥘 페라, 〈방직공의 작업장〉. 방직공의 고단한 일상이 한눈에 보인다.

지위에 자부심을 가지고 있던 앵그르에게 에콜 데 보자르는 올림포스 신전이었고 예술가는 땅 위에 내려앉은 신이나 마찬가지였기 때문이다.

그러나 라보르드의 주장은 당시 급격하게 다가온 산업 사회의 명암을 통렬하게 인식하고 있던 젊은 사상가와 예술가들에게 경종을 울렸다. 돈이 돈을 부른다는 속설처럼 아낌없이 써도 펑펑 솟아나는 화수분 같은 재산을 소유한 대자본가들의 도시는 동시에 일곱 살 때부터 공장에서 일을 시작해야 하는 가난한 빈민들의 보금자리이기도 했다. 노동법이나 노동조합 같은 단어들이 아예 존재하지 않았던 초기 자본주의 사회에서 노동자들은 고대 이집트 시대의 노예보다 못한 삶을 살았다.[9] 런던, 리버풀, 맨체스터, 버밍햄 같은 산업 도시들은 세계에서 가장 부유한 도시이자 동시에 다섯 명이 넘는 대가족이 쪽방 하나에서 살아야 하는 슬럼가로 악명 높았다. 알코올 중독, 도박, 절도, 살인을 비롯해 장티푸스, 결핵 같은

10 가구 회사 '몰테니 사Molteni et cie'의 설립. 기계가 쉴 새 없이 돌아가는 대량 생산 시스템은 결국 노동에서 인간을 소외시키는 결과를 낳았다.

병마들이 유행처럼 번지는 슬럼가는 동시대인들의 표현처럼 "지옥 중의 지옥"이었다.[10]

　　인간의 가치에 대해 진지하게 생각해본 사람이라면 누구나 이 같은 극명한 대비를 도저히 외면할 수 없었을 것이다. 공산 사회의 이상을 외치며 사회주의 개혁을 주창한 카를 마르크스가 어쩌다 우연히 19세기에 태어난 것이 아닌 것이다. 혁명을 외치지 않고는 도저히 멀쩡한 정신으로 살 수 없는 시대를 살았기 때문이다.

　　이러한 시대에 예술가들은 전통이라는 이름으로 내려온 과거의 자산들을 베껴 고작 부자들의 취향에 아부하는 것 말고는 아무것도 사회에 기여하지 못하고 있었다. 예술이 가난한 이들에게 각박한 삶 속에서도 아름다움을 통해 삶의 위안을 얻도록 도와줄 수는 없을까? 그 방법은 과연 무엇일까? 오로지 과거의 유물을 통해서만 아름다움을 찾는 것이 아니라 살아 숨 쉬는 오늘, 지루하기 짝이 없는 일상에서도 아름다움을 느낄 수 있지 않을까. 빈, 런던, 파리 등 서로 다른 도시에서 19세기를 살아가던 젊은 예술가들은 동시에 비슷한 의문을 품었고 그 의문에 답을 찾고자 했다.

아르누보, 새로움에 대한 열망

사람들은 흔히 아르누보 하면 하늘거리는 꽃문양이나 휘어져 굽이치는 곡선 같은 장식미술 스타일을 떠올린다. 대부분의 사람들이 "나는 아르누보를 좋아해요"라고 말할 때는 곧 '나는 부드러운 곡선 같은 여성스러운 스타일을 좋아해요'라는 뜻이다.

그러나 사실 아르누보는 '신예술'이라는 이름이 상징하듯 허례허식의 극단을 달리던 예술을 개혁해보려는 거대한 움직임이었다. 1870년대를 전후해 독일에서는 '유겐트슈틸Jugendstil', 오스트리아에서는 '제체시온슈틸Secessionstil(빈 분리파)', 이탈리아에서는 '스틸레 리베르티Stile Liberty', 스페인에서는 '모데르니스모Modernismo'로 부르는 등 나라마다 이름은 다양했지만 새로운 예술에 대한 열망이 유럽 전역으로 번져 나갔다.

종종 디자인사를 처음 접하는 사람들은 오스트리아의 건축가 요제프 호프만Josef Hoffmann의 기하학적이고 도식적인 건축물[11]과 혼을 쏙 빼놓을 듯이 물결치는 곡선을 가진 벨기에의 건축가 빅토르 오르타Victor Horta의 인테리어[12], 장식적 요소가 가득한 프랑스의 가구 디자이너 루이 마조렐Louis Majorelle의 가구[13·14], 깎아지른 듯한 직선을 가진 영국의 건축가 찰스 레니 매킨토시Charles Rennie Mackintosh의 의

▲11 요제프 호프만이 지은 '팔레 스토클레Palais Stoclet'.

■12 빅토르 오르타가 지은 '에밀 타셀 저택'의 외관과 내부.

▼◀13 루이 마조렐의 집.

▼■14 루이 마조렐이 제작한 여성용 마호가니 책상(1900년경).

▼▶15 찰스 레니 매킨토시의 1900년 작품, '하이백 체어High-Backed chair'.

아르누보는 빈, 런던, 파리 등 유럽의 서로 다른 나라에서 서로 다른 형태로 전개되었지만 모두 기존의 예술을
타파하고자 한 혁명적인 정신에서 출발했다.

자[15] 등 얼핏 서로 극단의 스타일을 보여주는 작품들을 모두 '아르누보'로 통칭하는 데 당혹스러워한다.

아르누보는 흔히 생각하듯이 물결치는 곡선이나 꽃무늬로 대변되는 단순한 형태의 스타일을 가리키는 것이 아니다. 그것은 카를 마르크스의 『공산당 선언』처럼 혁명을 외치는 정신이자, 그 이름 그대로 새로운 예술에 대한 목마름이었다. 이에 동감한 많은 작가들은 자기가 속한 나라에서 각자 나름의 방법을 찾아 현실에 저항하고 예술을 혁신하고자 했던 예술 혁명가들이었다.

그중에서도 존 러스킨John Ruskin(1819~1900년)[16]은 영국판 아르누보에 해당하는 '미술공예운동Art and Craft'의 지휘자쯤 되는 비평가이다. 주류 사업을 하는 유복한 집안의 외동으로 태어나 평생 놀고먹어도 될 만큼 많은 재산을 물려받은 러스킨은 정체된 19세기 예술을 빈부 격차를 비롯한 당대의 사회 문제와 연결시켜 바라보았다. 그는 이 모든 문제의 원인이 바로 기계의 도입과 기계가 지배하는 산업에 있다고 생각했다.

사실 19세기 공장의 주인은 거기서 일하는 인간이 아니라 이윤을 창출하는 기계였다. 노동자들은 기계의 속도에 맞춰 일하기 위해 비인간적인 반복 작업과 장시간의 노동을 견뎌야 했다. 인간이 기계를 다루는 것이 아니라 기계가 인간을 다루는 세상이 도래한

▲ 16 윌리엄 다우니의 사진, 〈윌리엄 벨 스콧, 존 러스킨, 단테이 게이브리얼 로세티〉.

▼ 17 용광로(1867년).

것이다. 사람보다 기계를 예찬하고 모두가 오직 돈에만 눈이 먼 세상에서는 예술적 창조나 생산에 대한 기쁨은 설 자리가 없었다.

러스킨은 한 치의 오차도 없이 완벽하게 만들어진 공장제 생활용품을 쓰면서 기계 문명의 위대함을 찬양하는 19세기 사람들에게 그 뒤에 숨겨져 있는 노예화된 인간의 모습을 보라고 외쳤다.[17] 인간이 기계에 종속되는 세태에 두려움을 느낀 러스킨은 모든 것을 손으로 만들어 쓴 중세 시대에서 이상향을 찾았다. 그 시절에는 인간의 본성에 맞는 노동과 노동의 즐거움 그리고 창조와 생산의 기쁨이 있었다고 여긴 것이다.

중세 시대에 지어진 성당을 촘촘하게 뒤덮고 있는 장식 중에서 어느 하나 의미가 없는 것을 찾아볼 수 없듯이 러스킨에게 중세 시대는 겉만 화려한 것이 아니라 나름의 합리성을 지닌 눈부신 예술의 시대였다. 그에게 진정한 예술가는 19세기 관전 예술가들이 그토록 찬양한 그리스와 로마, 르네상스 시대의 예술가들이 아니

18 윌리엄 모리스, 〈아름다운 이졸데〉. 중세 시대를 이상향으로 꼽은 라파엘전파의 영향이 뚜렷하게 보인다.

라 바로 이름 없이 사라져간 수많은 중세 시대의 장인들이었다. 그들은 중세 이전의 그리스와 로마 시대의 미술을 본떠 작품을 만들지 않고 스스로 자연에서 영감을 받아 그들만의 미술을 창조했다.[18] 그리고 기꺼이 가구나 태피스트리같이 일상생활과 밀접한 공예품을 만들었다.

예술이 생활과 가까워질 수 있는 방법은 중세 시대의 장인들이 그러했듯이 예술적인 생활용품을 생산하는 것이라고 여긴 러스킨은 1871년 중세 시대의 길드와 비슷한 '세인트 조지 길드Guild of St. George'를 창립해 장인들을 육성했고, 소규모 태피스트리 작업장을 운영하면서 공예 부흥 운동에 힘썼다. 보다 많은 사람의 삶에 직접적으로 영향을 줄

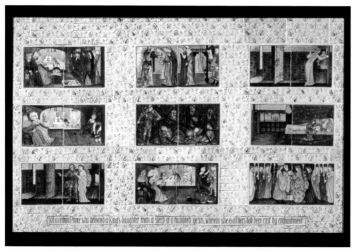

▲**19** 에드워드 콜리 번-존스, 모리스 상회에서 만든 〈잠자는 숲속의 공주〉
타일(1864~1865년). 역사에 대한 로맨틱한 시선을 바탕으로 하고 있다.

■**20**·▼**21** 세부 그림.

▲◀22 에드워드 콜리 번-존스, 윌리엄 모리스의 태피스트리, 〈정원의 순례자〉(1910년).

▲▶23 모리스 상회에서 생산한 벽지, 〈데이지〉(1890년).

▼◀24 에드워드 콜리 번-존스, 윌리엄 모리스의 태피스트리, 〈플로라〉(1885년).

▼▶25 에드워드 콜리 번-존스, 윌리엄 모리스의 스테인드글라스, 〈원탁의 기사〉(1885년).

수 있는 공예를 통해 진정한 중세의 정신을 구현할 수 있다고
믿었기 때문이다.

러스킨의 이러한 사상은 미술공예운동의 실질적인 행동
대원이라 할 수 있는 윌리엄 모리스William Morris를 만나 꽃을
피웠다. 그는 에드워드 콜리 번-존스Edward Coley Burne-Jones,
단테이 게이브리얼 로세티, 포드 매덕스 브라운Ford Madox
Brown 등 뜻을 같이하는 예술가들과 함께 1861년 '모리스 상
회Morris & Co.'를 차려 스테인드글라스, 벽지, 태피스트리, 가
구, 인테리어용 직물을 만들었다.[19~25] 특히 모리스는 식물을
단순화시킨 모티프가 특징인 가정용 직물인 '친츠chintz'를 디
자인해 대성공을 거두기도 했다. 그러나 '모리스 상회'의 제품

26 윌리엄 모리스, 1857년.

들은 산업화된 상품이 아니라 예술가들이 직접 손으로 만든 예술품이거나 가내
수공업을 통해 만들어낸 전통 수공예품이어서 아무나 살 수 있는 물건이 아니었
다. 모리스는 기계를 배제하자는 러스킨의 가르침을 충실히 따랐지만 그가 만들어
낸 생활용품들은 사실상 누구나 쓸 수 있는 생활용품이 아니라 고급 공예 예술품
이었던 것이다.[26]

갈레의 도전

에밀 갈레 역시 러스킨의 책을 읽었고 윌리엄 모리스의 활동을 익히 알고 있
었다. 그러나 갈레는 손으로 뭔가를 만들기보다 서재에 앉아 평론을 쓰는 데 익숙
한 러스킨이나, 건축가를 지망했으나 까다로운 실무에 부딪혀 포기하고 만 모리
스와는 달랐다. 그는 책상보다 작업장에서 시간을 보내고 공장을 돌려 사업을 유
지해야 하는 생산업자였다. 에밀 갈레는 최신 기술과 기계가 가진 가능성을 유리

27·28 돋을새김 문양이 특징인 에밀 갈레의 유리 화병. 대중을 상대로 공장에서 대량 생산한 상품이다.

공예 사업에 아낌없이 활용했다.

아르누보가 예술 운동이어서 그런지 사람들은 흔히 '에밀 갈레 스타일'로 알려진 돋을새김 문양이 들어간 갈레의 유리 화병들을 예술가가 혼신의 노력을 기울여서 만든 예술작품이라고 착각한다. 그러나 갈레가 만든 독특한 유리 화병들은 1890년부터 갈레 사의 공장에서 대량으로 만들어낸 산업 생산품이다.

예를 들어 유리 제품의 돋을새김 문양의 경우, 무늬가 들어가는 부분에 역청을 바른 뒤 유리병을 무색 액체인 플루오린화수소산에 담그면 유리병 표면에 부식이 일어나면서 자연히 역청을 바른 무늬만 도드라지게 된다.[27·28] 손으로 무늬를 깎거나 유리 표면에 무늬를 녹여 붙이는 전통적인 방법에 비하면 굉장히 빠른 시간 안에 유리 화병을 대량으로 저렴하게 생산할 수 있었던 것이다. 만약 플루오린화수소산이라는 화합물을 만들어낸 화학의 발전이 선행되지 않았다면 갈레의 유리병은 그토록 대중적으로 널리 퍼져 사랑받지 못했을 것이다.

갈레의 유리병을 보고 오묘한 유리 공예의 아름다움에 새삼 감탄한 사람들은 갈레에게 '연금술사'라는 별명을 붙여주었다. 그러나 갈레는 스스로를 연금술사가 아니라 '화학자'라고 불렀다. 겸양의 표현이 아니라 정말로 그는 화학을 비롯한 기술의 발전이 예술을 혁신하는 데 도움이 된다고 믿었으며, 훗날 아르누보 스타일의 아이콘처럼 여겨지는 유리 '상품'을 통해 그 믿음을 증명했다.

에밀 갈레는 신기술을 응용하는 데 그치지 않고 스스로 신기술을 창안하기도 했다. 중세 시대 이후 기술적으로는 별 변화가 없었던 유리 공예에 새로운 바람을 불어넣은 것은 갈레가 고안한 새로운 기술 덕분이었다. 일례로 그는 유리

29 부풀린 유리를 겹쳐 복잡한 색채 조화를 연출한 뒤 그 위에 돋을새김 문양을 새긴 유리잔.

30 에밀 갈레, '겨울' 화병.

병 표면을 새롭게 처리하는 방법을 개발해 1898년 특허를 신청했다. 이런 신기술 덕분에 갈레의 유리병 표면을 보면 눈이 내리고 바람이 불고 비가 들이치는 듯한 기묘한 느낌을 안겨준다.[29] 이 느낌이 얼마나 인상적이었던지, 마르셀 프루스트는 소설 『잃어버린 시간을 찾아서』의 제5권에 해당하는 '게르망트 쪽Le Côté de Guermantes' 편에서 "조금 있으면 겨울이다. 창문 가장자리에는, 갈레의 유리병 표면처럼 눈 줄기가 굳어 있다"는 표현을 썼을 정도였다.[30]

갈레가 직접 쓴 특허장을 보면, 감탄사를 연발할 만큼 창의적인 아이디어로 가득하다. 그는 고온으로 녹인 유리를 입으로 불어 가공하는 과정에서 작업장의 먼지나 석탄 가루 등이 들어가게 되면 실패작으로 치는 기존의 관습을 완전히 뒤집어 일부러 유리 안에 석탄이나 나무 가루 등의 이물질을 집어넣는 방법을 착안했다. 두 장의 유리판 사이에 이물질을 넣거나 공기를 넣어 기포를 내면 유리 표면에는 전에 보지 못한 색다른 효과가 생긴다. 갈레는 이런 방법으로 해 지는 저녁의 그림자나 광풍이 몰아치는 파도를 유리병 표면에 가둬놓을 수 있었다.[31]

갈레를 유명하게 만든 또 다른 기술은 역시 그가 창안해 특허를 낸 '유리 마케트리marqueterie de verre'[32]였다. 마케트리란 종류가 다른 작은 나무 조각을 가구 표면에 붙여 다양한 문양을 만드는 전통적인 가구 장식 기술이다. 그는 이 방법을 유리 공예에 응용해 1밀리미터 두께의 작은 유리 조각들을 유리병 표면에 붙여 하나의 큰 문양을 만들었다. 여기에 그가 특별히 제조한 에나멜로 덧칠하거나 윤곽을 잡아주면 딱정벌레 같은 곤충의 더듬이나 백합의 꽃 수술 하나까지 섬세한 재현이 가능했다. 마치 살아 있는 곤충을 그대로 유리 속에 넣은 듯한 초록빛 잠자리와 황금색 날개를 펼친 나비, 지옥에서 필 법한 미스터리한 꽃 등 갈레의 유리 제품을 빛내는 상상의 우주는 그가 만들어낸 신기술 덕분에 세상에 처음 나올 수 있었던 것이다.

갈레가 낭시라는 지방에 공장을 두고 있었음에도 최신 기술을 빨리 접할 수 있었던 데에는 이유가 있었다. 1871년 북부 독일 연방과의 전쟁에서 패한 프랑스는 알자스 및 메츠를 포함한 로렌 지방의 일부를 독일에 양도한다는 프랑크푸르트 조약을 체결했다. 당시 알자스와 로렌 지방은 철공술이 발달한 프랑스 북동부의 공업 중심지였다. 독일과 인접해 있어 대부분의 주민이 독일어에 익숙했지만 국경 지역인 만큼 애국심도 매우 강했다. 이들은 치욕스럽게 독일 치하에서는 살 수 없다며 대거 이주를 감행했다. 알자스, 로렌 지방과 가까우면서 독일에 넘어가지 않은 낭시가 그들의 첫 번째 목적지였다. 철공업으로 유명한 솔베이Solvay나 프랑스에서 몇 손가락 안에 꼽히는 대규모 인쇄 공장을 운영한 베르제-르브로Berger-Levrault 같은 회사는 본거지를 아예 낭시로 옮겼다.

공업 분야의 엘리트라 할 수 있는 이주민들이 몰려들면서 낭시의 인구는 순식간에 10만 명을 넘어섰고, 여기저기에 유명 회사들이 건물을 짓는 통에 낭시는 활기찬 산업도시로 변모했다. 알자스와 로렌 지방의 철공업소들이 이곳으로 공장을 옮기면서 철공술에 필요한 기계 및 전기 관련 산업과 기술도 함께 발달했음은 물론이다.

에밀 갈레를 비롯해 마조렐, 빅토르 프루베Victor Prouvé, 조르주 발

▲31 유리 사이에 이물질을 넣어 날개를 펼친 잠자리를 표현한 갈레의 유리병.

▼32 다양한 유리를 표면에 붙여 입체적인 문양을 만들어내는 갈레 특유의 유리 마케트리 기술로 만든 병.

랭George Vallin 같은 쟁쟁한 프랑스 아르누보의 주역들이 탄생한 곳이 왜 예술의 중심지인 파리가 아니라 하필 지방 소도시인 낭시였을까? 앞서 본 것처럼, 예술이 고고한 박물관에서 벗어나 공장으로 들어가 모든 사람들이 사용하는 생활용품에 스며들어야 한다는 것은 아르누보의 최대 화두였다. 따라서 예술에 대한 기존의 선입견에 물들어 있는 파리보다 산업이 발달한 낭시가 아르누보의 정신을 구현하는 데 더 적합했던 것이다.[33·34] 영국의 미술공예운동이 공장으로 가득한 '매연의 도시' 글래스고에서 꽃을 피우고, 오토 바그너Otto Wagner나 구스타프 클림트Gustav Klimt 같은 오스트리아의 제체시온슈틸의 주역들이 다른 대도시에 비해 기계 산업이 발달한 빈에서 탄생한 것 또한 그럴 만한 이유가 있었던 것이다.

갈레는 회사를 운영하는 데 필요한 기본 자금을 조달해줄 대량 생산품과 특별히 예술성을 발휘해야 하는 소수 주문품을 동시에 만들어내기 위해 당시로서는 파격적인 방법으로 회사를 재편했다.[35] 요즘으로

▲■ 33 갈레의 집(1900년).

▼34 에콜 드 낭시 박물관.
아직도 낭시에는 갈레의 흔적이 남아 있다.

치면 디자인 본부에 해당하는 '데생 아틀리에'는 갈레 회사의 심장이었다. 데생 아틀리에에서는 갈레 회사에서 취급하는 모든 제품의 형태와 문양을 디자인하고 나무나 석고로 모형을 만드는 일을 도맡았다. 아직도 에콜 드 낭시 박물관에 보관

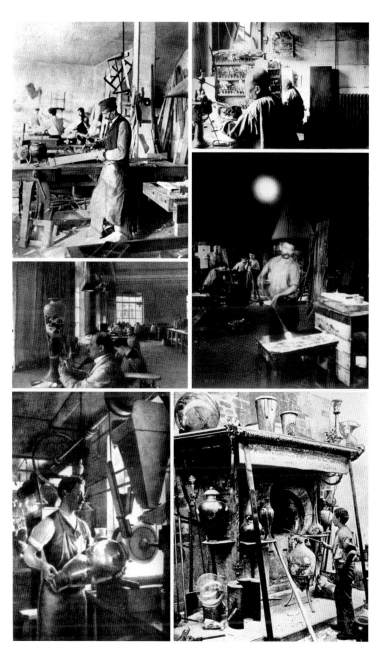

35 갈레의 유리 공장 모습. 현대적인 분업 시스템을 갖춘 능률적인 작업장이었다.

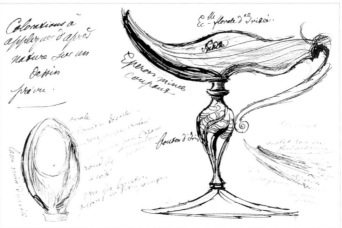

36 생산품의 모든 디자인을
총괄한 데생 아틀리에에서 만든
스케치.

37 데생 아틀리에의 스케치들은 현재 에콜 드 낭시 박물관과 오르세 미술관에서
보관하고 있다.

되어 있는 갈레 회사의 데생을 보면 유리의 색깔, 문양의 위치 등 제품에 대한 모든
세세한 사안이 이 데생 아틀리에에서 결정되었음을 알 수 있다.[36·37] 우연히 생긴
효과처럼 보이는 갈레의 유리 공예 작품들은 사실 하나부터 열까지 치밀하게 계
산된 디자인의 산물이었던 것이다. 외부 디자이너를 영입해 신제품을 출시하기도
하는 요즘 회사들처럼 갈레의 디자인실에서는 1900년 파리 만국박람회에서 동상
을 수상한 총책임자 루이 에스토Louis Hesteaux의 지휘 아래 빅토르 푸르베 같은 외
부 예술가들과 협업해서 신제품을 출시하기도 했다.

　피가 심장에서 혈관으로 흘러가듯이 데생 아틀리에 산하에는 유리, 도자기,
가구 등 파트별로 생산 라인이 나뉘어 있었다. 각 생산 라인의 책임자들은 단순한
공장 노동자가 아니라 아틀리에와 공장을 잇는 핵심 인력이었다. 따라서 갈레는
생산 과정에 따라 적임자를 영입하는 데 많은 공을 들였다. 유리를 불어 형태를
만드는 데 남다른 기술을 가진 쥘리앵 루아조Julien Roiseux나 에나멜을 다루는 장
식가로 독일의 마이젠탈 사에서 장식 아틀리에 책임자로 일한 데지레 크리스티앙

38 각 도시마다 독점 판매 계약을 맺은 갈레 유리병 매장.　　　　　　**39** 에밀 갈레 회사의 상표.

Désiré Christian 등 쟁쟁한 기술자들을 영입해 실무를 맡겼다.

　　갈레는 회사 사장이기도 했지만 동시에 아트 디렉터였다. 스스로 많은 제품을 디자인하기도 했고, 그의 승인 없이는 단 한 개의 제품도 생산할 수 없었다. 또한 노련한 사업가답게 각 도시마다 수완이 좋은 사업 파트너들을 확보해 갈레의 제품만 독점적으로 판매하도록 했다.[38·39]

예술가가 된 생산자

　　갈레는 아르누보 운동의 주요 인물로 꼽히는 존 러스킨이나 윌리엄 모리스와 다른 길을 걸었지만, 한편으로는 그들의 교훈을 흡수했다. 직접 자연에서 영감을 얻어야 한다는 러스킨의 교훈은 프랑스 아르누보 예술가들에게도 중요한 화두였다. 그중에서 특히 에밀 갈레는 자연을 가장 면밀하게 연구한 작가로 손꼽힌다.

　　1889년 파리 만국박람회에서 인기가 높았던 일본 정원을 관람하고 돌아온 갈레는 "수학이 좀 부족하긴 하지만 자연과학 쪽으로 진학했다면 작은 약학대학

의 식물학 교수 정도는 할 수 있지 않았을
까"라는 상상을 해볼 만큼 식물학을 좋
아했다.[40] 낭시는 누구나 마음만 먹으면
자기 정원 하나쯤은 꾸밀 수 있는 지방
도시인데다 알프스를 비롯한 대자연을
지척에 둔 곳이기도 했다.

　갈레는 서른한 살이 되는 해 9월에
낭시를 출발해 알프스 산맥을 넘어 이탈
리아로 긴 여행을 떠났다. 당시 여정을 세
세하게 묘사한 그의 수첩 덕분에 지금도

40 낭시 식물중앙협회 회원들. 첫째 줄 가장 왼쪽이 이 협회에서 비서관으로
일한 에밀 갈레다.

그 여정을 한 발 한 발 따라가며 갈레의 눈으로 세상을 바라보는 진귀한 경험을 할
수 있다. 갈레는 해발 3천 미터에 이르는 산중턱을 오르내리며 발견한 진귀한 식
물들을 채집하고 스케치를 남겼다. 이후에도 그는 여러 차례 양치기를 따라 홀로
알프스를 탐험할 만큼 열정적으로 자연을 관찰했다.

　이탈리아에 도착해서는 대표적인 유적들을 마다하고 먼저 세루티Cerutti, 뮐
러 저택Villa Müller 등 이탈리아와 독일 접경 지역의 유명한 정원들을 찾아 나섰
다. 진귀한 식물들을 많이 보유하고 있던 러시아의 왕자 니콜라이 트루베츠코이
Nikolai Petrovitch Troubetzkoy의 정원에서는 직접 왕자의 안내를 받으며 정원을 둘러
봤고, 폴란드 왕족인 포니아토프스카Poniatowska 공주의 프리마 저택Villa Prima에
서는 이곳의 책임정원사이자 이탈리아 식물학협회 회장이기도 한 파올로 카자니
가Paolo Cazzaniga를 만나 원예에 대한 지식을 나누기도 했다. 당시 유럽에서 외래종
이 가장 많았던 보로메 군도Isole Borromee의 벨라 섬Isola Bella과 마드레 섬Isola Madre을
방문했을 때는 거기서 영감을 얻은 도자기 데생을 남기기도 했다.[41~43]

　갈레 자신도 공장과 자택의 마당에 정원을 직접 가꾸었는데, 실상 그의 정원
은 원예학자의 실험실이나 마찬가지였다.[44·45] 갈레는 영국에서 구한 서양산사나

▲41 에밀 갈레, 미나리아재비 잎 장식이 있는 꽃병 스케치.

◀42 에밀 갈레, 독말풀 연구.

▶43 에밀 갈레, 앵초 꽃 모양의 꽃병 스케치.

갈레는 꽃과 식물의 형태와 색채에서 영감을 얻어 유리병 디자인을 스케치했다.

44 갈레 아틀리에, 푸크시아(바늘꽃과) 가지 스케치.　　　　**45** 갈레의 정원.

무와 종이자작나무, 개오동나무 등 당시 낭시에서는 보기 힘든 2천여 종의 나무
들로 정원을 채웠다. 말년의 갈레는 명망 높은 유리 공예가이기도 했지만 유럽에
서 몇 손가락 안에 드는 일본 식물 전문가로도 유명했다. 이미 일본에서 씨앗과 표
본을 가져와 유럽에 일본의 꽃과 나무를 전파했던 프란츠 폰 지볼트의 저작을 모
두 독파한 열정적인 독자였다.

　　이를 계기로 지볼트가 운영하는 화원에 165종의 나무와 꽃을 주문할 만큼
일본의 식물에 깊은 관심을 가졌던 갈레는 1886년부터는 일본 유학생인 다카시
마 홋카이高島北海와 친분을 쌓으며 본격적으로 일본 식물학을 연구하기 시작했다.
유럽의 식물을 연구하기 위해 낭시의 조경학교에 다니고 있던 다카시마는 영국
에든버러에서 열린 원예전시회에 일본의 산림 지도를 출품해 호평을 받았을 정도
로 일본 식물에 도통한 인물이었다. 갈레는 다카시마를 통해 도쿄 대학 식물학 교
수인 마쓰무라 진조松村任三나 야타베 료키치矢田部良吉 같은 동시대 일본 식물학자
들의 저서를 직접 접했고, 훗날에는 일본 외에도 중국이나 인도 등 아시아의 식물
로 시야를 넓혔다.

　　찰스 다윈을 비롯해 장-바티스트 라마르크 같은 자연과학자들의 진화론에도
정통했던 갈레는 자연에 대한 동경을 작품 속에 아낌없이 풀어냈다. 실제로 갈레의

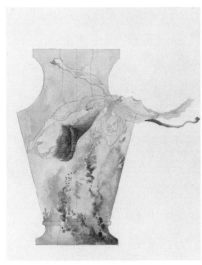

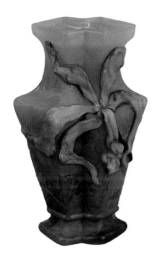

◄**46·47** 카틀레야 꽃 장식이 있는 꽃병 스케치(위)와 꽃병(아래).

■**48·49** 난초과 꽃 장식이 있는 꽃병 스케치(위)와 꽃병(아래).

▶**50·51** 목초지의 어수리 꽃 장식이 있는 꽃병 스케치(위)와 꽃병(아래).

스케치의 꽃들이 살아 움직이듯 유리병으로 생생하게 되살아났다.

유리병 속 식물들을 자세히 들여다보면 식물학자의 식물 표본을 보는 듯하다. 알 프스 앵초의 일종인 솔다넬라 알피나Soldanella alpina, 꽃시계덩쿨 등 유리병 위에 재현된 식물들은 수술, 꽃대, 줄기, 꽃잎 하나까지 섬세하게 묘사되어 있다. 그러 나 갈레가 단지 식물들을 철저하게 묘사하기만 했다면 그의 과학성에 찬사를 보 낼 수는 있을지언정 그의 예술성에 대해서는 그리 할 말이 없었을 것이다.[46~51]

갈레의 냉철한 지적처럼 "자연 그 자체 속에는 아무런 감흥도 없다". 꽃과 나무, 나비와 잠자리, 바다와 하늘이 아름다운 이유는 그 자체가 아름답기 때문이 아니라 자연을 통해 우리의 정서와 경험, 기억을 들여다볼 수 있기 때문이다. 세상을 떠난 사랑하는 사람이 잠자리로 환생했다고 믿을 때 갈레 유리병 위의 잠자리는 잠자리 가 아니라 그리움으로 변해 마음을 울린다. 어두운 동굴 밖으로 날아오르는 박쥐는 밤의 제왕이며 동시에 저 어둠 너머에 있는 그 무엇에 대한 호기심의 상징이 된다. 깊 이를 알 수 없을 정도로 거대한 심연이 도사리고 있는 바다는 또 다른 세계에 대한 동경과 미지에 대한 두려움을 표상한다.

이처럼 갈레는 자연에 대한 진지한 묘사를 통해 한갓 유리병 위에 풍부한 정

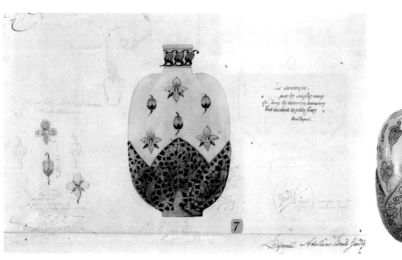

◀52 베로니크 꽃 장식이 있는 화병 스케치.

▶53 베로니크 꽃 장식이 있는 향수병.

갈레의 스케치를 실물로 옮길 수 있었던 것은 갈레의 회사가 보유한 화학 지식과 기술력 덕분이었다.

서를 불어넣었다.[52·53] 갈레의 유리병 위에서 꽃들은 물결치듯 바람에 흔들린다. 튤립은 시릴 정도로 파란 공기 위를 떠다니고, 앵초는 이미 녹아서 질척한 눈 위에 생생하게 피어난다. 사람의 심장 모양을 본뜬 유리 단지 위에는 나팔꽃들이 초록빛 이끼 위에서 자라고 있다. 기억 속에는 남아 있지만 지금은 떠나가버린 그 무엇들을 애달파하는 마음이 유리병으로 모습을 드러낸 것만 같다. 낙엽을 닮은 노란빛 화병 속에는 그림자가 길게 지는 어느 오후의 평온한 일상이 들어 있다.

　갈레는 샤를 보들레르, 테오필 고티에, 빅토르 위고, 안나 드 노아유Anna de Noailles 같은 당대 시인들의 작품에서 영감을 찾아냈고, 시에서 딴 인용구들로 작품에 대한 설명을 붙였다. 1902년 갈레는 "박하 잎사귀에 매달린 매미의 울음소리"라고 노래한 노아유[54]의 「심장」이라는 시를 바탕으로 〈박하 잎사귀에 매달린 매미〉[55]라는 작품을 만들었고, 여기에 "내 희망의 절망적인 외침"이라는 시구를 새겨 넣었다. 보들레르의 「인간과 바다」라는 시에서 영감을 받아 미역, 게, 조가비가 떠다니는 바닷속을 묘사한 유리병을 만들어 "너의 깊은 상처를 인간이 알 수 있겠느냐"라는 시구로 해설을 붙였다. 갈레의 유리병을 '말하는 유리병', '시적인 유리병'이라고 부르는 이유가 여기에 있다.

아르누보, 혁명의 유산

　미술사학자들은 아르누보를 실패한 미술운동이라고 평가한다. 비록 '대중 속으로의 예술'을 표방했지만 정작 그들의 작품은 누구나 살 수 있는 생활 소품이 아니라 비싼 예술품이었기 때문이다. 아르누보 예술가들 역시 자신들의 작품과

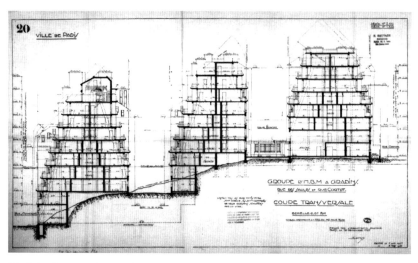

56 앙리 소바주는 노동자를 위한 영구 임대 아파트 건축을 연구했다.

현실의 괴리를 인정하고 있었고, 그렇기에 아르누보는 제대로 피어보지도 못한 채
1900년 전후로 역사에서 흐지부지 사라지고 말았다.

그러나 시대와 호흡하고자 했던 아르누보의 정신은
훗날 합리적이고 기능적인 생활 소품을 만들고자 하는
시도로 이어졌다. '에콜 드 낭시'의 거두인 마조렐의 가르
침을 받은 건축가 앙리 소바주Henri Sauvage는 노동자 계
층을 위한 실용적인 아파트를 설계하는 데 전력을 다했
다.⁵⁶ 벨기에에서 아르누보 건축가로 활동한 귀스타브 세
뤼리에-보비Gustave Serrurier-Bovy는 나무판자와 못만 가
지고 만들 수 있는 저렴한 조립식 가구 시리즈인 '실렉스
Silex'를 창안하기도 했다.⁵⁷ 역시 아르누보의 영향을 받은
건축가 샤를 플뤼메Charles Plumet는 접이식 붙박이장이
달린 아파트 같은 기능적이고 합리적인 생활공간을 설계

57 귀스타브 세뤼리에-보비의 〈실렉스
옷장〉(1905년경).

58 1900년 파리 만국박람회에 전시된 건축가 토니 셀메르생과 샤를 플뤼메의 실내장식.
샤를 플뤼메는 기능을 중시한 복합적이고 실용적인 가구를 만들었다.

했고 다양한 방식으로 이용 가능한 벽장 같은 변형 가구들을 만들었다.[58]

　'디자인'이라는 용어조차 태어나지 않았던 19세기 말의 현실을 똑바로 직시해 산업 속에 예술을 이식하고자 한 아르누보의 정신은 제1차 세계대전 직후인 1919년 독일 건축가 발터 그로피우스Walter Gropius가 미술학교와 공예학교를 병합한 조형학교 바우하우스를 설립함으로써 산업 디자인의 발전으로 이어졌다.

　아르누보의 예술가들 중 유일하게 대중화에 성공한 에밀 갈레가 우리에게 전하고자 한 메시지는 아마도 아르누보 예술가들의 꿈에 대한 이야기가 아니었을까? 현실에 의문을 품고 부조리에 분노하며 각자의 자리에서 끊임없이 혁명을 꿈꾸었던 그들의 도전은 '실패한 혁명 아르누보'라는 이름으로 장식미술사에 기록되었다. 그러나 그들의 실패가 있었기에 그들의 다음 세대는 디자인의 시대로 나아갈 수 있었다. 아르누보를 단순히 19세기 말에 유행한 사조로 치부할 수 없는 이유가 바로 여기에 있다.

10장

19세기의 종언,
카몽도

1943년 11월 20일, 유대인 천 2백 명을 태운
62번 열차는 프랑스의 보비니 역을 떠났다.

거기에는 모이즈 드 카몽도 백작의
사위와 손자, 손녀가 타고 있었다.

1944년 3월 7일, 보비니 역을 떠난
69번 열차는 아우슈비츠로 향했다.
카몽도 가문의 마지막 생존자인
카몽도 백작의 딸 베아트리스는
그렇게 죽음을 향해 달렸다.

그들은 모두 돌아오지 못했다.
그리하여 그렇게 카몽도 가문은 지구상에서
영원히 사라졌다.

모이즈 드 카몽도 백작
p. 407~419

1 〈모이즈 드 카몽도〉, 1920년,
니심 드 카몽도 박물관, 파리.

파란 카펫이 깔린 '살롱 블루' 서재[2]에는 깊은 바닷속 같은 고적함이 두텁게 깔려 있었다. 한가로이 산책에 나선 시민들과 아이들이 뛰노는 소리가 가득한 몽소 공원이 지척이었지만 생기발랄한 기운은 바깥에서만 감돌 뿐이었다.

'살롱 블루'의 주인은 시간을 거슬러 사는 듯했다. 벽 한가운데에는 이미 한 세기 전에 세상을 떠난 샤르트르 백작과 백작부인이 가족에 둘러싸여 있는 그림이 걸려 있었고, 그 주위로 1755년 퐁뇌프의 풍경과 1830년 루브르 성에서 바라본 센 강의 정경이 펼쳐져 있었다.

2 그림자가 짙게 깔린 카몽도 백작의 서재 '살롱 블루', 1930년.

해가 뉘엿뉘엿 넘어가는 시간, 평생 이 집 주인을 뒷바라지해온 집사장 루이 샤르네Louis Charnet가 슬며시 서재로 들어왔다. 일본 도자기로 만든 조명에 반짝 불이 켜졌다.

돌아가신 아버지 니심 드 카몽도와 1917년 9월 5일 정찰 비행 중 사망한 가여운 아들 니심 드 카몽도가 영원히 기억되기를 바라며, 몽소 가 63번지에 위치한 저희 집과 그 안의 모든 컬렉션을 파리 장식미술 박물관에 기증합니다. 이 집을 비롯해 내부의 모든 컬렉션이 원래 그의 것이듯, 이 집은 아들의 이름을 따 니심 드 카몽도 박물관으로 남을 것입니다. (……)

저희 집과 컬렉션을 나라에 기증하는 것은 18세기의 거처를 예술적으로 재현한 풍경 속에 온전히 스며든, 제가 사랑한 컬렉션들을 그대로 보존하기 위해서입니다. 제가 무엇보다 사랑하는 프랑스의 영광과 그 시대의 일부인 장식미술품들은 예술가와 장인들의 교육에 큰 도움이 되리라 믿습니다. 저의 컬렉션이 영원히 프랑스의 일부로 남게 되길 기원합니다.

3 이사크 드 카몽도의 유품인 요한 바르톨트 용킨트의 수채화 그림들.

모이즈 드 카몽도Moïse de Camondo 백작은 펜을 옮기다 말고 방 안을 찬찬히 둘러보았다. 18세기 귀족의 거처라고 해도 하등 이상할 것이 없는 이 방 안에서 유일하게 그와 동시대에 탄생한 여덟 점의 수채화에 잠시 시선이 머물렀다. 초기 인상파 화가 중 한 명으로 꼽히는 요한 바르톨트 용킨트Johan Barthold Jongkind의 작품들은 13년 전 세상을 떠난 사촌형 이사크 드 카몽도Isaac de Camondo가 남긴 유품이었다.[3]

살아 생전의 이사크는 카몽도 가문의 수장이자 그의 멘토이기도 했다. 불현듯 그는 이사크가 작곡한 오페라 〈광대〉의 개막 연주가 떠올랐다. 이사크의 작품이 처음으로 무대에 오른

날 가족들은 흥분을 감추지 못했다. 다음 날 신문에 실린 호평을 읽어주던 딸아이의 정겨운 목소리가 생생하게 귓가를 스쳤다.

이 집, 모이즈 드 카몽도 백작의 저택은 카몽도 가문의 모든 기억이 오롯이 새겨진 소중한 공간이자 그가 열정을 다해 이룬 환상의 세계였다. 얼마나 많은 경매 도록을 펼쳐보며 어제의 프랑스, 영광된 18세기를 되살리기 위해 노력했던가. 니심이라는 이름보다 '니니'라는 애칭이 어울렸던 그의 아들이 세상을 떠난 뒤로 그가 편안하게 머물 수 있는 곳은 오로지 이 집뿐이었다. 그리고 이제 행복했던 지난 시절을 추억하는 것 외에 예순을 지난 그에게 남은 일이라고는 세상에 남길 마지막 말, 바로 유언장을 쓰는 일뿐이었다. 덧없이 잊혀져갈 카몽도라는 이름을 역사에 남기기 위해서 그는 다시 펜을 들었다.

4 니심 드 카몽도 박물관 입구. 아직도 예전 그대로다.

꼼꼼하기로는 둘째가라면 서러운 성격답게 모이즈 드 카몽도의 유언장은 길었다. 후세에 세워질 니심 드 카몽도 박물관[4]은 언제 문을 열 것인지, 컬렉션은 어떻게 관리하고 보수할 것인지, 집 안 난방시설은 어떻게 관리해야 하는지 등 저택의 주인으로서 당부하고픈 말들이 한없이 이어졌다. 이 세계를 영구히 보존하기 위해서 집 안의 컬렉션을 외부로 절대 유출해서는 안 된다는 항목을 덧붙이면서 그는 이 집을 유지, 보수하는 데 사용할 12만 프랑을 남기고서야 유언장을 마무리지을 수 있었다. 서명으로 유언장을 끝내는 그의 손은 미세하게 떨리고 있었다. 어스름이 내리는 '살롱 블루'에는 비릿한 슬픔과 아련한 그리움이 가득했다.

프랑스의 그림자, 유대인

1895년부터 1906년까지 장장 11년 동안 신문의 1면 자리를 지킨 최대의 화제는 단연 드레퓌스 사건이었다. 사건의 본거지인 프랑스뿐만 아니라 영국이나 독일은 물론이고 멀리 알제리 같은 식민지까지 들끓게 만든 국제적인 이슈였다. 정치가들을 비롯해 일반 시민들까지 열띤 토론을 벌였을 만큼 논란이 된 사건이다 보니 이런저런 설이 많아 복잡해 보이지만, 사실 사건 자체는 매우 단순했다.

프랑스와 독일 간의 첩보전이 한창이던 1894년 프랑스 정보국은 독일 대사관에서 근무하는 청소부를 통해 찢어진 노란 종이 여섯 조각을 입수했다. 프랑스 포병부대 내의 누군가가 주불 독일 대사관에서 근무하는 막시밀리안 폰 슈바르츠코펜Maximilian von Schwartzkoppen이란 무관 앞으로 보낸 편지였다. 당시 프랑스 포병부대에서 사용하던 120구경의 대포가 실제로는 그다지 많지 않다는, 일급 기밀이라고 하기에는 다소 무게감이 떨어지는 내용이 적혀 있었다.

문제는 독일로 유출된 정보의 내용이나 경중이 아니라 포병부대 내에 독일 스파이가 잠입해 있다는 사실이었다. 은밀히 내사에 들어간 정보국은 참모본부에서 근무하는 포병 대위 알프레드 드레퓌스Alfred Dreyfus[5]를 독일 스파이로 지목했다. 당시 프로이센은 프랑스의 최고 숙적이었다. 파리 시민들은 1871년 1월 파리까지 진격했던 독일군의 포탄 세례와 고양이도 모자라 쥐까지 먹어야 했던 그해 겨울의 배고픔과 끔찍했던 추위를 생생하게 기억하고 있었다.

개전 7개월 만에 무려 26개의 프랑스 지역이 독일군의 손에 넘어간 최악의 상황에서 궁여지책으로 맺은 평화조약 덕분에 전쟁은 일단락되었다. 하지만 프랑스는 독일 국경 지역의 알자스와 로렌 지방을 독일에게 떼어줘야 하는 굴욕을

5 유대인이라는 이유로 누명을 쓰고 독일
스파이로 몰린 알프레드 드레퓌스 대위.

맛봤고, 이로 인해 독일에 대한 적개심은 나날이 커져가던 상황이었다. 집집마다 이 전쟁에서 죽은 아들과 친척이 있는데다 전쟁의 주역인 비스마르크와 독일제국이 보란 듯이 기세를 올리며 승승장구하고 있었기 때문이었다.

이런 분위기에서 숙적 독일과 내통한 범인을 색출하라는 내외의 압력에 시달린 정보국은 이런저런 증거를 수집할 것도 없이 단박에 드레퓌스를 범인이라고 발표했다. 사실 드레퓌스는 여러모로 정보국이 짜놓은 시나리오에 들어맞는 인물이었다. 독일과 인접한 알자스 출신이라 독일어에 능숙했을 뿐 아니라 독일 문화에 익숙했으며, 일급 엔지니어를 양성하는 최고 교육기관인 파리의 에콜 폴리테크니크École Polytechnique를 졸업할 정도로 비상한 두뇌의 소유자였다. 게다가 그는 당시 포병부대 내의 유일한 유대인이기도 했다. 그러나 문제는 드레퓌스의 스파이 혐의를 입증할 결정적인 증거를 찾아낼 수 없다는 점이었다.

정보국에서는 없는 증거라도 만들어낼 요량으로 필적 감정을 의뢰했지만 독일 대사관의 휴지통에서 나온 편지와 드레퓌스 대위의 필적이 비슷한 것 같기도 하다는 식의 애매모호한 결론을 간신히 얻어냈을 뿐이었다. 더욱이 드레퓌스는 군대 내에서 좋은 평가를 받고 있었고 유복한 집안 출신이라 딱히 스파이 노릇을 할 만한 동기도 찾아낼 수 없었다. 남은 방법이라고는 당시 법정에서 엄연한 증거로 인정받던 자백을 받아내는 길뿐이었다.

내사가 시작된 지 한 달 후인 1894년 10월 13일 정보국은 드레퓌스 대위를 은밀히 소환, 자백을 받아내기 위해 문초를 시작했다. 그런데 이 사건이 급물살을 탄 것은 드레퓌스가 정보국에 의해 불법으로 억류된 지 보름 뒤인 10월 29일 15만 부나 팔린 베스트셀러인『유대인의 프랑스La France juive』(1886년)를 쓴 유명한 반유대주의자 에두아르 드뤼몽Édouard Adolphe Drumont이 이끄는『라 리브르 파롤La

6 샹테클레어, "드레퓌스는 예수를 배반한 유다다!", 『라 리브르 파롤』, 1894년 11월 10일.

392

7 앙리 메예르, 〈배신자〉, 『르 프티 주르날』, 1895년 1월 13일. 드레퓌스는 결국 불명예를 쓰고 군인 신분을 박탈당했다.

8 F. 메올, 〈악마의 섬에 유배된 드레퓌스〉, 『르 프티 주르날』, 1896년 9월 27일.

Libre Parole』(자유 언론)이라는 신문에서 이 사건을 대대적으로 보도하면서부터였다.[6] 드뤼몽은 설득력 있게 각색된 기사를 통해 드레퓌스를 국가적 반역자로 몰았고, 이런 여론몰이 때문에 드레퓌스는 증거 유무에 상관없이 범인으로 몰렸다.[7]

그리고 그해 12월 22일 드레퓌스는 국가반역죄로 종신형을 선고받았다. 군 당국으로서야 사형을 언도해 이 사건을 영원히 묻어버리고 싶었지만, 국가 안위에 관련된 범죄의 경우 사형을 금지하는 법안에 부딪혀 종신형을 내리게 된 것이었다.[8] 명예를 위해 사건을 서둘러 봉합하려고 한 군대와 당시 유럽에 널리 퍼져 있던 반유대주의 흐름이 착착 아귀가 맞아서 빚어진 결과였다.

이쯤에서 끝났다면 드레퓌스 사건은 유대인 포병 대위의 스파이 사건쯤으로 마무리됐을 것이다. 그러나 이 사건이 다시 수면 위로 떠오른 것은 동생의 무죄를 확신한 형 마티외Mathieu Dreyfus가 구명 운동에 나서면서부터였다. 게다가 1896년 새로운 증거가 발견되었다. 당시 정보국 대령이던 조르주 피카르Georges Picquart는 독일 대사관에서 흘러나온 문서를 살펴보던 중 이상한 점을 발견했다. 독일 대사관의 슈바르츠코펜 무관과 에스테라지Charles Marie Ferdinand Walsin Esterhazy라는 헝가리계 프랑스 소령이 주고받은 편지를 조사하다가 에스테라지의 필적이 드레퓌스 사건의 유일한 증거라는 노란 종이에 적힌 필적과 정확히 일치한다는 사실을 발견한 것이다.

재조사를 통해 드레퓌스가 에스테라지 대신 누명을 썼다는 사실을 확신한 피카르 대령은 이를 상부에 보고했다. 그러나 군 당국이 애꿎은 사람을, 단지 유대인이라는 이유로 반역죄를 선고하고 사건을 서둘러 덮어버렸다는 사실은 엄청난 스캔들이 될 것이 뻔했다. 시끄러워질 것을 우려한 군 당국은 피카르 대령을 돌연 튀니지로 전출시켜서 입을 막고, 에스테라지에 대해서는 형식적인 재판을 거쳐 무죄를 선고하고 석방했다.

예나 지금이나 국가의 거짓말은 거짓말이 아닌 진실로 기록되어야 했다. 시간이 지나면 자연히 사건이 사그라질 것이라 믿었던 군의 예상과는 반대로 이 사건의 진실을 밝히려는 움직임에 불이 붙었다. 특히 촉망받는 작가인 에밀 졸라가 재판 직후인 1898년 1월 13일자 『여명L'Aurore』 신문에 「나는 고발한다」라는 장문의 공개서한을 기고한 것이 결정적인 계기가 되었다. 각각의 증거를 조목조목 따져가며 프랑스 전역에 만연해 있는 유대인에 대한 편파적인 시선과 입으로만 공평무사한 법정의 허상을 신랄하게 비판한 졸라의 명문 앞에서 프랑스를 비롯해 유럽 전체가 친드레퓌스파와 반드레퓌스파로 나뉘어 설전을 벌였다.

이제 드레퓌스 사건은 단순한 유대인 스파이 사건이 아니라 반유대주의를 은연중에 옹호해온 가톨릭, 만인은 법 앞에서 평등하다는 프랑스 혁명 정신을 헌신짝처럼 버린 귀족 군대, 법조문을 스스로 무시하고 군대의 압력 아래 고개를 조아린 법정, 적개심으로 불탄 눈먼 애국심 등 프랑스 사회의 근간을 뒤흔드는 태풍의 눈이 되었다.[9] 1899년에 열린 재심 법정에서도 결국 드레퓌스는 유죄를 선고받았지만 당시 대통령인 에밀 루베는 그를 사면했다. 사건을 조기에 진화해 어떻게든 군대와 법정의 체면을 지키기 위해서였다. 결국 1906년에 다시 열린 재판에서 드레퓌스가 드디어 무죄를 선고받고 군에 복

9 루이 사바티에, 〈에밀 졸라 재판〉, 『일뤼스트라시옹』, 1898년 2월 12일. 과연 무엇이 진실인가? 당시 법정은 진실을 밝힐 용기가 없었다.

귀하면서 장장 십여 년에 걸친 대단원의 막이 내렸지만 이 사건은 프랑스 사회에 극심한 분열을 불러일으켰으며 유대 민족주의 운동인 시오니즘Zionism을 촉발하는 등 유럽 사회에 큰 그림자를 남겼다.[10]

　단지 유대인이라는 이유만으로 멀쩡한 사람에게 반역죄를 뒤집어씌울 만큼 반유대주의의 그림자는 짙었지만 한편으로 19세기는 유대인 금융 거물들이 유럽 경제를 실제로 좌지우지한 시대이기도 했다. 영국, 독일, 프랑스, 이탈리아 등지의 금융계를 아우르며 19세기판 유럽 왕족으로 행세한 로스차일드 가문을 비롯해 오스만의 도시 계획으로 거부의 대열에 들어선 페레르 형제, 증권과 은행업으로 성공한 카엥 당베르Cahen d'Anvers 집안 등 유대인 거부들의 이름이 신문지상에 오르내리지 않는 날이 없었다. 게다가 그들은 대부분 출신 성분도 귀족 계층이었고, 엄연한 상류 사회의 일원이었다. 사람들은 부를 동경하면서도 부자를 경멸하듯이 유대인의 재산을 부러워하면서도 유대인을 폄하했다.[11·12]

　기실 '자유·평등·우애'로 요약되는 '인권 선언'은 1789년 프랑스 혁명 정신의 근간으로 추앙받아왔다. 인권 선언이 담고 있는 핵심적 가치는 바로 법 앞에서

10 페펭, 〈진실〉, 『르그를로 *Le Grelot*』, 1897년 12월 19일.
지리한 공방이 이어지는 가운데 결국 진실은 밝혀지고야 말았다.

11 카랑 다슈, 〈가족의 저녁 식사〉, 『르 피가로』, 1898년 2월 14일.
드레퓌스 사건이 화제에 오르자 평온하던 저녁 식사 자리가 일시에 아수라장이 돼버린다. 이 사건이 커다란 사회적 분열을 가져왔음을 보여주는 만평.

12 샹테클레어, 〈소용없는 비누칠〉, 『라 리브르 파롤』, 1894년 11월 17일.
사람들은 유대인이 가진 부富는 부러워했지만 유대인 자체는 경멸했다.

만인이 평등하다는 것이다. 당연하지만 현실에서는 좀처럼 실현되기 어려운 평등의 정신은 결국 귀족도 평민도 없는 근대 시민사회를 열었다. 특히 중세 이후 유럽어디에서나 핍박받아온 많은 유대인들에게 프랑스 인권 선언의 의미는 남달랐다. 단지 유대인으로 태어나 유대교의 율법을 지키며 살아간다는 이유만으로 박해받지 않는 새로운 세상이 열린 것이다. 현실이야 어떻든 법률로나마 권리를 보장받을 수 있다는 이유 때문에 19세기 초중반에 많은 유대인 금융가들이 파리로 이주했다. 그들 덕분에 파리는 당시 산업혁명의 중심지였던 런던을 제치고 당대의 금융 중심지로 거듭날 수 있었던 것이다. 카몽도 집안 역시 이러한 시류를 타고 파리에 정착한 유대인 가문 중 하나였다.

카몽도, 출신을 세탁하다

카몽도 가문이 언제 어떻게 시작되었는지는 알려지지 않았지만 그 이름이 사람들의 입에 오르내리기 시작한 것은 1802년 모이즈 드 카몽도의 증조 큰할아버지인 이사크 카몽도가 당시 오스만 제국의 수도인 콘스탄티노플(이스탄불)에 카몽도 은행을 세우면서부터였다.[13] 오스만 제국을 장악한 고위 관료와 군인인 파샤

Pasha들과 돈독한 관계를 맺고 있던 이사크는 정부에 자금을 융통해주고 세금을 운용해 투자하는 일을 맡으면서 재산을 쌓았다. 후사가 없던 이사크가 1832년 페스트로 사망하자 자연히 동생인 아브라함 살로몬 드 카몽도Abraham Salomon de Camondo[14]가 은행과 재산을 물려받았다.

아브라함은 형이 남긴 사업을 국제

13 카몽도 가문의 발원지인 상업의 중심지 콘스탄티노플.

14 아브라함 살로몬 드 카몽도.　　**15** 아브라함 베호르 드 카몽도.　　**16** 니심 드 카몽도.

적으로 발전시키는 데 눈을 돌렸다. 콘스탄티노플 도시 정비 사업을 비롯해 각종 이권 사업에서 특혜를 누리며 모은 자금을 수에즈 운하 건설에 투자했다. 수에즈 운하 기공식에 참석한 외제니 황후가 자신의 개인 자산을 카몽도 은행에 위탁했을 만큼 사업은 날로 번창했다.

그러던 카몽도 가문이 돌연 파리로 이주를 결행한 것은 1869년의 일이었다. 이주를 결정한 주역은 아브라함의 손자인 아브라함 베호르Abraham Behor de Camondo**15**와 니심Nissim de Camondo**16** 형제였다. 비록 1839년 '탄지마트'란 이름의 개혁을 단행하면서 종교와 국적에 상관없이 누구나 법 앞에 평등하다는 근대적 법률이 도입되었지만 오스만 제국 곳곳에는 엄연히 차별이 남아 있었다. 탄지마트는 오로지 무슬림들에게만 적용되었던 것이다. 아무리 재산이 많아도 유대인을 비롯한 비무슬림인 딤미dhimmi들은 여전히 무슬림에 비해 하등한 계층이었다.

런던과 빈, 베네치아를 오가며 국제적인 사업가로 성장한 아브라함 베호르와 니심 형제에게 유럽의 끝자락에 있는 콘스탄티노플은 답답한 세상이었다. 프랑스어와 이탈리아어를 모국어인 아랍어처럼 유창하게 구사했던 형제들은 터번을 둘러쓴 터키 출신의 비천한 유대인이 아니라 파리의 라미-우세에서 셔츠를 맞춰 입고, 반도니에서 만든 모자를 쓰는 유럽 신사들이었다. 여름이면 당시 오스만 제국 왕족들의 휴양지인 보스포루스Bosporus의 별장에 머물며 유럽의 유력자들과 격의 없이 어울렸다. 일본과 중국에서 가져온 미술품들로 집 안을 장식하고 피아노와 당구, 승마를 좋아한 형제의 취향까지도 유럽 상류층과 다를 바 없었다.

이들에게 당시 경제, 정치의 중심지인 파리로의 이주는 사업을 확장할 수 있는 절호의 기회이자 동시에 새로운 삶에 대한 약속이기도 했다. 콘스탄티노플에서 파리까지 전세 열차로 온 집안 식구와 재산을 실어 나른 카몽도 가문의 파리 이주는 세간에 떠들썩한 화제를 뿌렸다.

아무리 유럽적인 생활방식을 고수했다고는 하나 콘스탄티노플을 떠나 새로운 사회에 적응하기 위해서는 전략이 필요했다. 우선 형제는 파리의 몽소 가 61번지와 63번지에 나란히 새 보금자리를 마련했다.[17] 당시 몽소 공원을 끼고 있는 몽소 지구는 파리 최고의 부촌으로 손꼽히는 지역이었다. 31번지에는 정재계 인사들이 모이는 마담 마들렌 르메르Madeleine Lemaire의 살롱, 33번지에는 쟁쟁한 귀족 가문인 몰리토Molitor 남작, 47번지에는 로스차일드 가문 등 당시 내로라하는 유명 인사들이 이 거리에 살고 있었다.

이들 프랑스 상류사회의 일원이 되려면 사는 모습도 비슷해야 했다. 그래서 형제는 저택을 단장하는 일에 열중했다. 당시 유럽 상류층의 유행을 좇아 현관은 17세기 플랑드르 태피스트리가 걸려 있는 르네상스 스타일로 꾸몄고, 손님을 맞이하는 크고 작은 살롱은 루이 14세와 루이 16세 스타일로 단장했다. 커튼을 비롯한 실내 직물장식 일체는 최고급 실크를 생산하는 것으로 명성이

17 몽소 가 61번지의 카몽도 가 저택, 1876년.

18 몽소가 61번지 주택의 살롱과 집 안 풍경. 카몽도 가문은 당시 전형적인 상류층의 취향을 따라 집 안을 장식했다.

높은 리옹의 직조업체인 타시나리와 샤텔에 맡겼고, 손님을 접대할 식기는 오디오Odiot에서 제작한 3백여 점이 넘는 은 식기 일습과 은촛대 등으로 장만했다.

　이국적인 오브제와 예술작품을 애호한 상류층의 취향에 맞춰 중국과 일본에서 가져온 도자기와 자개 공예품, 판화 등을 전시해놓는 작은 방 '중국풍의 부두아르Boudoir Chinoise'도 꾸몄다. 벽면은 빨간 자개판으로 덮고, 일본풍 유럽 가구들을 영국에서 사들여 일본에서 가져온 기모노 천으로 마감하는 등 무엇이든 최고급으로 꾸미기 위해 사력을 다했다.[18] 19세기 초반부터 상류층 사이에서 유행하기 시작한 실내 정원도 만들었다. 벽면과 천장을 모두 유리창으로 마감한 실내 정원에는 동양란을 비롯한 이국적인 식물들이 즐비했다. 특별히 미술에 소양이 있는 건 아니었지만 경매장과 갤러리를 드나들며 일본에서 가져온 예술품들과 함께 17~18세기 프랑스, 이탈리아, 플랑드르에서 만든 그림과 조각을 사 모았다. 집 안을 꾸미고 가문을 빛내기 위해서라도 미술품을 사들여야 했고 또한 미술품을 소장하

는 것은 당시 상류층의 필수 덕목이었기 때문이다.[19]

당시 사교계의 동향을 다룬 『르 골 루아 Le Gaulois』라는 잡지에서 카몽도 가문을 "오늘날의 루이 15세"라고 칭했을 만큼 이들은 완벽하게 유럽 상류층으로 변신했다. 그야말로 감쪽같이 출신을 세탁했던 것이다. 겉으로는 세련된 여느 유럽의 귀족과 다를 바 없었지만 이들 형제는 집 안에서만큼은 전형적인 유대인

19 카몽도 저택의 겨울 정원에서 놀고 있는 아이들.

가문의 수장답게 전통 유대교 규율과 예법을 지켰다. 고대 히브리어로 적힌 유대교 율법인 '하 세파림Ha Sefarim(구약)'을 비롯해 콘스탄티노플에서 가져온 스미르나Smyrna 카펫, 아랍산 은제 장신구 등 가족의 뿌리를 상징하는 물품들을 소중하게 보관했다.[20,21] 또한 율법에 따라 유대인 명절을 지켰고, 유대인 예배당인 시너고그를 건설하는 데도 많은 돈을 기부했다.

20 재축성 램프 하누키야.

21 유대교의 성물. 리모님, 야드, 타스.

카몽도 가문에 남아 있던 종교 관련 물품들. 지금은 파리의 유대교 박물관에서 보관하고 있다.

이사크, 가문을 벗어나 자유로운 인간으로 살다

22 모이즈 드 카몽도와 이사크 드 카몽도, 1865년.

카몽도 가문의 4세대에 해당하는 아브라함 베호르의 아들 이사크와 니심의 아들 모이즈[22]는 여러모로 아버지 세대와는 달랐다. 사촌 형제지간으로 카몽도 가문의 유일한 상속자가 된 이사크와 모이즈는 콘스탄티노플에서 자란 아버지들과는 달리 뼛속까지 프랑스인이었다. 이들은 파리에서 유명한 명문고인 리세 콩도르세Lycée Condorcet에 다니며 대학 입학 자격시험 격인 바칼로레아를 무난히 통과했다. 새로운 사회에 뿌리내리기 위해 적응하고 폭넓은 인간관계를 형성하려고 부단히 노력했던 아버지 세대에 비해 이들 자식들은 여름에는 비시Vichy나 콩트르세빌Contrexéville 같은 휴양지에서 보내고, 가을에는 사냥을, 겨울이면 따뜻한 남쪽 지중해를 찾아 유람하는 등 어려서부터 유럽 상류층의 생활 리듬을 자연스럽게 체득했다.

평생 집안의 근본을 이루는 사업을 챙기며 카몽도라는 가문의 명예와 뿌리를 지킨 아버지가 전형적인 19세기 중엽의 구세대였다면, 가문의 일원이기보다는 한 개인으로서의 삶을 더욱 중시한 이사크와 모이즈는 19세기 말엽의 신세대였다. 심지어 1889년 아브라함 베호르와 니심이 연달아 세상을 떠나면서 가문의 수장 역할을 물려받은 이사크는 가문의 상속자로서 당연한 의무인 결혼을 거부했다. 보나마나 엄격한 분위기에서 자란 고지식한 유대인 여자와 집안의 지위와 잇속에 맞춰 진행될 것이 뻔한 정략결혼을 받아들이기에 그는 너무 자유로운 인간이었던 것이다.

이사크는 〈광대〉라는 오페라를 비롯해 서너 점의 소곡을 작곡했을 만큼 열렬한 오페라와 클래식 음악 애호가이자 오페라-코미크Opéra-Comique 극장의 주요 후원자이기도 했다.[23·24] 늘 타인의 시선을 신경 쓰고 살던 아버지였다면 감히 발을 들여놓지 않았을, 가십거리를 찾는 신문기자들의 단골 식당인 토르토니Tortoni나 예쁜 처녀들이 술시중을 드는 것으로 이름난 19세기판 룸 살롱 '메종 도레Maion dorée'에도 거리낌 없이 드나들었다. 예술가와 평론가들을 한꺼번에 만날 수 있는 '카페 앙글레'나 레스토랑 '파야르Paillard'는 이사크의 은신처이기도 했다.

작곡가이자 음악 애호가답게 이사크는 예술품에 대한 태도에서도 아버지와는 사뭇 달랐다.[25] 그는 부친인 아브라함 베호르가 사망한 후 남긴 백여 점의 유럽 미술품과 숙부 니심이 남긴 예순 점의 미술품 컬렉션을 미련 없이 정리했다. 상류층의 허례에 맞추기 위해 적당히 유행에 맞춰 사 모은 미술품들이 성에 차지 않았기 때문이다. 그런 이사크가 가장 자랑스러워한 컬렉션은 서른 살이 되는 해에 경매에서 사들인 18세기 조각가 에티엔 모리스 팔코네Étienne Maurice Falcone의 시계 조각상이었다. 하얀 대리석으로 만든 세 여신이 시계 역할을 하는 대리석 단지를 떠받들고 있는 이 조각상은 19세기 후반 미술 애호가들을 떠들썩하게 했던 레오폴 두블Léopold Double 남작의 소장품 중 하나였다. 마리 앙투아네트를 추종한 두블

▲23 A. 베르, 〈이사크 드 카몽도〉.

▼24 〈광대〉의 프로그램 표지, 1908년.

남작은 평생 일급이라 할 만한 18세기 예술품만 골라서 수집했는데, 1881년 그가 세상을 떠나면서 열린 일명 '두블 경매'는 당시 미술계의 대단한 이벤트였다. 이사크는 이 경매에서 세 점의 코모드commode(낮은 서랍장)를 비롯해 여러 개의 테이블과 의자 시리즈를 한꺼번에 낙찰받았다. 이때 경매에서 함께 사들인 팔코네의

25 샹젤리제 82번가의 이사크 드 카몽도 저택, 1910년.
다양한 예술품이 가득한 이곳에서 이사크는 독신 생활을 즐기며 생을 마감했다.

26 앙리 르바스크, 〈살롱에 있는 폴〉.
두블 경매에서 낙찰받은 의자 시리즈와 뒤편에 〈세 여신상〉이 보인다.

27 에티엔 모리스 팔코네, 〈세 여신상〉.
현재는 루브르 박물관에서 소장하고 있다.

시계 조각상[26·27]은 낙찰가만 10만 천 프랑에 달하는 최고품이었다.

부친은 겁 없이 예술품에 거금을 쓰는 아들을 나무랐지만 이사크는 제대로 된 예술품을 알아보는 감식안을 갖고 있었다. 그는 보수적인 환경에서 자랐음에도 당시로서는 파격적이라 할 만한 인상파 회화의 열렬한 추종자이기도 했다. 1892년 〈부케를 든 발레리나〉를 시작으로 〈다림질하는 여자〉, 〈목욕하는 여자〉[28], 〈경마장〉[29] 등 드가의 작품 여덟 점을 연달아 사들이면서 인상파 작품을 수집하기 시작했다. 현재 오르세 미술관에 전시되어 있는 모네의 〈루앙 대성당〉 시리즈와 마네의 〈피리 부는 소년〉, 르누아르의 〈밀짚모자를 쓴 소녀〉, 피사로의 〈목동 소녀〉[30] 같은 인상파 회화의 걸작들이 모두 '이사크 컬렉션'의 일부다.

이사크는 당시 인상파 컬렉터들조차도 그 가치를 알아보지 못하고 "시각적인 재난"이라며 외면했던 세잔의 작품을 인정한 보기 드문 수집가로 〈카드 놀이〉[31]와

▲ **28** 에드가 드가, 〈목욕하는 여자〉.

▲ **29** 에드가 드가, 〈경마장〉.

▼ **30** 카미유 피사로, 〈목동 소녀〉.

▼ **31** 폴 세잔, 〈카드 놀이〉.

▲**32** 모네, 시슬리, 세잔, 드가의 작품이 있는 방, 샹젤리제 82번가의 이사크 드 카몽도의 저택, 1910년.

34 A. 베르, 〈이사크 드 카몽도〉, 1910년.

▼**33** '드가의 방'에서 음악가 친구들에게 둘러싸여 있는 이사크, 1903년.

〈푸른 화병〉, 〈사과와 오렌지〉 같은 유화 작품을 비롯해 다섯 점의 수채화를 구입하기도 했다.

　루브르 박물관의 후원 단체인 '루브르의 친구들Société des amis du Louvre'을 설립하고 장식미술 박물관을 후원하기도 한 이사크는 1911년 세상을 떠나면서 자신이 평생 모은 수집품 일체를 루브르 박물관에 기증했다. 박물관 내에 가문의 이름을 딴 공간을 별도로 만들어야 한다든가 기증 현판을 달아야 한다는 식의 부가적인 조건도 붙이지 않은 파격적인 행보였다. 현재 오르세 미술관을 찾은 관람객들이 감탄사를 연발하는 인상파의 대표적인 작품 대부분이 이사크의 컬렉션에서 비롯되었지만, 그의 이름을 기억하는 이가 아주 드문 것은 이 때문이다.[32~34]

또 다른 카몽도, 모이즈

카몽도 가문의 또 다른 상속자인 모이즈는 열한 살 터울의 사촌형 이사크에 비해 비교적 온건하고 보수적인 인물이었다. 가업인 은행을 이어받을 만큼 건실한 아들이었던 모이즈는 1900년 이후 사업에 손을 떼고 18세기 예술품, 그중에서도 가구를 비롯한 각종 오브제를 정열적으로 수집하기 시작했다.

보수적인 은행가가 열정적인 수집가로 변신한 데는 사연이 있었다. 모이즈는 서른한 살이 된 1891년에 정통 유대인 귀족인 카엥 당베르 집안의 고명딸인 이렌Irène

Cahen d'Anvers[35]과 결혼했다. 모이즈의 장인인 루이 카엥 당베르는 공쿠르 형제와 교류를 나눌 만큼 17, 18세기 예술품에 조예가 깊은 사람이었다. 파리 시내의 바사노 2가에 있는 그의 저택은 당시 유명 미술 잡지인 『가제트 데 보자르Gazette des Beaux-Arts』를 창간한 샤를 에프뤼시Charles Ephrussi 같은 유명 컬렉터들이 미술품에 대한 정보를 교환하는 만남의 장소였다.

비록 쟁쟁한 유대인 가문끼리의 정략결혼이었지만 돈과 지위에서 남 부러울 것이 없는 모이즈와 이렌은 결혼 일 년 만에 아들과 딸을 연달아 낳으며 원만한 결혼 생활을 유지했다.[36] 칸, 로마, 몬테카를로를 넘나들며 화려한 시절을 보내던 이 커플에게 그림자가 드리워진 것은 대략 1895년부터인 듯하다. 모이즈보다 열두 살이나 어린 이렌은 당시 갓 이십대에 들어선 청춘이었다. 조신하게만 보인 그녀가 도대체 언제부터 이탈리아 출신의 바람둥이 샤를 상피에리Charles Sampieri 백작을 만나 정을 통했는지는 알 수 없다. 상피에리 백작은 이미 당시 사교계의 유명

▲35 오귀스트 르누아르, 〈이렌 카엥 당베르〉(1880년).

▼36 모이즈의 부인 이렌과 그들의 어린 딸.

인사인 보니 드 카스텔란Boni de Castellane 같은 여자와도 스캔들을 뿌린 전적이 있었다. 이렌과 샹피에리 백작의 불륜 관계는 이를 보다 못한 하녀의 폭로로 세상에 드러나게 되었다.

바람피우는 남편은 있어도 바람피우는 부인은 있을 수 없었던 보수적인 시대에 소문난 부자인 카몽도의 부인이자 정통 귀족 출신인 카엥 당베르 집안의 딸이 다른 남자와 혼외정사를 벌였다는 소문은 곧 사교계 최대의 가십거리로 떠올랐다. 이를 계기로 1897년부터 별거에 들어간 모이즈와 이렌 커플은 1902년 마침내 이혼을 공식적으로 발표했고, 이 사건 이후 모이즈는 사교계를 멀리하기 시작했다. 그 자리를 대신한 것은 새로운 취미인 '수집'이었다.

모이즈는 우선 아버지 니심에게서 물려받은 몽소 가 63번지의 저택을 허물고 그 자리에 마리 앙투아네트의 거처였던 베르사유 성의 프티 트리아농을 모델로 새 건물을 올렸다.[37·38] 방돔 광장에서 18세기 오브제 아트 전문 갤러리를 운영한 유명 미술상 아르놀드 셀리만Arnold Seligmann의 단골 고객이던 모이즈는 그를 통해 프랑스 혁명기에 유출된 왕실 소장품들을 하나씩 구입하기 시작했다.

마담 퐁파두르의 소장품인 중국 도자기들, 루이 15세가 사용한 책상인 뷔로아 실랭드르bureau à cylindre, 마담 퐁파두르의 후원을 받은 장인 마르탱 카를랭이 웨지우드 도자기를 붙여 만든 작은 테이블 '보뇌르 뒤주르bonheure du jour'[39], 루이

 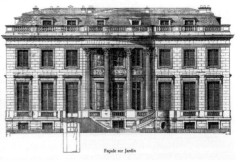

37 카몽도의 새 주택 외관과 주택 도면. 프티 트리아농을 모델로 한 고전주의 양식의 건물이다.

38 카몽도의 새 주택 내부.

40 카몽도의 새 저택 벽면에는 프랑수아 부셰의 '이탈리아 축제' 시리즈를 바탕으로 니콜라 베스니에와 장-바티스트 우드리가 보베 공장에서 제작한 태피스트리가 걸려 있다.

15세 시대를 대표하는 화가인 장-바티스트 우드리Jean-Baptiste Oudry가 그린 〈사냥에 나선 루이 15세〉 등 모이즈가 셀리만을 통해 구입한 작품 목록은 화려하기 그지없다.[40]

　모이즈가 수집한 국보급 왕실 유물 중에서 가장 흥미로운 작품은 1771년 마담 뒤바리Madame du Barry가 루브시엔에 있는 거처를 장식하기 위해 유명 화가인 장-바티스트 후에Jean-Baptiste Huet에게 주문 제작한 일곱 점의 그림이다. 양 치는 목동과 아름다운 소녀 같은 목가적인 풍경을 담은 이 그림들은 애당초 집 안 벽면을 장식할 용도로 벽에 붙이는 나무 패널인 랑브리의 크기에 맞게 특별히 제작된 작품이었다. 모이즈는 이 그

39 거실에 놓여 있는 마르탱 카를랭의 '보뇌르 뒤주르'.

▲**41 ・ ▼◀42** 후에 살롱.

장-바티스트 후에의 그림 일곱 점이 걸려 있고, 바닥에는 왕실에서 사용한 왕실 문양이 새겨진 태피스트리가 깔려 있다. 의자를 비롯해 이 살롱에 전시된 모든 장식품은 루이 15세의 정부인 마담 퐁파두르의 컬렉션 중 일부였다. 모이즈는 그림의 원래 크기와 용도 그대로 전시하기 위해 방 전체를 그림에 맞춰 설계했다.

▼▶**43** 장-바티스트 후에의 '목가적인 풍경' 시리즈 중 하나.

림을 주제로 저택 내에 '후에 살롱'을 따로 만들면서 벽면 장식용 그림이라는 원래의 용도를 살리기 위해 그림 크기에 맞춰 육면체의 랑브리를 별도로 주문 제작했다.[41~43] 그리고 살롱 바닥에는 같은 시기에 왕실 태피스트리를 만든 공방인 사본느리Savonnerie에서 제작한, 루이 15세의 문장이 새겨진 태피스트리를 깔았다. 그리고 마담 퐁파두르가 사용했던 의자를 들이고 로코코 양식의 조명을 달았다.

완벽주의적인 성격을 가진 사람들이 흔히 그렇듯이 모이즈는 작품을 살 때도 신중했지만 이렇게 구입한 작품들을 조화롭게 배치하고 관리하는 데에도 심혈을 기울였다. 루이 16세 시절 베르사유 성에 소장되어 있던 병풍이나 18세기 가구 장인 마르탱 카를랭의 테이블은 그것들에 각각 가장 잘 어울리는 18세기 보베에서 제작한 태피스트리와 왕실 도자기 제조창인 세브르에서 만든 도자기를 함께 전시했다. 또한 작품을 하나씩 집 안에 들일 때마다 저택의 청소 담당 집사장을 불러서 작품마다 어떻게 청소하고 관리해야 하는지를 꼼꼼히 설명했다. 도자기는 손으로 일일이 먼지를 닦아야 하고, 18세기 태피스트리는 손상이 가지 않도록 깃털로 조심스럽게 청소해야 했기 때문에 집사장은 직접 청소 매뉴얼까지 만들어가면서 하인들을 교육시켰다.

아내의 스캔들로 일체의 사교 활동을 접고 은둔하며 문화재 수집에만 몰두한 모이즈는 컬렉션 덕분에 새로운 친구들을 사귀었다. 베르사유 박물관의 학예사인 미술사가 가스통 브리에르Gaston Brière, 루브르 박물관의 큐레이터로 조각과 장식 미술 전문가인 카를 드레퓌스Carle Dreyfus 등 새로운 친구들은 호사스러운 상류 사교계 멤버들이 아니라 국립박물관 등에서 일하는 진지한 미술사학자들이 대부분이었다. 모이즈와 그의 친구들은 박물관보다 더 훌륭한 작품들이 전시된 모이즈의 저택에서 종종 점심 식사를 함께했다.[44] '루브르'라고 이름 붙인 이 모임은 친목 도모보다 학문적인 토론이 이어지는 세미나 같은 분위기를 풍겼다. 살짝

44 점심 식사 메뉴, 1933년.

▲**45** 모이즈가 미술 관련 인사들을 만나 식사를 즐긴 식당.

▼**46·47** 모이즈가 홀로 식사를 하곤 했던 도자기 방.

얼려서 사각거리는 맛을 살린 멜론을 시작으로 가자미 구이와 타라곤 허브로 맛을 낸 닭 요리, 젤라틴으로 굳힌 고기 요리가 등장하는 풍성한 식탁은 유럽 내 미술품의 동향에 관한 정보가 가장 먼저 교환되는 학문의 장이기도 했다.[45]

그러나 이렇게 손님을 초대하는 식사를 제외하고 모이즈 본인은 대개 식당 곁에 딸린 세 평 남짓한 도자기 방에서 홀로 식사했다고 전해진다.[46~48] 도자기 방은 1784년 암스테르담의 미술상인 장-바티스트 르페브르Jean-Baptiste Lefebvre가 세브르에 주문했던, 조류 그림이 그려진 식기 일체를 전시하기 위해 모이즈가 직접 꾸민 방이었다. 이 식기들은 박물학자인 조르주-루이 르클레르, 뷔퐁 백작Georges-Louis Leclerc, comte de Buffon이 저술한 『새들의 자연사Histoire naturelle des oiseau』에 수록된 수천 종의 '새' 일러스트를 새긴 세브르 공장의 식기 시리즈로, '뷔퐁의 새들Oiseau Buffon'이란 이름으로 불렸다.

48 도자기 방에는 세브르에서 제작한 '뷔퐁의 새들' 시리즈가 전시되어 있다.

저택의 한구석에 위치한 조용한 도자기의 방에서 홀로 마호가니 테이블을 펴놓고, 유난히 좋아했던 마르세유산 어란과 터키산 캐비아를 곁들인 점심을 먹으면서 모이즈는 대체 무슨 생각을 했을까? 바깥 세계와 격리된 그 작은 방까지 드레퓌스 사건의 소동이 들려왔을까?

카몽도를 버린 조국 프랑스

유대인에 대한 뿌리 깊은 적대심을 여과 없이 드러낸 드레퓌스 사건에 비추어 보면 이사크와 모이즈의 취향은 일견 모순이 아닌가 싶기도 하다.

49 리오넬 루아예, 〈파면〉, 『르 주르날』, 1895년 1월 6일.
유대인에 대한 당시의 시선은 여전히 예수를 배반한 유다라는
인식에 머물러 있었다.

이사크가 가장 좋아한 화가 드가는 소문난 반
유대주의자였다. 또한 강력한 민족국가 독일 제국
을 꿈꾸던 바그너의 광적인 팬이기도 했다. 독일 바
이로이트에 있는 바그너 극장을 일부러 찾아가 오
페라 〈파르시팔〉을 들으며 감동을 억누르는 이사
크와 바그너는 너무나 대비되어서 희극적이기까지
하다. 바그너는 오페라 〈로엔그린〉을 통해 아리안
민족의 우수성을 집요하게 주장했고, 멘델스존이
유대인이라는 이유만으로 그의 작품을 꺼렸을 정도
로 유대인을 경멸했다. 그리고 이런 그의 반유대주의
적인 성향은 공공연히 알려져 있었다.

모이즈가 평생을 거쳐 모은 18세기 예술품 역
시 마찬가지였다. 유대인을 은연중에 깔보고 있던
프랑스 정통 귀족들에게 18세기 왕실의 소장품은
그들만의 전통이자 화려한 역사의 상징이었다. 그것은 예수를 박해한 유대인들,
중세 시대부터 게토에서 살아가며 사회의 그림자 속에서 활동한 유대인들이 감히
손댈 수 없는 그들만의 성역이었다.[49]

드레퓌스와 동시대를 살았음에도 불구하고 이사크와 모이즈 두 사람이 드레
퓌스 사건에 대해 어떤 의견을 가지고 있었는지에 대해서는 전해지지 않는다. 다
만 확실한 것은 그들이 스스로를 유대인이기 이전에 프랑스인으로 여겼다는 사실
이다. 그들에게 중요한 것은 유대인이냐 유대인이 아니냐라는 핏줄과 민족의 문제
가 아니라 좋은 것을 알아보는 감식안과 예술을 애호하는 감성이었다. 그리고 그
러한 예술이 풍성하게 자라는 프랑스는 남의 나라가 아니라 바로 그들 자신의 조
국이었던 것이다.

1892년에 태어난 모이즈의 하나뿐인 아들 니심은 제1차 세계대전에 프랑스

군으로 참전했으며 모이즈는 아들의 참전을 말
리기는커녕 자랑스러워했다. 자식의 안위를 걱
정하지 않아서가 아니었다. 모이즈는 자식이 태
어나면 유모에게 육아 일체를 맡겨버리는 어느
19세기 상류층과는 달리 아들과 딸을 직접 챙
기는 자애로운 아버지였다.[50] 해마다 니심과 베
아트리스를 데리고 12월에는 생모리츠, 1월에
는 몬테카를로, 7~8월에는 비아리츠 등지로 여
행을 떠나서 견문을 넓혀줬고, 아이들에게 직
접 요트를 모는 법을 가르쳤다.

평소 니니라는 애칭으로 불렸던 아들 니심
과는 자동차 여행을 함께 떠나기도 했다. 과학
과 기술, 속도에 관심이 많았던 19세기 사람답
게 모이즈는 자동차광이었다.[51] 그는 부가티 카
브리올레를 비롯해 브아쟁Voisin 경주용 차, 탈
보Talbot, 시트로엥 쿠페, 르노 쿠페 등 다섯 대
의 자동차를 소유하고 있었고, 개인 자동차 정

▲50 1916년 니심과 이야기 중인 모이즈의 모습.
▼51 모이즈 드 카몽도의 첫 차, 1895년. 그는 자동차 경주에 참가할
정도로 차에 관심이 많았다.

니심과 모이즈는 보기 드물 정도로 친밀한 부자 관계를 유지했다.

비사까지 집에 두고 있었다. 1901년에는 로뱅Robin이라는 가명으로 파리-베를린
간 자동차 경주에 나서기도 했다. 모이즈가 1905년 메르세데스 사에 보낸 주문
편지를 보면 그가 얼마나 자동차 기술에 정통했는지를 엿볼 수 있다. 주문서에는
엔진의 성능은 물론이고 전기 점화 장치부터 브레이크 페달에 이르기까지 온갖
세세한 부분이 상세하게 적혀 있었다.

딸인 베아트리스에게는 승마를 가르쳤다. 사냥은 이 단출한 가족의 큰 즐거
움이었다. 파리 근교에 위치한, 18세기에 지어진 오몽 성Château d'Aumont과 그에
딸린 1,131헥타르의 숲을 사들인 모이즈는 아들과 딸, 아주 가까운 친구들만 불

52·53 제1차 세계대전에 공군으로 참전한 니심의 모습.

러서 자주 사냥에 나섰다.

공군으로 전쟁에 참전한 니심[52·53]이 아버지에게 보낸 편지에는 이 가족의 따스한 일상을 엿볼 수 있는 일화가 많이 등장한다. 1914년 10월 10일의 편지에서 니심은 36시간 동안 먹지도 못하고 80킬로미터를 행군했다면서, 사냥을 이렇게 했더라면 진작 위대한 사냥꾼이 되었을 거라는 농담으로 전장의 아들을 걱정하는 모이즈를 위로했다. 영국군이 먹는 잼과 콘비프 통조림을 부러운 눈길로 바라보는 부잣집 도련님의 모습은 희극적이지만, 그래서 더 감동적이기도 하다.

그러나 1917년 니심이 탑승한 비행기가 독일 공군의 공격을 받아 적진에 격침되었고, 나흘 후 독일군은 그의 유해를 매장했다. 부모도 형제도 지켜보지 못한 쓸쓸한 장례식이었다. 그리고 아들의 이름을 역사에 남기고자 그의 이름을 딴 박물관을 세워 모든 컬렉션을 기증한 모이즈 역시 1935년 쓸쓸히 세상을 떠났다.

이제 세상에 남은 유일한 카몽도 가문의 후손은 모이즈의 딸 베아트리스[54]뿐이었다. 그녀는 나치즘의 광풍이 몰아쳐 많은 유대인들이 미국으로 피난을 떠난 1940년에도 여전히 파리에 머물러 있었다. 유대인에 대한 나치의 증오심을 익히 알고 있으면서도, 독일군이 곧 프랑스를 점령할지 모른다는 사실을 전해 들었음에도 베아트리스는 피난길에 오르지 않았다. 도대체 왜 베아트리스는 프랑스를 떠나지 않았을까?

그녀의 아버지 모이즈 드 카몽도 백작과 삼촌 이사크 드 카몽도 백작은 다시없

54 제2차 세계대전 직전 베아트리스의 모습.

을 귀중한 유물들을 아무 조건 없이 그들의 조국인 프랑스에 기증했다. 오빠인 니심은 조국 프랑스를 위해 싸우다 전사했다. 그들은 그 어떤 프랑스인보다 프랑스라는 나라를 위해 기여했으며 당당한 프랑스 시민으로 삶을 마감했다. 무엇보다 그녀는 가톨릭 신자이자 프랑스 국민이었으며 조국 프랑스를 사랑했다. 그러나 카몽도 가문이 사랑했던 나라, 그녀의 할아버지인 니심이 믿었던 인권의 나라는 정작 그들을 지켜주지 못했다. 베아트리스와 그녀의 남편 레온 레이나슈Léon Reinach[55], 아들 베르트랑Bertrand Reinach[56]과 딸 파니Fanny Reinach[57]는 1943년과 1945년 사이에 모두 강제수용소에서 생을 마감했다. 레온과 베르트랑, 파니는 비카우 수용소에서, 그리고 베아트리스는 아우슈비츠에서 강제 노동과 병으로 얼룩진 앙상한 몸으로 세상을 떠났다. 그들을 독일군의 손에 넘긴 것은 그들이 사랑했던 조국 프랑스의 비시 정권이었다.[58·59]

▲◀ **55** 베아트리스의 남편 레온 레이나슈, 1933년.

▲■ **56** 베아트리스의 아들 베르트랑 레이나슈, 1935년.

▲▶ **57** 베아트리스의 딸 파니 레이나슈, 1935년.

▼ **58·59** 1942년 체포되어 프랑스 내 유대인 집중 캠프였던 드랑시Drancy 수용소에 머물 당시 레이나슈 가족의 신분증명서. 이 서류를 마지막으로 카몽도 가문은 영원히 사라졌다.

19세기의 컬렉터: 오말 공작

"수집은 남자들의 사냥"이라는 에밀 졸라의 말처럼 19세기에 컬렉터가 되는 것은 남자들 사이에서도 인정받는 진짜 남자를 뜻했다. 막대한 부를 소유했다고 해서 다 가능한 것이 아니라 사회적인 지위와 명망을 더하고, 거기에 교양까지 겸비한 제대로 된 완벽한 남자만이 누릴 수 있는 최고의 지위였던 것이다.

19세기 초반의 초절정 인기남이자 19세기를 통틀어 최고의 컬렉션을 남긴 오말Aumale 공작이 그 대표적인 예다. 그는 1830년부터 1848년 '2월 혁명'으로 영국으로 망명할 때까지 프랑스의 왕정을 이끈 루이 필리프(재위 1830~1848년)의 다섯 번째 아들이다. 게다가 중세 시대부터 내려온 프랑스의 대표적인 대귀족 가문의 하나인 콩데Condé 가문의 직계 후손인 루이 앙리 드 부르봉, 콩데 왕자를 대부로 둔 덕에 콩데 가문의 후계자라는 타이틀도 거머쥐었다.

'왕자'라는 타이틀 하나만으로도 전 세계 여성의 눈길을 사로잡고 있는 영국의 윌리엄 왕자처럼 오말 공작은 19세기 유럽을 대표하는 왕자였던 것이다. 오말 공작이 직업적인 컬렉터가 된 것은 아버지 루이 필리프가 실각하면서부터다. 오말 공작의 수집 열정은 예술보다 역사에 대한 관심에서 출발했다. 그는 1869년부터 1895년까지 일곱 권에 달하는 『콩데 가문의 역사Histoire des Princes de Condé』라는 역사책을 집필했는데 여기에 등장하는 인물들의 초상화를 수집하는 것으로 본격적인 컬렉션을 시작했다. 특히 16세기 유명 궁정화가인 프랑수아 클루에François Clouet가 그린 551점의 왕족과 귀족들의 초상화 데생과 그림을 죄다 모았다. 쉽게 말해 가문의 족보를 쓰면서 여기에 등장하는 선조들의 초상화를 수집한 것이다. 유럽의 왕족이나 귀족들 대부분이

가깝든 멀든 그와 친인척 관계로 엮여 있다보니 좋은 그림과 서적이 시장에 나오기 전에 미리 구하기가 훨씬 수월했음은 말할 필요도 없다.

특히 그는 루이 14세의 재상인 콜베르와 마자랭이 남긴 고서적 컬렉션을 비롯해 아름다운 채색 삽화로 지금까지도 최고의 고서적으로 평가받는 중세 시대의 필사본 『베리 공작의 아주 호화로운 기도서Très Riches Heures du duc de Berry』를 경매에 등장하기도 전에 연줄을 동원해 은밀히 손에 넣었다.

여덟 살 때 4백여 개가 넘는 성과 78제곱킬로미터(2천3백만 평)에 이르는 임야를 포함한 60곳의 영지, 6천6백만 금화 프랑 등 천문학적인 유산을 물려받아 경제적 능력으로는 당대 어느 누구에게도 뒤지지 않았던 오말 공작은 수집품을 모을 때도 통이 컸다. 그는 마치 도매상처럼 다른 사람의 컬렉션을 통째로 사들인 뒤 마음에 드는 것만 취하고 나머지는 되파는 식으로 수집을 이어나갔다. 예를 들어 1864년에는 루브르 박물관의 학예관인 프레데리크 라이제Frédéric Reiset가 모은 381점의 데생 컬렉션을 통째로 사들였다. 이것은 2점의 레오나르도 다빈치, 9점의 라파엘로, 2점의 미켈란젤로, 92점에 달하는 푸생의 데생이 포함된 19세기 최고의 데생 컬렉션이었다. 고서적 수집가로 유명한 아르망 시공그Armand Cigongue가 남긴 2,910권의 중세 서적 컬렉션도 한꺼번에 사들였다.

그는 자신이 원하는 것을 위해서라면 조금도 망설이지 않고 과감하게 지르는 수집가였다. 독일의 은행가이자 고서적 수집가인 게오르게스 브렌타노Georges Brentano가 희귀한 중세 서적인 『기사 에티엔의 기도서Le Livre d'heures d'Étienne

▲ 샹티이 성의 도서관.
▼ 샹티이 성의 콩데 미술관.

장 푸케, 『기사 에티엔의 기도서』 중 <대성당 정문 앞의 성모>.

라파엘로, <오를레앙의 성모>.

Chevalier』를 소장하고 있다는 풍문을 전해 들은 오말 공작은 그날 당장 브렌타노를 만나러 갔다. 브렌타노가 이 귀한 책을 과연 팔 것인가 하는 문제는 애당초 관심이 없었다. 소유자에게 판매 여부를 타진하지 않고 무작정 달려간 그가 믿었던 것은 바로 사람의 눈을 멀게 하는 황금이었다. 달랑 종이 한 장에 사인한 수표 따위로 오랜 세월 고서적을 모아온 노인의 환심을 살 수는 없는 일이다. 그는 총 25만 프랑에 달하는 금화를 노인의 눈앞에 늘어놓고 협상을 시작했고, 결국 그날 밤 브렌타노는 기도서를 오말 공작에게 넘겼다. 이런 과감성으로 오말 공작은 희귀한 중세 및 르네상스 시대의 데생 작품 2천 5백 점과 고서적 3만 권 이상을 모았고, 이런 독보적인 컬렉션

덕분에 당대의 지식인들과 정치를 넘어선 교분을 쌓을 수 있었다. '콩데'와 '오를레앙'이라는 유서 깊은 귀족 문중의 이름 때문에 정권이 바뀔 때마다 거듭 유배를 당해야 했던 구체제의 위험인물로 평생을 보낸 오말 공작에게 자신의 소장품은 그의 정체성이자 직업이나 다름없었다.

라파엘로의 <세 여신>과 <오를레앙의 성모>, 피에로 디 코시모의 <시모네타 베스푸치>, 보티첼리의 <가을> 등 이탈리아 르네상스 시대를 대표하는 회화를 비롯해 데생, 고서적 등으로 구성된 오말 공작의 컬렉션은 그의 유언에 따라 지금도 콩데 가문의 종가 역할을 한 샹티이 성에 보관되어 있다.

피에로 디 코시모, <시모네타 베스푸치>.

장-프랑수아 라파엘리, <에드몽 드 공쿠르>.

오말 공작의 예처럼 19세기의 컬렉터들은 지금처럼 작품을 사고팔아 금전적 이득을 보려는 직업적인 이유에서가 아니라 자기가 어떤 사람인지를 증명하기 위해서 작품을 모았다. 그들은 대개 동시대의 작품보다는 중세 시대나 17~18세기의 예술품처럼 지나간 시절의 아름다움을 간직한 대상들을 수집했고, 구체제의 예술품을 사들여 자신의 정체성과 미적 취향을 널리 알림으로써 사회적인 인정을 받고자 했다.

오말 공작과는 달리 부르주아 출신이기는 하지만 프랑스 최고의 문학상인 '공쿠르상Le Prix de Goncourt'으로 유명한 공쿠르 형제 역시 비슷한 범주의 컬렉터였다. 공쿠르 형제는 컬렉션을 작가와 평론가라는 직업에서 벗어나 새로운 사회

적 관계를 형성할 수 있는 기회로 활용했다. 작품을 사고팔면서 평론가를 비롯해 미술사학자나 화상들을 만나 사교적인 관계를 형성하고, 사회적 수준이 비슷한 컬렉터들과 모임을 가지면서 친목을 도모했다. 시쳇말로 수준이 맞는 왕족과 귀족끼리 만나서 한담을 즐기던 18세기 살롱 문화가 19세기로 넘어오면서 컬렉션 문화로 바뀐 것이다.

실제로 이탈리아와 프랑스의 17~18세기 미술품에 일본의 판화와 도자기 등을 섞어 색다른 분위기를 연출한 공쿠르 형제의 수장고는 18세기의 그 어떤 살롱도 부럽지 않은 유명 인사들의 만남의 장소로 명성이 자자했다.

19세기 그 후

　　루이 14세, 루이 15세 등으로 이어지는 비교적 간단 명료하게 이해할 수 있었던 프랑스 구왕조 시대에 비해 나폴레옹 몰락 이후의 역사는 복잡다단하기 그지없다. 우선 19세기부터가 19세기라는 용어 외에는 하나의 시대로 엮기 어려운 정치적, 경제적 부침이 많았던 시대다. 기계적으로 따지자면 20세기는 1901년부터 시작되지만 역사가들이 19세기의 실질적인 끝을 제2차 세계대전으로 잡는 것도 이 때문이다.

　　19세기는 정치사나 사회사 전문 역사가들에게는 가장 흥분되는 시기지만 동시에 장식미술사학자들에게는 무덤 같은 시절이다. 앞서 보았듯 19세기 내내 복고 스타일이 유행했기 때문이다. 당시의 복고 스타일이란 그야말로 구왕조 스타일의 재해석판이라 할 수 있다. 고딕 같은 중세풍을 비롯해『귀족의 시대 탐미의 발견』에서 다룬 루이 14세부터 루이 16세까지의 과거에서 모티프를 따온 복합적인 오브제가 유행했다. 다리는 루이 14세풍인데 등판은 고딕풍인 우스꽝스러운 의자 등이 19세기를 대표하는 오브제다. 이처럼 창의성이 부족한 점을 가리켜 '매너리즘의 시대'라고 고상하게 불러주기도 하지만 '과거 스타일을 취해 짜깁기한 스타일'이라는 악평을 받기도 한다.

19세기의 진정한 스타일은 너무 늦게 나타났다. 19세기는 기술적, 산업적 측면에서 과거 어느 시대보다 눈부신 발전을 이룩했다. 전기, 가스, 석유 등 현대 생활의 기초를 이루는 에너지와 화학, 자연과학, 토목 공학 등 과학 기술을 비롯해 자동차, 전화, 기차 등 지금 우리 곁에 있는 모든 것들이 19세기에 탄생했다.

또한 19세기는 대량 생산, 산업화, 자본주의 같은 현대 소비사회의 근간을 이루는 이데올로기와 경제 시스템의 요람이기도 하다. 이런 급변기에 19세기인들은 어제와 오늘이 그리고 내일이 전혀 다른 역동적인 세상을 살았다. 하지만 그들은 스타일에서만은 과거 지향적이었으며 보수적이었다.

시대정신은 변하더라도 그 정신을 둘러싸고 있는 형식은 자기 생을 다할 때까지 견고함을 지킨다. 도덕이나 관습의 발전이 결코 기술의 발전과 그 속도를 같이 하지 않는 것처럼 아르누보는 19세기 말이 되어서야 등장한다. '시대를 호흡하는 새로운 스타일을 시도하자'라는 기치를 내걸고 등장한 아르누보는 소수만을 위해 관습화된 장식미술을 개혁하자는 거대한 흐름이었지만 대중적인 호응을 얻는 데에는 실패했다. 하지만 그 속에는 분명 혁명적인 씨앗이 자라고 있었다.

그 혁명적인 씨앗이 열매를 맺은 것은 '아르데코'라는 흐름을 통해서다. 일반적으로 제1차 세계대전과 제2차 세계대전 사이 유럽 장식미술계의 흐름 전체를 아르데코라는 용어로 통칭하지만 아르데코는 결코 단일화될 수 없는 디자인운동이다. 구태의연한 장식미술을 일신했다고 평가받는 '기능주의' 역시 아르데코의 하나다. 기능주의의 의미는 '형태는 기능을 따른다'는 유명한 모토로 명쾌하게 요약할 수 있다. 이에 따라 수백 년을 이어온 기능과는 별 상관없는 장식과 문양이 날개를 접고 사라졌다.

너무나 파격적이어서 현대적이라고 흔히 착각하는 바우하우스나 핀 율, 르 코르뷔지에와 피에르 잔느레, 장 프루베, 샤를로트 페리앙 등 우리가 그 이름을 알고 있는 기라성 같은 디자이너들은 이 시대의 총아들이다. 기능주의를 기점으로 '디자인'이라는 용어와 개념이 탄생하면서 등장한 이러한 디자이너들의 작품은 현재 '20세기 디자인'이라는 이름으로 경매장이나 갤러리에서 판매되고 있다.

시위를 떠난 화살은 되돌아오지 않고 시간은 앞으로만 나아가지만 '디자인'은 하나의 거대한 케이크처럼 겹겹이 쌓여 오늘에도 영향력을 발휘한다. 거창하고 어려운 미술사가 아니다. 19세기 초반의 의자와 현대 조형 디자인의 산실인 바우하우스의 의자를 굳이 비교해보지 않더라도, 우리 주변을 둘러보면 지금 우리는 '장식과 문양이 없는 시대'를 살고 있으며 동시에 여전히 '20세기의 영향력' 안에 머물러 있음을 실감할 수 있다. 루트비히 미스 반데어로에 스타일의 의자로 회사의 로비를 장식하고 북유럽 스타일의 인테리어로 집 안을 단장한다. '레트로'와 '빈티지'라는 이름으로 20세기 중·후반의 디자인은 아직도 인기를 누리고 있다.

그렇다면 도대체 '21세기' 스타일이란 무엇일까? 이에 대한 대답은 '22세기'가 되어야 가능할지도 모른다. 시대가 변하면 오브제들도 변한다. 하지만 달라지지 않는 것들도 있다. 청동 문양이 화려하게 장식된 18세기 가구와 21세기 디자이너들이 첨단 소재를 이용해 만든 미니멀한 의자는 얼핏 보면 하늘과 땅만큼 달라 보인다. 그렇지만 사실 그 안에 담긴 정신은 본질적으로 같다. 인간이 만든 모든 문화 예술이 그러하듯 오브제 역시 그것이 태어난 시대의 철학과 생활을 반영하는 창조적인 정신의 산물이기 때문이다.

그것이 앤티크이건 디자인이건 세상 모든 오브제의 진정한 가치는 그 정신을 이해하는 사람들의 몫이다.

상세 도판 리스트

1장

1 카미유 피사로, 〈햇빛이 난 프랑세즈 극장 광장〉, 1898년, 세르비아 국립미술관, 세르비아.

2 오라스 베르네, 〈1830년 7월 31일 왕궁을 떠나 시청으로 향하는 오를레앙 공작〉, 캔버스에 유채, 239.5×279.3cm, 1832년, 베르사유 궁.

3 알프레드 조아노, 〈1832년 콜레라 전염병에 걸린 환자들을 위로하기 위해 자선병원을 방문한 오를레앙 공작과 카시미르-프리에르〉, 19세기, 카르나발레 미술관, 파리.

4 샤를 마르빌, 〈포르루아얄 거리〉, 1865년, 개인 소장.

5 샤를-레몽 샤브리야크, 〈프티-뮈스크 거리〉.

6 〈브라운과 호겐베르크의 지도 plan de Braun et Hogenberg〉, 1530년, 프랑스 국립도서관, 파리.

7 〈튀르고 지도 le plan de Turgot〉, 프랑스 국립도서관, 파리.

8 샤를 마르빌, 〈파리 꽃시장 거리〉, 1877년경.

9 샤를 마르빌, 〈생크리스토프 거리〉, 1877년경.

10 펠리시앙 마이바흐-라인펠트, 〈비참한 파리〉, 장식미술 도서관, 파리.

11 아돌프 이본, 〈인접 구역 병합령을 오스만 남작에게 넘겨주는 나폴레옹 3세〉, 1865년, 카르나발레 미술관, 파리.

14 〈시메옹 백작의 위탁으로 제안된 지도〉, 1853년, 파리 시 행정도서관, 파리.

15 막심 라란, 〈라페 거리 철거〉, 카르나발레 미술관, 파리.

16 샤를 마르빌, 〈앙리 4세 대로 굴착〉, 개인 소장.

17·18 경제사학자 조르주 다브넬의 논평이 실린 1855년 5월 1일, 『르뷔 데 몽드 Revue des Deux Mondes』 지면.

19 오노레 도미에, 〈대로 위에서〉, 『르 샤리바리 Le Charivari』, 1854년 1월 27일(위).

오노레 도미에, 〈통행하는 방법을 발견한 파리지엔들〉, 『르 샤리바리』, 1850년 6월 29일(아래).

20 장 베로, 〈샹젤리제 거리〉, 개인 소장.

21 주세페 드 니티스, 〈오페라 거리 굴착〉, 1878년, 카르나발레 미술관, 파리.

22 로제 비올레, 〈리볼리 가〉, 1900년.

23 펠릭스 토리니, 〈파리의 변신: 1861년 뇌브-데-마튀랭 거리 사이에 세워지는 대호텔〉, 1861년, 파리 역사도서관 BHVP, 파리.

24 조르주 다브넬의 논평이 실린 1855년 5월 1일, 『르뷔 데 몽드』 지면.

25 조르주 투샤르-라포스 만평, 〈공적 자금을 팽창시키는 오스만〉, 카르나발레 미술관, 파리.

31 샤를 마르빌, 〈샹드마르 보도의 등이 두 개 달린 가로등〉, 1870년, 개인 소장.

32 샤를 마르빌, 〈58가로등에 불을 켜고 끄는 인부〉, 1870년, 개인 소장.

33 장 베로, 〈에투알 광장〉, 캔버스의 유채, 45×37cm, 개인 소장.

34 장 베로, 〈루아얄 거리〉, 1890년, 개인 소장.

36 르나르, 〈파리 거리로 나 있는 면 단면도〉, 개인 소장.

39 장 베로, 〈프랑세즈 극장 광장〉, 1878년, 개인 소장.

40 오노레 도미에, 〈입법부 복원〉, 『르 샤리바리』, 1869년 10월 20일.

42 장 베로, 〈그랑 블루바르, 바리에테 극장〉, 캔버스에 유채, 39×55cm, 1895년경, 개인 소장.

46 장 베로, 〈카퓌신 거리〉, 캔버스에 유채, 개인 소장.

47 장 베로, 〈생드니 거리〉, 캔버스에 유채, 37×55cm, 1875~1890년경, 개인 소장.

48 장 베로, 〈토르토니 카페 앞 거리에서〉, 1896년, 개인 소장.

2장

1 미하이 문카치, 〈파리지엔의 집 안 풍경〉, 1877년, 부다페스트국립미술관, 부다페스트.

2 〈프랭탕 백화점 판매 카탈로그〉, 파리 역사도서관, 파리.

3 〈루이 14세의 의자〉, 루브르 박물관, 파리.

4 〈코프레〉, 에쿠앙 성.

5 〈뷔페〉, 17세기 초, 루브르 박물관, 파리.

7 작자 미상, 〈루브르의 아폴론 갤러리〉, 1880년, 루브르 박물관, 파리.

8 앙투안 장-바티스트 토마, 〈1823년 12월 2일, 스페인 전투에서 돌아온 앙굴렘 공작을 맞이하는 루이 18세〉, 1823년, 베르사유 궁.

9 니콜라 앙리 자코브, 〈베리 백작부인의 크리스털 화장대〉, 1819년경, 루브르 박물관, 파리.

10 펠릭스 뒤방, 〈마들렌 교회〉, 베를린 주립미술관 동판화실, 베를린.

11 1882년 공예 박람회에 출품된 앙리-오귀스트 푸르디누아의 가구, 장식미술 도서관, 파리.

13 외젠 비올레-르-뒤크, 〈피에르퐁 성〉, 1857년.

14 니콜라 고스, 〈루브르 궁의 개축 공사장을 방문한 나폴레옹 3세〉, 1854년, 루브르 박물관, 파리.

15·16 장 바티스트 포르튀네 드 푸르니에, 〈생클루 성의 외제니 황후 서재〉(위)·〈생클루 성의 외제니 황후 그랑살롱〉(아래), 1860년, 콩피에뉴 성 국립박물관.

17 알렉상드르 세레브리아코프, 〈페리에르 성의 알퐁스 드 로스차일드 남작의 침실〉.

18 알렉상드르 세레브리아코프, 〈페리에르 성의 루이 16세 스타일로 장식한 화이트 홀〉, 수채, 1959년, 개인 소장.

19 폴 메나르, 〈임대 주택〉, 1850년, 장식미술 도서관, 파리.

20 루이 소렐, 〈타스 가의 아파트 단면도〉, 1906년.

21~26 오스카 모테스, 『주택 장식 예술 *Unser Heim im schmucke der Kunst*』(1879년).

27 제임스 티소, 〈겨울 정원〉, 1878년, 개인 소장.

28 귀스타브 카유보트, 〈점심 식사〉, 캔버스에 유채, 52×75cm, 1876년, 개인 소장.

29 장 베로, 〈리셉션〉, 캔버스에 유채, 개인 소장.

30 빅토르 가브리엘 질베르, 〈설거지하는 식모〉, 1878년, 루앙 국립미술관, 루앙.

31 윌리엄 로덴스타인, 〈인형의 집〉, 캔버스에 유채, 88.9×61cm, 1899~1900년, 테이트 브리튼, 런던.

33 크리스토플 사에서 만든 화장대, 1867년, 장식미술 박물관, 파리.

34 아담 바이스바일러가 제작한 마리 앙투아네트의 작은 책상, 1784년, 루브르 박물관, 파리.

39 〈크리거 사 카탈로그〉, 장식미술 도서관, 파리.

40 〈메종 푸르디누아 카탈로그〉, 1875년, 장식미술 박물관, 파리.

42 〈뒤파엘 백화점〉, 장식미술 도서관, 파리.

43 〈메종 빅토르 케탱의 카탈로그〉, 1860년, 장식미술 도서관, 파리.

44 〈프랭탕 백화점 카탈로그〉, 파리 역사도서관, 파리.

45 〈W. 레비탕 카탈로그〉, 개인 소장.

46 〈프랭탕 백화점 카탈로그〉, 파리 역사도서관, 파리.

3장

1 클로드 모네, 〈생라자르 역〉, 캔버스에 유채, 75×105cm, 1877년, 오르세 미술관, 파리.

11 클로드 모네, 〈유럽 다리〉, 캔버스에 유채, 60×80cm, 1877년, 마르모탕 미술관, 파리.

15 귀스타브 카유보트, 〈유럽 다리〉, 캔버스에 유채, 124.7×180.6cm, 1876년, 프티팔레 미술관, 제네바.

19 〈리옹 역 개통식〉, 1847년, 프랑스 국립도서관, 파리.

24 클로드 모네, 〈아르장퇴유의 철교〉, 캔버스에 유채, 60×98.4cm, 1873년, 개인 소장.

25 오귀스트 르누아르, 〈라그르누예르〉, 캔버스에 유채, 66.5×91cm, 1869년, 국립미술관, 스톡홀름.

26 오귀스트 르누아르, 〈푸르네즈 카페에서의 점심〉, 캔버스에 유채, 55×65.9cm, 1875년, 시카고아트인스티튜트, 시카고.

27 오귀스트 르누아르, 〈샤투의 노 젓는 사람〉, 캔버스에 유채, 81×100cm, 1879년, 내셔널갤러리, 워싱턴.

28 오귀스트 르누아르, 〈보트 파티에서의 오찬〉, 캔버스에 유채, 130.2×175.6cm, 1880~1881년, 필립스 컬렉션, 워싱턴.

29 귀스타브 카유보트, 〈예르 강의 카누〉, 캔버스에 유채, 155×108cm, 1878년, 렌 미술관, 렌.

30 귀스타브 도레, 〈아니에르 도착과 파리로 출발〉, 1861년.

31 클로드 모네, 〈트루빌을 산책하는 사람들〉, 1870년,

워즈워스 아테네움, 하트퍼드.

32 클로드 모네, 〈아르장퇴유의 모네 정원〉, 캔버스에 유채, 1873년, 개인 소장.

33 클로드 모네, 〈아르장퇴유의 센 강 저수지〉, 캔버스에 유채, 60×80cm, 1872년경, 오르세 미술관, 파리.

35·36 귀스타브 도레, 〈기쁨의 기차〉, 1861년, 카르나발레 미술관, 파리.

59 작자 미상, 〈파리의 플랫폼〉, 개인 소장.

65 작자 미상, 〈기차역 대합실〉, 장식미술 도서관, 파리.

4장

1 조르주 크로에게르트, 〈책 읽는 여자〉, 나무판에 유채, 35×27cm, 개인 소장.

2 에두아르 마네, 〈나나〉, 캔버스에 유채, 154×115cm, 1877년, 함부르크 미술관, 함부르크.

3 클로드 모네, 〈기모노를 입은 모네 부인〉, 캔버스에 유채, 231.8×142.3cm, 1876년, 보스턴 미술관, 보스턴.

4 제임스 애벗 맥닐 휘슬러, 〈살색과 녹색의 변주: 발코니〉. 나무판에 유채, 61.4×48.5cm, 1864~1870, 프리어 미술관, 워싱턴.

5 제임스 티소, 〈욕실의 일본 여인〉, 캔버스에 유채, 208×124cm, 1864년, 디종 미술관, 디종.

6 안도 히로시게, 〈오하시와 아타케에 갑자기 쏟아진 소나기〉. 『명소 에도 백경』 중 58화, 목판화, 1857년, 브루클린 미술관, 브루클린.

7 빈센트 반 고흐, 〈비 내리는 다리〉, 캔버스에 유채, 73×54cm, 1887년, 반고흐 미술관, 암스테르담.

8 기타가와 우타마로, 〈조지야의 게이샤 히나쓰루〉, 오반니시키, 1789~1800년, 시카고아트인스티튜트, 시카고.

9 메리 커샛, 〈편지〉, 드라이포인트와 채색 아쿼틴트, 1891년경, 보스턴 미술관, 보스턴.

10 가노 나이젠, 〈남쪽에서 온 야만인〉, 병풍의 세부, 1593~1600년.

13 마르탱 카를랭의 서랍장, 1875년, 루브르 박물관, 파리.

14 크리스천 허터Christian Herter가 장식한 윌리엄 H.

밴더빌트William H. Vanderbilt 저택의 일본풍 살롱, 1883년, 뉴욕.

16 존 앳킨스 그림쇼, 〈자장가〉, 1878년, 개인 소장.

17 엘런 클레이시, 〈메리골드의 것: 놀 하우스의 중국 도자기 장〉, 수채, 1880년경, 빅토리아앤드앨버트 미술관, 런던.

18 제임스 티소, 〈일본 장식품을 보는 젊은 여인〉, 1869년, 신시내티 미술관, 신시내티.

19 가와하라 게이가, 〈지볼트 초상화〉, 1847년, 나가사키 현립미술관, 나가사키.

20 나가사키 화파, 〈데지마 섬의 네덜란드 무역업자들〉, 에도 시대 비단 두루마리 그림 중 일부, 18세기, 영국박물관, 런던.

22 안도 히로시게, 〈가메이도 텐진 신사 경내〉, 『명소 에도 백경』 중 65화, 목판화, 1856년, 브루클린 미술관, 브루클린.

23 안도 히로시게, 〈호리키리의 붓꽃〉, 『명소 에도 백경』 중 64화, 목판화, 1857년, 브루클린 미술관, 브루클린.

24 1862년 런던 만국박람회에 참여한 러더퍼드 올콕 경의 일본 산업관 모습, 『일러스트레이티드 런던 뉴스The Illustrated London News』, 1862년 9월 20일, 빅토리아앤드앨버트 미술관, 런던.

27 제임스 티소, 〈미토 번주 도쿠가와 아키타케〉, 도쿠가와 미술관, 나고야.

28 하이드 파크의 나이츠브리지에 자리 잡은 '일본 마을' 찻집, 『더 그래픽The Graphic』, 1886년 3월 13일.

29 빈센트 반 고흐, 〈탕기 영감 초상〉(두 번째 버전), 캔버스에 유채, 65×51cm, 1887~1888년, 개인 소장.

30 에두아르 마네, 〈에밀 졸라 초상〉, 캔버스에 유채, 146.5×114cm, 1868년, 오르세 미술관, 파리.

32 우타가와 요시토라, 〈여행 와서 술 마시고 흥청거리는 미국인〉, 목판화, 1861년, 메트로폴리탄 미술관, 뉴욕.

33 우타가와(고운테이) 사다히데, 〈요코하마 외국인 상인의 집〉, 목판화, 1861년 9월, 메트로폴리탄 미술관, 뉴욕.

34 모리스 귀베르, 〈툴루즈-로트레크〉, 1892년.

38 시메온 솔로몬, 〈일본 부채〉, 1865년, 그로스브너 박물관, 체스터.

39 존 앳킨스 그림쇼, 〈성가〉, 캔버스에 유채, 1878년, 개인 소장.

40 제임스 애벗 맥닐 휘슬러, 〈흰색의 심포니 넘버 2: 흰 옷을 입은 소녀〉, 캔버스에 유채, 76.5×51.1cm, 1864년, 테이트

브리튼, 런던.

41 존 앳킨스 그림쇼, 〈백일몽〉, 1877년, 개인 소장.

42 에드가 드가, 〈무대 위의 무희들〉, 종이에 수채와 파스텔, 1879년경, 노턴사이먼 미술관, 캘리포니아.

43 조르주 뒤 모리에, 〈쉬운 독서〉, 『펀치』 삽화, 1869년 2월.

45 펠릭스 브라크몽의 〈일본식 식기 세트〉, 르베프에미에Lebeuf et Milliet 사 제작, 1855~1875년, 메트로폴리탄 미술관, 뉴욕.

46 우타가와 히로시게, 〈후카가와 스사키 십만 평〉, 『명소 에도 백경』 중 107화, 목판화, 1857년, 브루클린 미술관, 브루클린.

47 히로시게 판화의 '매'를 모티프로 제작된 도자기, 황실 도자기 제작소, 1913년, 에르미타슈 미술관, 상트페테르부르크.

48 월터 크레인, 『식스페니 토이북Sixpenny Toy Book』 시리즈 삽화, 1869년.

49 에드워드 윌리엄 고드윈, 〈일본풍 가구 전시를 위한 디자인〉, 1875년, 빅토리아앤드앨버트 미술관, 런던.

50 에드워드 윌리엄 고드윈, 〈책상〉, 1885~1888년, 빅토리아 국립미술관, 멜버른.

51 에드워드 윌리엄 고드윈, 〈나비 장식장〉, 1877~1878년, 헌터리언 박물관 및 미술관, 글래스고.

52 페르디낭 뒤비나주, 〈자개 장식장〉, 1878년, 오르세 미술관, 파리.

53 가브리엘 비아르도, 〈일본풍 장식장〉, 1888년, 빅토리아앤드앨버트 미술관, 런던.

54 가쓰시카 호쿠사이, 〈해초 사이의 잉어〉, 1833년.

55 외젠 루소, 〈잉어 유리병〉, 1878~1884년, 월터스 미술관, 볼티모어.

58 제임스 애벗 맥닐 휘슬러, 〈도자기 왕국의 공주〉, 캔버스에 유채, 1863~1865년, 스미소니언 인스티튜트 프리어 갤러리, 워싱턴.

59 제임스 애벗 맥닐 휘슬러, 〈보라색과 금색의 카프리치오(광상곡) 넘버2: 금색의 병풍〉, 나무판에 유채, 50.1×68.5cm, 1864년, 스미소니언 인스티튜트 프리어 갤러리, 워싱턴.

60 휘슬러와 로세티가 소유했던 중국 청화백자, 1662~1722년, 빅토리아앤드앨버트 미술관, 런던.

61·62 제임스 애벗 맥닐 휘슬러, 〈파랑과 금색의 하모니: 공작새의 방〉, 스미소니언 인스티튜트 프리어 갤러리, 워싱턴.

63 안도 히로시게, 〈공작새와 모란〉, 목판화, 1830~1839년, 시카고아트인스티튜트, 시카고.

67 레옹 보나, 〈앙리 세르누치 초상〉, 캔버스에 유채, 1890년, 세르누치 박물관, 파리.

70 세르누치 박물관 내 '부처의 방', 『일뤼스트라시옹L'illustration』, 1897년 4월 17일.

72 페르디낭-장 루이기니, 〈박물관의 에밀 기메〉, 캔버스에 유채, 1898년, 리옹 현대미술관, 리옹.

5장

1 알베르 로비다, 『라 카리카튀르La Caricature』, 1882년 11월 11일자 표지.

3 위얌-아돌프 부그로, 〈아리스티드 부시코〉, 1875년, 봉마르셰, 파리.

5 프레데리크 소리외, 〈아 라 벨 자르디니에르 외관〉, 1855년, 카르나발레 미술관, 파리.

10 필리베르-루이 드뷔쿠르, 〈파노라마 파사주passage des Panoramas〉, 1800년경, 카르나발레 미술관, 파리.

11 〈비비엔 갈레리galerie Vivienne〉, 장식미술 도서관, 파리.

12 〈미르 파사주passage Mirès〉, 장식미술 도서관, 파리.

14 〈레 뒤 마고〉, 1873년, 개인 소장.

15 프티 생토마의 1880년경 포스터, 카르나발레 미술관, 파리.

16 M. 루시, 〈마가쟁의 내부〉, 장식미술 도서관, 파리.

17 장 베로, 〈파리 아브르 가〉, 캔버스에 유채, 35.2×27.3cm, 1882년경, 내셔널갤러리, 워싱턴.

18 〈봉마르셰, 일본 도자기 매장〉, 1874년, 개인 소장.

19 〈봉마르셰, 동양 직물 매장〉, 1874년, 개인 소장.

20 〈봉마르셰, 빛의 살롱〉, 1874년, 개인 소장.

21 〈루브르 백화점의 크리스마스 트리〉, 『르 몽드Le monde』, 1890년, 개인 소장.

54 앙리 쥘 장 조프루아, 〈유혹〉, 장식미술 도서관, 파리.

57 앙리 툴루즈-로트레크, 〈이베트 길베르〉, 1894년, 툴루즈-

로트레크 미술관, 알비.

6장

1 〈파리 만국박람회 공식 포스터〉, 1900년.

4 〈파리 만국박람회, 축제의 장〉, 1900년, 브루클린 미술관, 브루클린.

10 루시앵 바이라크, 〈1900년 만국박람회 파노라마 전경〉, 석판화, 1900년.

30 조르주 쇠라, 〈에펠 탑〉, 나무판에 유채, 24×15cm, 1889년경, 샌프란시스코 미술관, 샌프란시스코.

40 에드가 드가, 〈뉴올리언스의 면직물 회사 사무실〉, 캔버스에 유채, 74×92cm, 1873년, 포 미술관, 포.

61 〈마레오라마〉, 『사이언티픽 아메리칸*Scientific American*』, 1900년.

62 루이 포에트, 『사이언티픽 아메리칸』, 1900년.

7장

1 앙리 제르벡스, 〈레스토랑 아르메농빌의 저녁〉, 1905년, 카르나발레 미술관, 파리.

3 앙리 제르벡스, 〈쀠토 섬의 스포츠 사교 모임〉, 1907년, 카르나발레 미술관, 파리.

4 작자 미상, 〈불로뉴 숲속의 레스토랑〉, 1907년, 개인 소장.

5 조반니 볼디니, 〈로베르 드 몽테스키외 백작〉, 캔버스에 유채, 116×82.5cm, 1897년, 오르세 미술관, 파리.

9 앙리 제르벡스, 〈프레-카틀란에서의 무도회〉, 캔버스에 유채, 217×318cm, 1909년, 카르나발레 미술관, 파리.

11 프리미-디도, 1894년 미식협회 회원들의 연례 모임, 1894년, 아스날 도서관, 파리.

15 〈프로방스의 세 형제 레스토랑〉, 판화, 1842년, 영국박물관, 런던

17 장 베로, 〈샹젤리제 대로의 글로프 제과점〉, 캔버스에 유채, 38×53cm, 1889년, 카르나발레 미술관, 파리.

18 장 베로, 〈지루함(비스트로에서)〉, 캔버스에 유채, 33×51cm, 개인 소장.

21 H. 스니용과 E. 르나르, 〈로퉁드 카페〉, 카르나발레 미술관,
파리.

22 〈폭포의 정자*Le Pavillon de la Grande Cascade* 레스토랑〉, 로제 비올레 컬렉션.

30 앙리-귀스타브 조소, 〈정어리 통조림 광고〉, 1897년, 프랑스 국립도서관, 파리.

31 아미외 형제, 〈정어리 통조림 용기〉, 20세기 초, 낭트 역사박물관, 낭트.

32 〈프랑스 전역의 특산물이 표시된 1852년의 미식 지도〉, 레미에르 출판사*Lemière éditeur*, 1852년, 프랑스 국립도서관, 파리.

33 아드리앵 바레르, 〈어패류 광고 포스터〉, 1877년, 개인 소장.

34 빅토르 가브리엘 질베르, 〈파리 중앙시장의 청과물점〉, 1880년, 말로 미술관, 르아브르.

35 장 외젠 오귀스트 아제, 〈파리 중앙시장의 어패류점〉, 1910~1912년, 프랑스 국립도서관, 파리.

36 장 외젠 오귀스트 아제, 〈파리 중앙시장의 정육점〉, 1898~1924년, 프랑스 국립도서관, 파리.

38 J. 펄콕, 〈밤의 파리〉, 카르나발레 미술관, 파리.

40 쥘 셰레, 〈에펠탑 레스토랑 저녁 메뉴판〉, 1895년 7월 4일, 파리 역사도서관, 파리.

42 쥘 구페, 『요리책*Le Livre de Cuisine*』, 1867년.

43 브리야-사바랭, 『미각의 생리학*Physiologie du goût*』 삽화.

47 〈러시아식 서빙법〉, 크리스토플 사 카탈로그, 1862년, 개인 소장.

49 앙투안 카렘, 〈플라망*Flammang* 빵집을 위한 장식 진열대〉, 1850년, 카르나발레 미술관, 파리.

52 작자 미상, 〈라투르 다르장 레스토랑에서 오리 고기를 써는 프레데리크〉, 개인 소장.

8장

1 에두아르 마네, 〈가을: 갈색 모피 망토를 입은 메리 로랑의 초상〉, 1882년, 낭시 미술관, 낭시.

2 에두아르 마네, 〈검은 모자를 쓴 메리 로랑〉, 파스텔, 54×44cm, 1882년, 디종 미술관, 디종.

3 에두아르 마네, 〈폴리베르제르의 바〉, 캔버스에 유채, 130×96cm, 1881~1882년, 코톨드 미술관, 런던.

5 에두아르 마네, 〈카페에서〉, 캔버스에 유채, 78×84cm, 1878년, 오스카르라인하르트 컬렉션, 빈터투어.

6 도르나Dornac, 〈메리 로랑의 거실에 앉아 있는 말라르메, 제르벡스〉, 프랑스 국립도서관, 파리.

7 외젠 디스데리, 〈메리 로랑〉, 자크 두세 문학 도서관, 파리.

9 샤를 뢰틀랭저, 〈의자에 걸터앉은 메리 로랑〉, 프랑스 국립도서관, 파리.

10 샤를 뢰틀랭저, 〈에번스와 메리 로랑〉, 프랑스 국립도서관, 파리.

11 샤를 뢰틀랭저, 〈서 있는 메리 로랑〉, 프랑스 국립도서관, 파리.

12 베르트 모리조, 〈화장하는 젊은 여인〉, 캔버스에 유채, 46×39cm, 1877년, 오르세 미술관, 파리.

13 장 프레데리크 바지유, 〈몸단장〉, 캔버스에 유채, 153×148.5cm, 1869~1870년, 파브르 미술관, 몽펠리에.

14 쥘 앙투안 브아랭, 〈불로뉴 숲에서의 산책〉, 개인 소장.

15 에두아르 마네, 〈부채를 든 여인, 니나 드 카이아스〉, 캔버스에 유채, 113.5×166.5cm, 1873년, 오르세 미술관, 파리.

16 에두아르 마네, 〈오페라 극장의 가장무도회〉, 캔버스에 유채, 59×72.5cm, 1873~1874년, 내셔널갤러리, 워싱턴.

17 피에르-오귀스트 르누아르, 〈관람석〉, 캔버스에 유채, 127×92cm, 1874년, 코톨드 미술관, 런던.

19 에두아르 리에브르, 〈발테스 드 라 비뉴의 침대〉, 1877년, 장식미술 박물관, 파리.

20 폴 세잔, 〈모던 올랭피아〉, 캔버스에 유채, 46×55cm, 1873년, 오르세 미술관, 파리.

21 카미유 피사로, 〈어린 시골 하녀〉, 캔버스에 유채, 63.5×53cm, 1882년, 테이트 갤러리, 런던.

22 에드가 드가, 〈집 안 풍경〉, 캔버스에 유채, 81.3×114.3cm, 1868~1869년, 필라델피아 미술관, 필라델피아.

23 에드가 드가, 〈다림질하는 여인〉, 캔버스에 유채, 92.5×73.5cm, 1869년, 노이에피나코테크, 뮌헨.

24 에드가 드가, 〈셔츠를 다리는 여인〉, 캔버스에 유채, 81.3×66cm, 1887년경, 내셔널갤러리, 워싱턴.

25 에드가 드가, 〈세탁물을 운반하는 두 세탁부〉, 1876~1878년, 개인 소장.

26 에드가 드가, 〈다림질하는 여인〉, 캔버스에 유채, 76×81.5cm, 1884~1886년, 오르세 미술관, 파리.

27 폴 시냐크, 〈여성용 모자 제조인〉, 캔버스에 유채, 111.8×89cm, 1885~1886년, EG 뷔를Bührle 재단, 취리히.

28 에바 곤잘레스, 〈여성용 모자 제조인〉, 캔버스에 구아슈와 파스텔, 45×37cm, 1877년, 시카고아트인스티튜트, 시카고.

29 에드가 드가, 〈여성용 모자 제조인〉, 파스텔, 1882년, 개인 소장.

30 에두아르 마네, 〈카페 콘서트에서〉, 캔버스에 유채, 47.3×39cm, 1879년경, 월터스 미술관, 볼티모어.

31 작자 미상, 〈특별한 방에서의 점심식사〉, 1890년, 개인 소장.

32 앙리 드 툴루즈-로트레크, 〈기쁨의 여왕〉, 판화, 1892년, 메트로폴리탄 미술관, 뉴욕.

33 에드가 드가, 〈카페 콘서트에서: 개의 노래〉, 캔버스에 유채, 55×45cm, 1875~1877년, 개인 소장.

34 장 베로, 〈오페라 복도 뒤편〉, 캔버스에 유채, 38×54cm, 1889년, 카르나발레 미술관, 파리.

35 테오필 알렉상드르 스탱랑, 〈어린 여인들에 대한 요구〉, 『질 블라스Gil Blas』 일러스트, 1899년 6월 23일, 몽마르트르 박물관, 파리.

36 앙리 드 툴루즈-로트레크, 〈소파〉, 카드보드에 유채, 62.9×81cm, 1894~1896년, 메트로폴리탄 미술관, 뉴욕.

37 에드가 드가, 〈사장님의 잔치〉, 종이에 파스텔, 1878~1879년, 피카소 미술관, 파리.

38 테오필 알렉상드르 스탱랑, 〈심야〉, 『르 리르Le Rire』, 1896년 2월 1일, 몽마르트르 박물관, 파리.

39 장 베로, 〈루아얄 가〉, 1905년, 개인 소장.

40 에드가 드가, 〈밤의 카페 테라스의 여인〉, 파스텔, 41×60cm, 1877년, 오르세 미술관, 파리.

41 에두아르 마네, 〈올랭피아〉, 캔버스에 유채, 140×190cm, 1863년, 오르세 미술관, 파리.

42 피에르-오귀스트 르누아르, 〈누워 있는 누드의 여인〉, 캔버스에 유채, 67×160cm, 1906년경, 오랑주리 미술관, 파리.

43 피에르-오귀스트 르누아르, 〈고양이와 함께 잠든 소녀〉, 캔버스에 유채, 120×94cm, 1880년, 클라크아트 인스티튜트, 매사추세츠.

44 피에르-오귀스트 르누아르, 〈부지발의 무도회〉, 캔버스에 유채, 181.9×98.1cm, 1883년, 보스턴 미술관, 보스턴.

45 피에르-오귀스트 르누아르, 〈물랭 드 라 갈레트의 무도회〉, 캔버스에 유채, 131×175cm, 1876년, 오르세 미술관, 파리.

46 피에르-오귀스트 르누아르, 〈샤르팡티에 부인과 아이들의 초상〉, 캔버스에 유채, 153.7×190.2cm, 1878년, 메트로폴리탄 미술관, 뉴욕.

47 카롤루스 뒤랑, 〈마르그리트와 로베르 드브로이〉, 캔버스에 유채, 169.5×124.5cm, 1890년, 카르나발레 미술관, 파리.

48 메리 커샛, 〈정원의 소녀〉, 캔버스에 유채, 92×65cm, 1880~1882년, 오르세 미술관, 파리.

49 제임스 티소, 〈피아노 앞의 숙녀〉, 종이에 수채, 1881년경, 로드아일랜드스쿨오브디자인, 로드아일랜드.

50 제임스 티소, 〈L. L.양의 초상〉, 캔버스에 유채, 124×99.5cm, 1864년, 오르세 미술관, 파리.

51 밀레, 〈성당에서의 결혼식〉, 판화, 1874년, 프랑스 국립도서관, 파리.

52 파스칼 아돌프 다냥-부브레, 〈사진가의 스튜디오에서 열린 결혼 파티〉, 캔버스에 유채, 85×122cm, 1878~1879년, 리옹 미술관, 리옹.

53 알베르 오귀스트 푸리, 〈이포르에서의 결혼식 만찬〉, 캔버스에 유채, 245×355cm, 1886년, 루앙 미술관, 루앙.

54 스탠호프 알렉산더 포브스, 〈건강한 신부〉, 캔버스에 유채, 152.4×200cm, 1889년, 테이트 브리튼, 런던.

55 베르트 모리조, 〈요람〉, 캔버스에 유채, 56×46cm, 1872년, 오르세 미술관, 파리.

56 오도아르도 보라니, 〈붉은 셔츠를 바느질하는 여인들〉, 1863년, 국립현대미술관, 로마.

57 베르트 모리조, 〈화가의 어머니와 여동생〉, 캔버스에 유채, 101×81.8cm, 1869~1870년, 내셔널갤러리, 워싱턴.

58 클로드 모네, 〈점심 식사〉, 캔버스에 유채, 231.5×151.5cm, 1868년, 슈타델 미술관, 프랑크푸르트.

59 메리 커샛, 〈차〉, 캔버스에 유채, 64.8×92.1cm, 1880년경, 보스턴 미술관, 보스턴.

60 장 프레데리크 바지유, 〈가족 모임〉, 캔버스에 유채, 152×230cm, 1867년, 오르세 미술관, 파리.

61 윌리엄 퀼러 오처드슨, 〈정략결혼〉, 캔버스에 유채, 104.8×154.3cm, 1883년, 캘빈그로브 미술관 및 박물관, 글래스고.

62 장 베로, 〈막간극〉, 캔버스에 유채, 52×72.5cm, 1882년, 개인 소장.

63 장 베로, 〈무도회〉, 캔버스에 유채, 65×117cm, 1878년, 오르세 미술관, 파리.

64 구스타브 카유보트, 〈창가의 여자〉, 1880년, 개인 소장.

9장

1 빅토르 프루베, 〈에밀 갈레의 초상〉, 캔버스에 유채, 158×96cm, 1892년, 에콜드낭시 미술관, 낭시.

2 에밀 프리앙, 〈에밀 갈레의 초상〉, 1883년, 에콜드낭시 미술관, 낭시.

9 쥘 페라, 〈방직공의 작업장〉, 『르몽드』 일러스트, 1890년, 개인 소장.

10 가구 회사 '몰테니 사Molteni et cie', 1854년 12월, 개인 소장.

11 요제프 호프만, 〈팔레 스토클레Palais Stocle〉, 1911년 건축, 브뤼셀.

12 빅토르 오르타, 〈에밀 타셀의 저택〉, 1893년 건축, 브뤼셀.

13 루이 마조렐르의 집, 1901년, 낭시.

15 찰스 레니 매킨토시, 〈하이백 체어High-Backed chair〉, 1900년, 헌터리언 박물관 및 미술관, 글래스고.

16 윌리엄 다우니, 〈윌리엄 벨 스콧, 존 러스킨, 단테이 게이브리얼 로세티〉, 1863년, 빅토리아앤드앨버트 미술관, 런던.

17 〈용광로〉, 1867년, 개인 소장.

18 윌리엄 모리스, 〈아름다운 이졸데〉, 캔버스에 유채, 71.8×50.2cm, 1858년, 테이트 브리튼, 런던.

19 에드워드 콜리 번-존스, 모리스 상회, 〈잠자는 숲속의 공주〉,
타일에 채색, 1864~1865년, 빅토리아앤드앨버트 미술관,
런던.

22 에드워드 번-존스, 윌리엄 모리스의 태피스트리, 〈정원의
순례자〉, 1910년, 바덴 주립박물관, 카를스루에.

24 에드워드 번-존스, 윌리엄 모리스의 태피스트리, 〈플로라〉,
1885년, 휘트워스 갤러리, 맨체스터.

25 에드워드 콜리 번-존스, 윌리엄 모리스의 〈원탁의 기사〉
스테인드글라스, 1885년, 빅토리아앤드앨버트 미술관, 런던.

40 낭시식물중앙협회 SCHN(Société Centrale d'Horticulture de Nancy)
회원들, 에콜드낭시 박물관, 낭시.

46 에밀 갈레, 〈카틀레야 꽃 장식이 있는 꽃병 스케치〉, 오르세
미술관, 파리.

47 에밀 갈레, 〈카틀레야 꽃 장식이 있는 꽃병〉, 샤토 박물관,
블로뉴쉬르메르.

48 에밀 갈레, 〈난초과 꽃 장식이 있는 꽃병 스케치〉,
에콜드낭시 박물관, 낭시.

49 에밀 갈레, 〈난초과 꽃 장식이 있는 꽃병〉, 에콜드낭시
박물관, 낭시.

50 에밀 갈레, 〈목초지의 어수리 꽃 장식이 있는 꽃병 스케치〉,
1898년, 오르세 미술관, 파리.

51 에밀 갈레, 〈목초지의 어수리 꽃 장식이 있는 꽃병〉,
장식미술 박물관, 파리.

52 에밀 갈레, 〈베로니크 꽃 장식이 있는 화병 스케치〉, 오르세
미술관, 파리.

53 에밀 갈레, 〈베로니크 꽃 장식이 있는 향수병〉, 미술역사
박물관, 제네바.

55 에밀 갈레, 〈박하 잎사귀에 매달린 매미〉, 1895년, 개인 소장.

56 앙리 소바주, 〈노동자를 위한 영구 임대 아파트 건축
프로젝트〉, 1925년, 파리 역사도서관, 파리.

10장

1 모이즈 드 카몽도, 1920년, 니심드카몽도 박물관, 파리.

2 〈살롱 블루〉, 1930년, 니심드카몽도 박물관, 파리.

3 〈바르톨트 용킨트의 수채화 그림들〉, 1920년, 니심드카몽도
박물관, 파리.

5 알프레드 드레퓌스 대위, 『일뤼스트라시옹 *L'illustration*』, 1894년
12월 22일.

15 레옹 보나, 〈아브라함 베호르 드 카몽도〉, 1882년,
니심드카몽도 박물관, 파리.

16 작자 미상, 〈니심 드 카몽도〉, 1860년, 니심드카몽도 박물관,
파리.

19 알퐁스 이르슈, 〈가족 초상〉, 1975년, 개인 소장.

26 앙리 르바스크, 〈살롱에 있는 폴〉, 1910년, 니심드카몽도
박물관, 파리.

28 에드가 드가, 〈목욕하는 여자〉, 종이에 파스텔,
54.3×52.4cm, 1886년, 오르세 미술관, 파리.

29 에드가 드가, 〈경마장〉, 캔버스에 유채, 48.5×61.5cm,
1862년, 오르세 미술관, 파리.

30 카미유 피사로, 〈목동 소녀〉, 캔버스에 유채, 81×64.5cm,
1881년, 오르세 미술관, 파리.

31 폴 세잔, 〈카드 놀이〉, 캔버스에 유채, 47.5×57cm,
1890~1885년, 오르세 미술관, 파리.

35 피에르-오귀스트 르누아르, 〈이렌 카엥 당베르〉, 캔버스에
유채, 65×54cm, 1880년, EG 뷔를 재단, 취리히.

36 〈모이즈의 부인 이렌과 그들의 어린 딸〉, 1905년,
니심드카몽도 박물관, 파리.

이지은의 오브제 문화사 2

부르주아의 시대
근대의 발명

ⓒ 이지은, 2019

초판 1쇄 발행 2019년 6월 10일
초판 4쇄 발행 2021년 10월 8일

지은이	이지은
펴낸이	김철식
펴낸곳	모요사
출판등록	2009년 3월 11일
	(제410-2008-000077호)
주소	10209 경기도 고양시 일산서구
	가좌3로 45, 203동 1801호
전화	031 915 6777
팩스	031 5171 3011
이메일	mojosa7@gmail.com
ISBN	978-89-97066-43-8
	978-89-97066-41-4 (세트)